全国农村合作金融机构业务培训教材

企业财务分析

主　编　姚　旭
副主编　迟艳琴　鄢志娟

中国金融出版社

责任编辑：罗邦敏
责任校对：张志文
责任印制：陈晓川

图书在版编目（CIP）数据

企业财务分析（Qiye Caiwu Fenxi）/姚旭主编.—北京：中国金融出版社，2011.12
（全国农村合作金融机构业务培训教材）
ISBN 978-7-5049-5936-2

Ⅰ.①企… Ⅱ.①姚… Ⅲ.①企业管理—会计分析 Ⅳ.①F275.2

中国版本图书馆CIP数据核字（2011）第088553号

出版发行 中国金融出版社
社址 北京市丰台区益泽路2号
市场开发部 （010）63266347，63805472，63439533（传真）
网上书店 http：//www.chinafph.com
（010）63286832，63365686（传真）
读者服务部 （010）66070833，62568380
邮编 100071
经销 新华书店
印刷 保利达印务有限公司
尺寸 185毫米×260毫米
印张 15
字数 320千
版次 2011年12月第1版
印次 2013年1月第3次印刷
定价 29.00元
ISBN 978-7-5049-5936-2/F.5496
如出现印装错误本社负责调换 联系电话（010）63263947

《全国农村合作金融机构业务培训教材》
丛书编委会

总　序

农村信用社自1951年成立以来，历经60年艰辛发展历程，走过了一条不平凡的发展之路。在党中央、国务院正确领导下，农村信用社以服务“三农”为宗旨，自身实力迅速壮大，已成为我国金融系统的重要力量，是名副其实的农村金融主力军。特别是以2003年6月国务院颁布《深化农村信用社改革试点方案》为标志，新一轮农村信用社改革全面展开，农村信用社深化改革和经营发展进入了快车道。几年来，以产权制度为核心的改革成绩斐然，农村信用社、农村合作银行、农村商业银行（以下简称农村合作金融机构）并存，声名鹊起，共襄盛举，共同发展，共同繁荣。

截至2011年6月末，全国农村合作金融机构营业网点近8万家，从业人员78万人，资产12.04万亿元，负债11.37万亿元，存款9.58万亿元，贷款6.43万亿元。存款、贷款规模攀居全国银行业金融机构第4位和第2位，成为我国城乡金融机构网点最多、分布最广、“三农”贷款投放最多、农村普惠金融服务贡献度最大的金融机构。

银行业的竞争和发展，归根结底是人才的问题，才兴业兴，才尽业衰，已昭示了银行发展的永恒真理。伴随农村合作金融机构发展的突飞猛进，面对经营管理、创新的多重压力，员工素质、能力不适应的矛盾日益突出，已成为农村合作金融机构走向现代银行之路的瓶颈，“短板效应”为业界所共识。但是，囿于现有管理体制的现状，员工培训合力不够，层次不高，且缺乏系统性和全面性，培训效果不佳，难以达到规范化、标准化。针对这种现状，我们以服务股东及成员单位为宗旨，充分利用自身优势，组织全国部分高等院校专家、教授，编写《全国农村合作金融机构业务培训教材》丛书（以下简称《丛书》）一套18种。该《丛书》具有以下几个特点：一是覆盖面广。《丛书》内容涉及会计、信贷、财务、管理、审计、营销、法律、科技、新兴业务、人力资源、服务礼仪、应用写作等各专业、各个方面，可谓包罗万象，几近百科。二是实用性强。《丛书》体例新颖，线条清晰，通俗易懂，适合农村合作金融机构员工自学和培训，特别是每种教材附有若干套试题，存放于农信银远程学习系统，供员工自学与培训时自考自检。三是方便自学。《丛书》课件在农信银远程学习系统上将陆续推出，员工登录系统后即可学习，不受时间和场地限制，解决了员工自学培训中的工学矛盾。

汇通城乡，服务股东，普惠“三农”，成就梦想，是农信银资金清算中心永恒不变的价值理念。组织编写《丛书》是我们所尽的菲薄之力，相信它是撬动支点之力，必将推动全国农村合作金融机构的诺亚方舟。让员工培训、人才培养的大戏高潮迭起，演绎辉煌！

《全国农村合作金融机构业务培训教材》丛书编委会
2011 年 11 月 25 日

前　言

随着经济改革与经济发展的不断深入，市场竞争日趋激烈。金融企业在面对来自国内外越来越强的竞争对手的形势下，不仅要按照贷款计划安排完成贷款任务，更重要的是保证其信贷资金的安全性、完整性和有效性。为了达到上述目标，金融企业的信贷人员需要对贷款企业的财务状况和经营成果进行深入的了解、分析与评价，而财务分析正是金融企业信贷人员分析评价企业偿债能力、盈利能力、发展能力、营运能力及资产资本结构、现金流量等情况的重要手段。本书基于这样的需要，从债权人的角度介绍了对企业财务状况和经营成果进行专业分析和解读，从而评价其偿债能力的具体方法。本书在编写过程中力图突出以下特点：

1. 针对性强。本书主要从债权人的角度，详尽介绍了如何利用基本的财务分析方法对企业的偿债能力、盈利能力、发展能力、营运能力及资产资本结构、现金流量情况等进行分析、评价，从而为其作出正确的信贷决策提供数据信息。

2. 时效性强。全书所使用的财务会计信息均按照最新的会计准则提供，与实际工作完全接轨，具有较强的时效性。

3. 利用统一的案例数据。本书涉及的企业财务分析主要方法的案例均以附录中给定的企业财务报表的数据为基础，使本书的使用者可以从债权人的不同角度对同一企业的资产资本结构、偿债能力、盈利能力、发展能力等进行分析与评价，有利于使用者更好地掌握财务分析的各种方法。

4. 注重实际应用。本书注意理论和实际操作的衔接，既介绍了定量的财务分析方法，也介绍了定性的非财务分析方法，并以大量的案例帮助理解掌握，具有较强的实用性。

本书既可以作为金融企业信贷人员的业务培训教材，也可以作为各类企业财务人员的业务参考书及大中专院校的教学参考书。

本书由哈尔滨金融学院和南京审计学院具有多年教学经验的教师合作完成。由姚旭任主编，迟艳琴、鄢志娟任副主编。具体编写分工为：第一章由姚旭负责编写；第二章、第三章、第九章由迟艳琴负责编写；第四章由王娜负责编写；第五章、第六章由荣红霞负责编写；第七章由赵凯负责编写；第八章由李春艳负责编写；第十章由鄢志娟负责编写。全书由姚旭总纂定稿。

由于作者水平有限，书中难免有错漏之处，敬请读者批评指正。

编者
2011 年 10 月于哈尔滨

目　　录

全书架构图

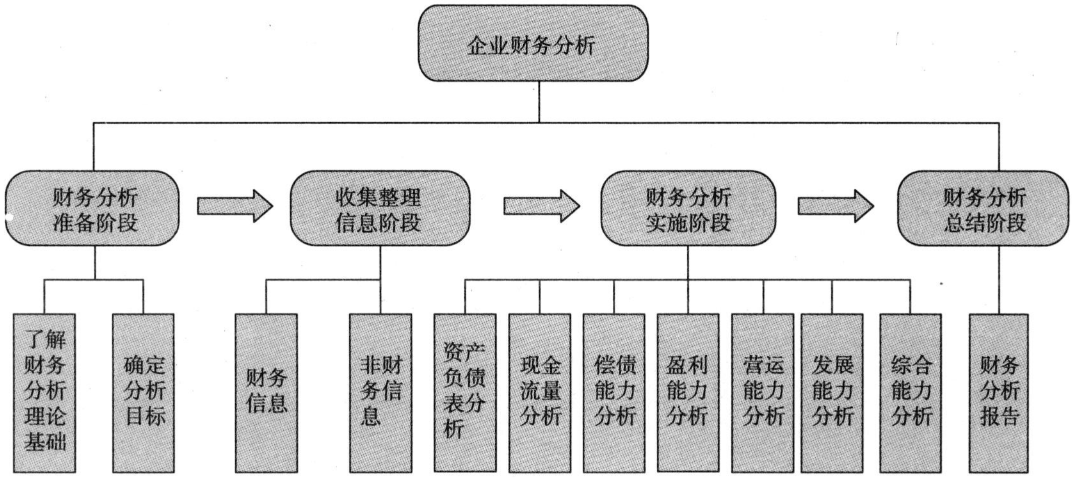
企业财务分析
财务分析准备阶段
收集整理信息阶段
财务分析实施阶段
财务分析总结阶段
了解财务分析理论基础
确定分析目标
财务信息
非财务信息
资产负债表分析
现金流量分析
偿债能力分析
盈利能力分析
营运能力分析
发展能力分析
综合能力分析
财务分析报告

第一章　财务分析总论

【本章概要】

通过本章的学习，了解财务分析的含义、意义、财务分析的理论基础，掌握财务分析的程序，熟悉财务分析的基本方法。

【要点提示】

财务分析的程序，财务分析的基本方法。

【内容架构图】

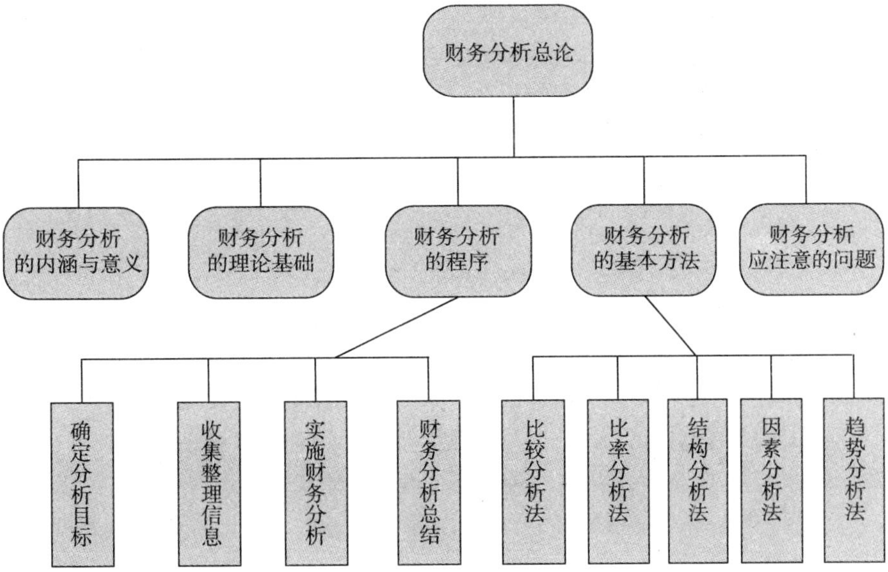

第一节　财务分析的内涵与意义

一、财务分析的内涵

财务分析是指运用一定的方法和手段，对财务报表及相关资料提供的数据进行系统和深入的分析研究，揭示有关指标之间的关系及变化趋势，以便对企业的财务活动和有关经济活动作出评价和预测，从而为报表使用者进行相关经济决策提供直接、相关的信息，为报表使用人的经营决策提供具体、有效的帮助。财务分析是会计信息使用人利用会计信息的重要途径和必要手段，其基本职能是将大量的报表数据转化为对特定决策有用的信息，减少决策的不确定性。因此财务分析是连接财务报表和使用者的桥梁和纽带，其实质是对财务会计报告所提供的会计信息进行进一步加工、利用的过程。

二、财务分析的意义

财务报表是综合反映企业一定时期资产、负债和所有者权益情况及一定时期的经营成果和现金流量的书面文件。企业编制的财务报表为报表使用人提供了分析、评价企业经营业绩、发展能力等水平的重要依据。商业银行作为财务报表的重要使用者，分析企业财务报表对于其对企业的信用等级评定、企业授信、贷后检查监督和防范信贷风险具有重要意义。

（一）财务分析是商业银行经营的需要

商业银行作为企业，与一般企业相同，面临的主要风险有财务风险、商业风险、管理风险和操作风险。与一般工商企业相比较，商业银行又是特殊的企业。这种特殊性主要体现在经营资金、经营业务、经营对象、经营信息、经营利润几个方面，突出体现为商业银行经营风险更大更集中。因此商业银行在经营过程中更应注重风险的防范，特别是信贷风险的防范。商业银行的特殊性表现在以下几个方面：

1. 经营资金的高负债、高风险。商业银行的经营资金主要来源于负债筹资，自有资金所占份额较少，有些商业银行的资产负债率高达90%以上。如此高的资产负债率，说明商业银行与社会公共利益密切相关。一旦经营不善，将面临极高的支付风险，造成金融风波，导致国家动荡不安。

2. 经营业务的硬负债、软资产。一方面，商业银行要遵循“存款自愿、取款自由、存款有息、为储户保密”的基本原则，这是商业银行对存款人的存款必须保证及时、足额地支付的承诺；另一方面，商业银行所发放的贷款能否及时、足额收回完全取决于借款人的还款能力、还款意愿，因此，贷款的收回存在着极大的不确定性。

3. 经营对象的货币化、表外化。商业银行经营着大量的货币项目，交易种类繁多、金额巨大，被欺诈的可能性极大；同时，由于融资保函、贷款承诺、汇票承兑等表外业务，风险比较隐蔽。

4. 经营信息的多样化和不确定性。商业银行面临的客户是各行各业、各种类型的人，客观上难以掌握各类行业、各个项目、各种产品的生产经营信息；不同的企业主体为了自身的利益，可能向商业银行提供不完整的或不真实的财务信息，造成财务信息的不对称。

5. 经营利润的间接性和依存性。商业银行聚集分散的闲置资金，放贷于企业；企业将借入资金和自有资金一起投入生产经营之中，在生产经营中收回初始投资成本和获得利润；企业将收回成本中的一部分归还借款本金，将利润中的一部分支付利息。因此说，商业银行经营利润主要来源于借款人分割的利润，也就是说，商业银行的利润在很大程度上依存于企业的经营效益。

（二）财务分析是了解企业财务信息的途径

企业财务信息的主要提供者是企业的会计部门。会计部门运用一系列专门的方法，经过确认、计量、记录和报告的程序，以会计这种特有的“商业语言”提供财务信息。会计首先用会计凭证零散地记录经济业务，再用会计账簿分类登记经济业务，最后用财务报表总括地报告经营业务，因此，阅读企业财务报表是了解企业财务信息的一条重要途径。

（三）财务分析是作出信贷决策的依据

商业银行在作出信贷决策前，必须通过企业提供的财务报表反映的经营状况对企业的偿债能力、获利能力、发展能力等进行全面的分析。在此基础上，根据商业银行的信贷政策，作出是否给予贷款及贷多少款的最终决策。

（四）财务分析是商业银行对企业贷款进行监控的有效手段

商业银行不仅关注贷款企业贷前的经营状况，分析其偿债能力、获利能力、发展能力等指标，同时，在贷款手续办理后还需要对贷款企业的款项使用、利息支付、还款可能性等情况进行跟踪检查。而这些必要的控制和检查的主要手段就是阅读、分析企业贷款后的财务报表，通过报表中提供的数据，对企业的未来的经营状况进行预测，从而保证贷款的安全性，降低商业银行的信贷风险。

（五）财务分析是贷款五级分类的重要依据

在贷款业务的经营和管理过程中，对企业还本付息的可能性和现实性进行评判是重要内容。影响企业还本付息的因素主要有财务因素和非财务因素，其中重要的是财务因素，特别是企业的第一还款能力。企业的第一还款能力主要表现在资产负债表、利润表和现金流量表上。通过这三张主要报表就可以分析出企业偿还债务的可能性和现实性，从而为贷款五级分类提供依据。例如，如果企业的经营活动现金净流量能满足到期债务本息的偿还，而且经营活动现金净流量在逐年增加，此类企业的贷款属于正常类。

知识链接：财务分析的起源与发展

现代财务分析，起源于财务报表分析，它于19世纪后期到20世纪初期最先由美国银行家所倡导。银行在决定是否向企业发放贷款时，最关心的是申请贷款的企业能否保证按时偿还本息。在企业财务分析未被采用之前，银行家对贷款的审查往往仅以企业经营者个人信用为依据。随着社会化大生产的逐渐发展，企业经营日趋复杂，规模日渐庞大，货币需求相应增长，市场竞争愈演愈烈，银行家以企业经营者个人信誉进行放款，往往损失惨重。美国南北战争之后，出现了修建铁路的高潮，经济一度繁荣。以后不久便发生了周期性经济危机，许多企业陷入困境，濒临破产，纷纷向银行申请贷款以维持生存。当时，在决定贷款之前，银行要求借款企业提供财务报表，对贷款企业财务报表等资料的真实性进行分析与检查，以全面分析企业财务状况，确认企业具有足够的偿还能力。因此，西方国家的财务分析开始于银行资本家对企业进行的信用调查工作，这是发放贷款的银行把财务报表分析作为调查接受贷款企业经营稳定性（信用程度）的一种技术手段。在确认贷款企业可靠程度的基础上，保证银行发放贷款资金的安全性。1900

年，美国财务学者托马斯·乌都洛克最先撰写出版了《铁道财务诸表分析》一书。该书主要对财务会计报表分析的一系列基本概念问题进行了较系统的研究。1919年，又一位美国财务学者亚历山大·乌尔撰写出版了《比率分析体系》一书，该书则对财务分析方法问题进行了富有创造性的研究。紧接着，诺维·贝尔发表了《损益分析图表》，斯铁芬·吉尔发表了《趋势分析》等一系列著作，进一步丰富和发展了财务报表分析的理论与方法。这一切标志着“财务报表分析”作为一门相对独立的学科已经形成。

到了20世纪30年代，资本主义世界爆发了严重的经济危机。商品滞销，市场萧条，资金紧缺，利率猛涨，证券价格暴跌，银行纷纷关闭，信用紧缩。在这样恶劣的经济环境下，资本家开始认识到，仅仅注重从外界筹集资金，扩大生产规模，仍然不能在竞争中求得长久的生存和发展，必须重视资金的内部管理。这样，企业内部财务报表分析开始逐渐得到重视。当时，经济生活中普遍存在的一种“黑色倒闭”现象更使得企业资本家痛定思痛。企业发展建设越快，盈利能力越强，反而破产倒闭的风险越大。许多一夜间倒闭的企业却正是那些看上去发展很有希望的企业。经济学家们在分析这种“异常”现象时，终于认识到：一个企业不仅要追求更高的盈利能力，同时必须维持足够的偿债能力。偿债能力不足，是“黑色倒闭”企业的致命伤。这样，盈利能力与偿债能力的综合分析开始在企业内部盛行起来。正是这种综合分析，极大地丰富与发展了财务分析的理论与方法。

随着社会生产实践活动内容的日益丰富和经验的不断积累，财务报表分析从金融机构在发放贷款时只用于作为观察借款企业偿还能力的手段，发展到投资单位或个人在股份投资时作为确认其是否有利的手段。于是，财务报表分析由信用分析阶段进入投资分析阶段，其主要任务从稳定性分析过渡到收益性分析；现代的财务分析领域不断扩展，早已不限于初期的银行信贷分析和一般投资分析。全面、系统地筹资分析、投资分析、经营分析是财务分析的基本领域。随着经济发展、体制改革与现代公司制的出现，财务分析在资本市场、企业重组、绩效评价、企业股价等领域的应用也越来越广泛。

第二节　财务分析的理论基础

一、财务报表反映的内容

各个企业由于经营规模、行业归属等方面的不同，其生产经营活动会存在差异，但在财务报表所反映的内容上又有共同点。在市场经济条件下，一般来说，企业的财务报表反映的都是用货币表现的生产经营活动的过程和结果。企业为了生产经营，必须拥有一定数量的财产物资作为物质基础，这些财产物资的货币表现称为资金。企业的资金运动包括资金投入、资金周转和资金退出三种形式。

1. 资金投入。资金投入是资金运动的起点，企业的资金投入主要有接收投资的资本金、从银行等金融机构取得借款以及发行债券取得资金等。

2. 资金周转。根据企业的生产经营类型的不同，企业的资金周转各有特点。如工业企业的资金周转涉及的是供应、生产、销售三个过程，即以货币资金购买原材料，货币资金转变为储备物资；投入生产过程后，通过借助劳动者对劳动对象进行加工，储备物资转变成成品物资；而后将成品物资销售出去，使成品物资又转化为货币资金。

3. 资金退出。企业的销售或服务收入，抵减费用支出后形成经营成果。经营成果按规定程序进行分配，留归企业的部分重新投入生产经营过程，分给投资人的部分、上缴的税金，以及企业归还借款、偿还其他债务的部分就是资金的退出。

因此，财务报表反映的基本内容就是以货币表现的资金的投入、周转和退出情况。

二、会计核算的基本前提

会计核算的基本前提是指会计人员对会计核算所处的变化不定的环境作出的合理判断，是会计核算的前提条件。会计核算的基本前提，是在长期的会计实践中人们逐步认识和总结而形成的。只有明确了这些会计核算的基本前提条件，会计核算才能得以正常进行下去，才能为财务报表的使用人提供真实、可靠的财务信息。会计核算的基本前提包括会计主体、持续经营、会计分期和货币计量四项。

1. 会计主体。会计主体亦称会计实体，是指会计工作为其服务的特定单位和组织。会计主体既可以是一个企业，也可以是若干企业组成的集团公司；既可以是法人，也可以是不具备法人资格的实体。但是，作为会计主体，它必须能够控制经济资源并对此负法律责任。也正因为如此，凡会计主体都应该进行会计核算。

2. 持续经营。持续经营是指会计主体的生产经营活动将无限期地延续下去。在可以预见的未来，会计主体不会因进行清算、结算、倒闭而不复存在。持续经营前提是相对非持续经营而言的，它要求会计人员以会计主体持续、正常的经营活动为前提，在此前提下选择会计程序及会计处理方法，进行会计核算。

企业在会计核算上所使用的一系列会计原则和会计处理方法都是建立在会计主体持续经营前提的基础上，持续经营假设旨在解决资产计量和费用分配问题。在持续经营的前提下，企业的会计资料的收集和处理方法才能保持稳定，如运用实际成本原则对各种资产的计量、依照原来的偿还条件偿付其所承担的各种负债。又如，企业对于它所使用的厂房、机器设备等固定资产，只有在持续经营假设的前提下，才可以在机器设备的使用年限内，按照其取得时的成本及使用情况，确定采用某一折旧方法计提折旧，将其磨损的价值计入成本费用。在持续经营的前提下，对于发生在若干个有联系的会计期间的费用，应当在各个受益的会计期间进行合理的分配。但是，如果企业即将破产清算，就不存在费用的跨期摊配问题。因此，在持续经营的前提下，企业的会计计量、记录和报告才能客观可靠。

3. 会计分期。会计分期是指将会计主体持续不断的经营活动人为地分割为一定期间。会计分期的目的在于通过会计期间的划分，定期核算经济活动和报告经营成果，从而及时地向有关方面提供反映经营成果和财务状况及其变动的会计信息，满足企业内部加强经营管理及其他有关方面进行决策的需要。

会计期间通常是一年，称为会计年度。我国《会计法》规定，我国企业的会计期间按年度划分，并以日历年度为一个会计年度，即从每年1月1日至12月31日为一个会计年度。每一会计年度内还具体划分为半年期（中期）、季度、月份的财务报告。由于各国的政治、经济、文化等环境的不同，会计年度的起止日期不一定相同。有的国家以营业年度作为会计年度，如每年的4月1日至下一年度的3月31日。

4. 货币计量。货币计量是指会计主体在会计核算过程中采用货币作为计量单位，记录、反映会计主体的经营情况，并假定在不同时期货币本身的币值不变。可见，货币计量假设包含两层含义：一是一切作为会计事项的经济活动均能用货币计量；二是假定货币币值是稳定不变的。

由于会计以货币作为基本计量单位，这就决定了会计核算的对象只限于那些能够用货币计量的经济活动。而有关企业产品质量、企业在市场中的竞争能力等情况的变化，虽然也是企业的经济活动，但因为不能用货币单位来计量，也就不能成为企业会计核算的对象。

三、财务信息的质量要求

任何企业的会计都应当如实提供有关企业财务状况、经营业绩和现金流量等方面的有用信息，以满足有关各方的信息需要，有助于使用者作出经济决策。为了达到这一目的，企业在提供财务信息时必须遵循客观性、相关性、可比性、及时性、明晰性、谨慎性、重要性及实质重于形式的会计信息质量要求原则。

1. 客观性原则。所谓客观性原则，也就是真实性原则，它是指企业的会计核算必须真实地、全面地、完整地记录和反映企业的经济活动及其结果。客观性原则具体表现在以下三个方面的要求：

（1）会计记录应当是真实可靠的。这就需要企业会计人员在记录各项经济业务时，应认真地审核经济业务的原始凭证，按照《会计法》和其他法规的要求，对于不真实、不合法的原始凭证不予受理；对于记载不准确和不完整的原始凭证，应当退回要求补充或更正。既不能无中生有，也不能大事化小、小事化了，而应实事求是，真实地记录每一笔经济业务的发生情况。

（2）计算应正确无误。这是指在账务处理过程中，所记录的科目、登入的账户应当无误，数字计算应正确，保证账证、账账、账表相符。

（3）财务报告是真实、完整的。为了保证会计核算和反映的真实性，应定期或不定期地进行财产清查，保证账实相符。提交的会计报告，既不能有意地加以粉饰，夸大其词，也不能故意歪曲，或者只报喜不报忧，这些都不符合客观性原则的要求。

2. 相关性原则。相关性原则是指会计核算所提供和反映的会计信息必须确保企业内外有关方面对会计信息的相关需要，以帮助信息使用者作出正确的决策。

会计核算的相关性是以会计核算的客观性为基础的，只有真实可靠的信息，才具有相关性，虚假的信息只能导致错误的决策。但相关性原则还具有更丰富的内涵，它不仅要求会计核算的真实性，还要求企业会计人员根据不同方面的需要，根据不同的决策目标，提供有关的信息，减少决策的盲目性。

会计核算的相关性还表现在对决策的有用性，它要求企业会计部门在提供会计信息时应当根据不同的决策目标收集、加工和整理提供信息。

3. 可比性原则。可比性原则是指会计核算应当按照规定的会计处理方法进行，会计指标口径应当一致，相互可比。这一原则要求不同会计主体对同一会计事项或类似的会计事项采用相同的会计核算方法与会计处理程序。可比性原则的目的在于提高会计信息的决策相关性，使得会计主体在相互比较的基础上揭示它们之间相同与差异的原因。国家可以据以进行有关的宏观经济决策，投资者与债权人也可以根据符合可比性原则的会计信息进行有关的投资与信贷决策，企业内部的管理当局可以据此进行有关的经营管理决策。

4. 及时性原则。及时性原则是指会计核算工作要讲求时效，要求会计业务的处理必须及时进行，以便会计信息的及时利用。

及时性原则要求企业的会计人员应当在规定的期限内，完成经济活动的记录，及时地计算、结转各项数据，迅速地提交财务报告，从而保证会计信息的时效性。保证和提高会计核算的及时性，对于会计信息的有效利用，提高企业经济效益，都具有重要意义。

5. 明晰性原则。明晰性原则是指会计记录和文字说明必须清晰完整，简明扼要地反映企业的经济活动，便于使用者理解和运用。

会计信息的目的在于使用。要使用会计信息，首先必须了解会计信息的内涵，弄清会计信息的内容，否则，就谈不上信息的使用。随着经济的发展，会计信息的使用者日益广泛，不仅包括内部管理部门、上级主管部门、国家财税部门、金融部门等，而且还包括社会上的许多信息使用者，如投资者等。因此，在客观上要求会计信息清晰明了、简明扼要地反映企业的经济活动、财务状况和财务成果，从而对会计信息更好地利用。

6. 谨慎性原则。谨慎性原则是指某项经济业务有几种会计处理方法可供选择时，应当选用对业主产权产生影响最小的那种方法。例如，对资产的计价，当有两种价格可供挑选时，就应选用较低的价格入账；如果是负债，则相反。同样，如果有可能发生某项损失，则应当在本期予以确认；但如果可能获得收益，则宁可少计或不计。概而言之，谨慎性原则要求确认一切可能的损失，但避免预计任何可能的收益，从而使会计报表不致引起人们过于乐观的判断。

7. 重要性原则。重要性原则是指在会计处理过程中，对经济事项应区别其重要程度，采用不同的会计处理方法和程序：对于资产、负债、所有者权益等有较大影响，从而影响财务会计报告使用者据此作出合理判断的重要会计事项，必须按照规定的会计方法和程序进行处理，并在财务会计报告中予以充分、准确地披露；对于次要的会计事项，在不影响会计信息真实性和不至于误导财务会计报告使用者作出正确判断的前提下，可适当简化处理。

8. 实质重于形式原则。实质重于形式原则是指企业应当按照交易或事项的经济实质进行会计核算，而不应当仅仅按照它们的法律形式作为会计核算的依据。实质重于形式原则在会计的确认、计量、记录和报告过程中都有广泛应用。

四、财务分析的局限性

财务分析对于了解公司的财务状况和经营成绩，评价公司的偿债能力和经营能力，帮助报表使用人制定经济决策有着显著的作用。但由于种种因素的影响，财务报表分析及其分析方法，也存在着一定的局限性。在分析中，应注意这些局限性的影响，以保证分析结果的正确性。

1. 会计方法及分析方法对可比性的影响。会计核算上，不同的处理方法产生的数据会有差别。不同的企业采用不同的会计方法所提供的数据就会产生一定的差异，如存货的发出计价方法、固定资产计提折旧的方法等，都会对企业提供的财务信息产生影响，从而影响不同企业之间财务信息的可比性。

2. 通货膨胀的影响。由于财务报表是按照历史成本原则编制的。在通货膨胀时期，有关数据会受到物价变动的影响，使其不能真实地反映企业的财务状况和经营成果，引起报表使用者的误解。

3. 信息的时效性问题。财务报表中的数据，均是公司过去经济活动的结果和总结。用于预测未来的动态，只有参考价值，并非绝对合理可靠。而且，报表使用者取得各种报表时，可能离报表编制日已过去多时。

4. 报表数据信息量的限制。由于报表本身的原因，其提供的数据是有限的，对报表使用者来说，不少需要的信息可能在报表或附注中找不到。

5. 报表数据的可靠性问题。有时，公司为了使报表显示出公司良好的财务状况甚至经营成果，会在会计核算方法上打主意或者采取其他手段来调整财务报表。这时，分析这种财务报表就易误入歧途。

第三节　财务分析的程序

财务分析的程序，是指进行财务分析应遵循的一般规律。财务分析的程序可以归纳为以下四个步骤：

一、确定分析目标

企业对外发布的财务报表是根据全体使用者的一般要求而设计的。不同的分析主体会从自己特定的目的出发，在财务报表中获取对其决策有用的财务信息。例如，企业的投资者较为关心的是企业的经营成本、获利能力及其变动趋势，企业的债权人则更关心企业的偿债能力，企业的经营管理者更加注重企业综合价值最大化。各分析主体首先必须根据自己的需要确定财务分析的目标，根据分析目标决定收集资料的多少、分析范围的大小以及分析方法的选择。

对于商业银行而言，在不同的阶段会有不同的分析侧重点。如在审查企业贷款资格的时候，主要通过财务报表分析企业的经营状况、资本结构、偿债能力等，以便对拟贷款企业的信用进行正确评估，保证信贷资金的安全；在贷中审查中，更加注重企业的贷款使用情况、现金流量情况、未来发展趋势等，以保证企业能够及时足额还本付息。

二、信息收集整理阶段

在明确财务分析的目的基础上，拟订财务分析计划，包括分析的人员组成及分工、时间进度安排、财务分析内容及拟采用的分析方法等，根据财务分析计划收集整理财务信息。

财务分析的资料主要来源于以下几个方面：

1. 财务报表。财务报表是财务分析的基础，包括资产负债表、利润表、现金流量表等。

2. 财务报表附注和财务状况说明书。借款人在编制财务报表的同时，为便于正确理解和分析财务报表，还要编制财务报表附注和财务状况说明书。财务报表附注主要说明借款人所采用的会计处理方法、会计处理方法的变更情况和变更原因、变更对财务状况和经营成果的影响，以及财务报表中有关重要项目的详细资料；财务状况说明书主要说明借款人的生产经营情况、利润实现情况和分配状况、资金增减和周转情况及其他对财务状况有重大影响的事项。商业银行对财务状况说明书应给予特别的重视，因为它是借款人对其财务状况所作的总结和说明，它可以提供一系列财务报表以外的重要信息。

3. 注册会计师查账验证报告。商业银行对注册会计师验证后的报表应给予信任，因为注册会计师的意见是依据国家有关法规和一般公认会计准则，并采取必要的验证程序后提出的，具有较强的独立性和权威性。注册会计师查账验证报告包括经审计的各种财务报表、财务报表的注释、审计报告及每年的财务状况的汇总等。

三、财务分析实施阶段

在财务分析实施阶段，主要通过对收集整理的财务信息进行分析，评价企业的财务状况和经营成果的真实程度。在此阶段，主要采取比较分析法、结构分析法、趋势分析法、因素分析法等具体的方法，对企业的盈利能力、发展能力、偿债能力以及企业的资产资本结构情况、现金流量情况进行分析、评价，为商业银行的信贷决策提供依据。

四、财务分析总结阶段

在上述分析的基础上，对财务分析的结果进行汇总，形成书面报告。财务分析报告是对企业财务分析结果的概括与总结，一般具有以下主要内容：

1. 摘要段。摘要段概括公司综合情况，使财务分析报告的使用者对财务分析对象有一个总括的认识。

2. 说明段。说明段是对分析对象运营及财务状况的介绍。如介绍公司的资产资本数额、盈利或亏损情况、拟贷款数额、年限等。

3. 分析段。分析段是对企业的经营情况进行全面而深入分析研究的部分，是财务分析的重点部分。如采用表格、图示等方式，分析企业的盈利能力、发展能力、偿债能力、资产资本结构、现金流量情况等。

4. 评价段。评价段是在作出财务说明和分析后，对企业的经营情况、财务情况、盈利业绩、偿还本息的能力等作出评价和预测，为商业银行作出信贷决策提供参考。

第四节　财务分析的基本方法

财务分析的基本方法是指在发挥财务报表分析的评价、预测、判断功能时经常使用的具有普遍适用性的方法。常用的财务分析的基本方法有比较分析法、比率分析法、结构分析法、因素分析法、趋势分析法等。

一、比较分析法

比较分析法是将实际数据与性质相同的各种标准进行对比，从数量上确定其差异，并进行差异分析的一种分析方法，也就是将报表中的各项数据，与计划、前期、其他企业等同类数据进行比较。财务分析中经常使用的比较标准有以下几种：

1. 公认标准。公认标准是对于各类企业不同时期都普遍适用的指标评价标准，利用这些标准能衡量、揭示企业短期偿债能力及财务风险的一般状况。

2. 行业标准。行业标准是反映某行业水平的指标评价标准。在比较分析时，既可以用本企业财务指标与同行业平均水平指标对比，也可以用本企业财务指标与同行业先进水平指标对比，还可以用本企业财务指标与同行业公认标准指标对比。通过行业标准指标比较，有利于揭示本企业在同行业中所处的地位及存在的差距。

3. 目标标准。目标标准是反映本企业目标水平的指标评价标准。当企业的实际财务指标达不到目标标准时，应进一步分析原因，分析其对偿债能力的影响，为商业银行的信贷决策提供参考。

根据财务报表分析的要求和目的不同，比较分析法主要有以下几种形式：

1. 本期实际指标与该企业的前期指标相比较。通过这种分析方法可以了解企业前后各期有关指标的变动情况，进而得到企业的财务状况和管理水平的提高情况。在实际工作中，最常用的形式是本期实际与上期实际或历史最高水平的比较。具体的计算公式如下：

$$\text{本期实际指标较过去实际指标的增减数额} = \text{本期实际指标数额} - \text{过去实际指标数额}$$

$$\text{本期实际指标占过去实际指标的百分比} = \frac{\text{本期实际指标数额}}{\text{过去实际指标数额}} \times 100\%$$

2. 本期实际指标与本期计划或预算指标相比较。这一分析能够揭示实际与计划或预算之间的差异，从而掌握某种指标的计划或预算完成情况。

3. 本企业指标与国内外先进企业指标或同行业平均水平相比较。这一分析方法主要能够找出本企业与国内外先进企业及同行业平均水平的差距，明确本企业财务状况和经营管理水平在同行业中所处的地位。

在利用比较分析法进行财务分析时，必须注意财务指标的可比性，即所对比的同类指标之间在指标内容、计算方法、计价标准、时间长度等方面应完全一致。另外，分析的核心在于解释原因，财务分析是个研究过程，分析得越具体、越深入，则水平越高。如果只是单纯地进行指标的比较而不进行分析，则无法为商业银行的信贷决策提供必要的依据。

二、比率分析法

比率分析法是财务报表分析的一种重要方法。它以财务报表为依据，将彼此相关而性质不同的项目进行对比，求其比率。不同的比率，反映不同的内容。通过比率分析，可以更深入地了解公司的各种情况，同时还可以通过编制比较财务比率报表，作出不同时期的比较，从而更准确、更科学地反映公司的财务状况和经营成果。

比率分析法与比较分析法的共同之处在于，都是采用将两组指标进行对比的手段来揭示指标之间的差异程度。二者的区别在于：其一，比较分析法强调对比指标之间的可比性，即只有同质的指标才能进行比较；而比率分析法中大部分比率是在不同质但相关联的指标之间计算比值，因此比率分析法运用的范围较之比较分析法更为广泛。其二，比较分析法的分析结果主要强调绝对差异的大小，以表示同质的指标变动的规律；而比率分析法的分析结果一般是以相对数表示，以说明二者的相互关系。

商业银行在对贷款企业进行财务分析时常用的比率有流动比率、速动比率、资产负债率、存货周转率、应收账款周转率、销售利润率等。

三、结构分析法

结构分析法是将财务报表中的某一关键项目的数字作为基数（100%），计算该项目各组成部分占总体的比例。通过结构分析可以揭示各项目的相对重要性和总体结构关系，便于提供揭示问题的途径。通常情况下，资产负债表中以资产总额为基数，利润表中以营业收入或利润总额为基数，而现金流量表中则以某一项现金总流入或现金总流出为基数，这样处理后的财务报表叫做共同比财务报表。有时，也可将结构分析与趋势分析结合应用，这两种分析方法是阅读财务报表时常用的基本数据处理方法。

四、因素分析法

因素分析法是测定一项由多个因素组成的经济指标在变动中，各个因素相互作用关系以及每一因素对指标变动的影响方向和程度的分析方法。

任何一项综合性经济指标都是由许多因素组成的，因素之间的排列和组合方式又是多种多样的。要在多种共同影响的综合指标中，测定各因素对变动的影响程度，就只能假定在其他因素不变的条件下，测出某一因素的影响程度。因素分析法计算时分三个步骤。

第一步，将综合经济指标各因素之间的内在联系用数学公式表示出来。例如，影响单一产品销售收入指标的因素是销售数量和销售单价，它们之间的数量关系用数学公式表示如下：

$$销售收入 = 销售数量 \times 销售单价$$

第二步，运用连环替代法或差额计算法计算各因素的影响程度。

第三步，将各个因素影响程度相加，就能计算出总的变动程度。

连环替代法，就是根据某项经济指标各因素之间的内在联系，按顺序地测定各因素对经济指标的影响方向和影响程度的方法。

【例 1-1】某企业有关成本的资料见表 1-1。

表 1-1　　企业成本分析资料表

项目	2004 年	2005 年
产品产量（万件）	1 000	1 200
产品单位成本（元/件）	12	11
产品总成本（万元）	12 000	13 200

该企业 2005 年的产品总成本比 2004 年的产品总成本高 1 200 万元，运用连环替代法计算分析如下：

第一步，确定产品总成本的数学公式。即

产品总成本 = 产品产量 × 产品单位成本

第二步，计算各因素的影响程度。

该企业 2005 年的产品总成本比 2004 年的产品总成本多 1 200 万元（13 200 万元 - 12 000 万元），根据上述数学公式，确定各因素的影响程度如下：

产品产量变动的影响：（1 200 - 1 000） ×12 =2 400（万元）

单位成本变动的影响：1 200 × （11 - 12） = - 1 200（万元）

第三步，确定总的变动程度，即将各因素的影响程度加总。

各因素影响之和为 2 400 + （ - 1 200） =1 200（万元）

通过上述计算可以看出，企业总成本报告期比基期增加了 1 200 万元，是由于产品产量和单位成本两因素共同变动引起的。其中，由于产品产量上升使总成本上升 2 400 万元，由于单位成本降低使总成本减少 1 200 万元。

在企业经济活动中，一些综合性经济指标往往是由于受多种影响因素的影响而变动的。在分析这些综合性经济指标时，就可以从影响因素入手，分析各种因素对经济指标变动的影响程度，并在此基础上查明指标变动的原因。这对财务分析者作出正确的经营决策和改进管理都极为有用。

五、趋势分析法

趋势分析法是指用若干个连续期间的财务数据进行比较分析，以说明企业经营活动和财务状况的变化过程及发展趋向的分析方法。趋势分析法既可用文字表述，也可用图解、表格或比较性财务报表来反映。其中，比较性财务报表是将两期以上的财务报表予以并列，依次比较而编制的一种财务报表。常见的比较性财务报表，主要有比较性资产负债表、比较性利润表和比较性现金流量表。

人们很难从某一点或某一时期分析出企业经济发展的趋势和规律，因此必须把若干数据按时期或时点的先后整理为数列，并计算出发展速度、增长速度、平均发展速度和平均增长速度等，才能探索企业的发展潜力和发展趋势。

趋势分析法一般分为定基发展速度、环比发展速度和平均发展速度三种计算方法。其具体计算公式如下：

$$定基发展速度 = \frac{分析期某项指标数据}{固定基期某项指标数据} \times 100\%$$

$$环比发展速度 = \frac{分析期某项指标数据}{前期某项指标数据} \times 100\%$$

$$平均发展速度 = \sqrt[基数]{定基发展速度 \times 100\%}$$

在财务分析中，通常应对销售收入、总资产进行趋势分析以衡量企业规模发展状态，对净利润进行趋势分析以衡量企业长期获利能力。进行趋势分析时应注意剔除偶发性特殊项目的影响，尤其是定基发展速度的基期选择必须具有代表性，否则将影响分析结果的准确性。

知识链接：标准财务比率的确定与资料收集

标准财务比率的确定方法。标准财务比率的确定方法通常有两种：一是采用统计方法，即以大量历史数据的统计结果作为标准。这种方法是假设大多数是正常的，社会平均水平是反映标准状态的，脱离了平均水平，就是脱离了正常的状态。二是采用工业程序法，即以实际观察和科学计算为基础，推算出一种理想状态作为评价标准。这种方法假设各变量之间有其内在的比例关系，并且这种关系是可以被认识的。在实际操作中，经常综合使用上述两种方法，互相补充，互相验证。目前，标准财务比率的建立主要采用统计方法，工业程序法处于次要地位。

标准财务比率的资料收集。美国、日本等一些工业发达国家的某些政府机构定期公布各行业的财务方面的统计指标，为报表使用者进行分析提供帮助。我国目前尚无这方面的正式刊物。在我国各种统计年鉴上可以找到一些财务指标，但行业划分较粗，且不同企业执行的会计制度、准则不统一，如自2007年1月1日起，上市公司执行《企业会计准则》(2006)，而非上市公司则仍可以执行《企业会计制度》，造成不同企业财务指标口径不同，无法直接比较。目前，《中国证券报》、《金融时报》和一些财经网站上会定期提供某些上市公司的财务比率，包括一些行业的平均数据，作为企业标准财务比率参考数据。对于这些上市公司的行业平均财务比率，在使用时应注意两个问题：一是行业平均指标是根据上市公司的财务数据计算出来的，与非上市公司的指标口径存在差异；二是某些行业的上市公司只有一两家，算出来的平均指标不具有代表性，不能真实反映整个行业的实际情况。因此，在进行报表分析时，应根据分析对象、目的不同，对收集到的行业平均财务比率进行修正，以尽可能地建立一个理想可比的参照物。

第五节 财务分析应注意的问题

财务分析对于考察企业理财得失，评价企业财务状况优劣，判断企业经济效益好坏，帮助投资者、债权人等进行投资、信贷决策等，都发挥着极大的积极作用。但是，同时也应看到各种财务分析方法由于受到分析资料来源的局限性，财务分析与评价的结果不是绝对准确。因此，在应用这些财务分析方法时，应注意以下几个问题：

一、注意基本财务报表与财务报表附注相结合

在财务分析中将基本财务报表与财务报表附注相结合，既可以观察报表项目的数量及其变化情况，又能在一定程度上把握项目变化的原因。比如期间费用和净利润变化了，是由于经营状况变化造成的，还是由于会计政策或会计估计变更造成的，财务报表附注信息对其变化的原因进行合理的解释，是正确使用这些财务数据的前提。

二、注意财务分析与非财务分析相结合

企业财务与经营成果的变化原因并非都是财务方面的，也有非财务方面的。如利润水平下降了，可能是负债筹资过多导致利息负担过重造成的，也可能是由于产品质量降低等原因引起销售下降，或由于管理弱化等原因引起成本费用上升。因此，若要知道效益下降的原因，就必须将财务分析与经营管理分析相结合。

三、注意短期分析与长期分析相结合

在我国，某一特定时期的企业报表提供的数据一般都是短期的，至多只有两期的数据，据此所能观察的情况也只能是短期的，如当年的财务与经营情况。对于财务分析者来说，财务和经营上的长期趋势对于进行评价和决策更为有用。因此，报表的阅读和分析最好是将若干期（至少三年）的财务报表汇总并列在一起，这样可以更好地观察企业财务和经营的演变趋势。

四、注意定量分析与定性分析相结合

财务报表所披露的信息都是定量的，但由于企业生产经营环境的复杂性，时常使定量标准不能全面反映企业的财务状况，必须结合定性标准的应用，才能很好地反映企业的真实状况，获得对决策有用的信息。定性分析是对企业财务活动进行“质”方面的分析，这些方面很难用数字来衡量，但是会对企业财务状况和经营成果产生重要影响。如企业经营者的基本素质、经营发展战略、企业文化、在岗员工素质、技术装备更新水平、综合社会贡献、发展创新能力等，还有复杂多变的外部环境和宏观经济环境，所有这些影响着企业现在和未来的经济活动，但是却不能被量化。因此，财务分析人员应将定量分析与定性分析有机结合，灵活运用，以便修正定量分析结果产生的误差，使财务分析结论更趋于实际情况。

五、注意企业内部分析与外部分析相结合

企业的经营活动是在一定的环境中进行的，在企业周围存在着一些客观因素，这些环境因素都在影响着企业的生存和发展，每个企业都受到这些环境因素的作用。财务分

析人员必须关心处在不同经营环境下的企业采取什么样的财务政策，对财务状况产生什么样的影响，以此为依据对企业的财务状况和经营成果作出正确评价，为商业银行的信贷决策提供可靠的依据。

【复习思考题】

1. 商业银行为什么需要进行财务分析？
2. 财务报表反映哪些经济内容？
3. 对企业提供的财务报表有哪些质量要求？
4. 简述财务分析的基本程序。
5. 财务分析的基本方法有哪些？
6. 趋势分析法可以为商业银行提供什么样的决策依据？
7. 比较分析法和比率分析法的区别是什么？

【案例选读】

农产品加工企业财务分析案例

一、公司概况

某市H股份有限公司于2003年正式成立，公司股东由224个自然人组成，注册资本2 168万元。公司在册员工315人，其中技术人员101人；下设12个职能部门，拥有34个合作牧场。

该公司有2个乳品生产车间，5条生产线。公司生产的产品有纯鲜牛奶、花色奶、乳酸菌饮料、酸奶、初乳粉、利乐长保质期奶、学生奶、风味奶等8大类32个规格品种。乳牛存栏数达24 081头。2005年该公司占全省乳制品市场23%的份额，在利乐装市场上实现了从无到有、从零到8%的市场占有率，日销售鲜奶18吨，市场份额占15%。

该公司法定代表人张志强，大学本科毕业，品德好，具有丰富的经营和管理经验。

从以往的贷款情况来看，该公司信用状况良好，连续多年被评为AAA级信用企业。截至2005年12月31日，该公司的信用金额为920万元。

二、财务分析

1. 偿债能力分析。2002年到2005年间，该公司的资产规模大幅度增长，资产总额达653万元，资产负债率为58.66%，资产负债结构合理，长期偿债能力较强。近3年的流动比率分别为1.73、1.37、1.64，速动比率分别为0.74、0.83、1.23，均高于同行业平均水平，说明该公司具有较强的短期偿债能力。

2. 盈利能力分析。该公司近3年销售利润率分别为16.16%、22.52%、18.12%，总资产报酬率分别为9.7%、11.67%、7.06%，净资产利润率分别为18.33%、30.57%、17.09%，公司盈利指标一直保持较高水平，利润逐年增长，抗风险能力较强。

该公司近3年销售收入、利润总额、税费如表1所示。

表 1　　销售收入、利润总额、税费一览表　　单位：万元

项目	2003 年	2004 年	2005 年
销售收入	833.2	1 513.1	2 546.7
利润总额	134.7	336.7	461.5
税费	30.2	83.7	140.3

3. 营运能力分析。该公司近 3 年存货周转率分别为 16.07 次、6.89 次、7.12 次，2005 年的应收账款周转率为 69 次、固定资产周转率为 0.87 次。从以上数据可以看出该公司的生产经营情况良好，具有较强的营运能力。

4. 现金流量分析。该公司 2003 年现金净流量为 30.2 万元，2004 年现金净流量为 182 万元，2005 年现金净流量为 223.1 万元，近 3 年现金净流量呈逐年上升态势。该企业现金流量的主要数据如表 2 所示。

表 2　　现金净流量一览表　　单位：万元

项目	2003 年	2004 年	2005 年
经营活动现金净流量	64.3	10.2	975.0
筹资活动现金净流量	554.8	1 328.9	1 401.1
投资活动现金净流量	-588.9	-1 157.1	-2 153.0
现金净流量	30.2	182.0	223.1

从以上数据可以看出，该公司近 3 年经营现金净流量均为正值，2005 年末达到 975 万元，企业经营正常，业务发展较好，有足够偿还短期贷款的能力。

该公司产品销路好，效益高，信用良好。近 3 年筹资性现金净流量分别为 554.8 万元、1 328.9 万元、1 401.1 万元，满足了生产规模不断扩大的资金需求，说明企业融资渠道多，融资能力强。

同时，该公司近 3 年投资性现金净流量分别为 -588.9 万元、-1 157.1 万元、-2 153万元。主要原因是该企业近 3 年投资力度逐年加大，完成了投资总额 1 660 万元的二期扩建工程，并进行了投资总额为 1 980 万元的三期奶源基地前期建设，因而该公司的投资性现金净流量逐年增大。

通过以上分析可以看出，由于公司规模不断扩大，实力增强，投资收益明显，从 2003 年起，现金净流量为正值，且比较稳定。这表明该公司资产总额增长迅速，经营状况良好，加上近年生产经营规模不断扩大，且经营性现金流量和现金净流量均为正数，公司偿债能力较强，第一还款来源有保障。

三、分析结论

H 公司所处行业符合国家产业政策，是国家重点扶持的行业。该公司生产经营正常，财务结构合理，现金流量充足，第一还款来源有保障，足以偿还到期贷款本息，因此，可以认定对该公司财务的贷款正常，没有产生不良贷款的风险。

第二章　财务分析信息基础

【本章概要】

本章主要介绍财务分析所需的财务报表信息、审计报告信息、企业内部非财务信息和企业外部信息等。通过本章的学习，了解财务分析信息的作用、种类、要求以及财务分析评价标准信息的内容；了解财务分析信息基础的构成；掌握财务报表信息的具体内容；理解审计报告与财务报表的质量关系；熟悉企业内部非财务信息包括的内容及企业外部信息、行业背景信息等与财务分析的关系。

【要点提示】

财务报表信息的基本内容，非财务信息的内容。

【内容架构图】

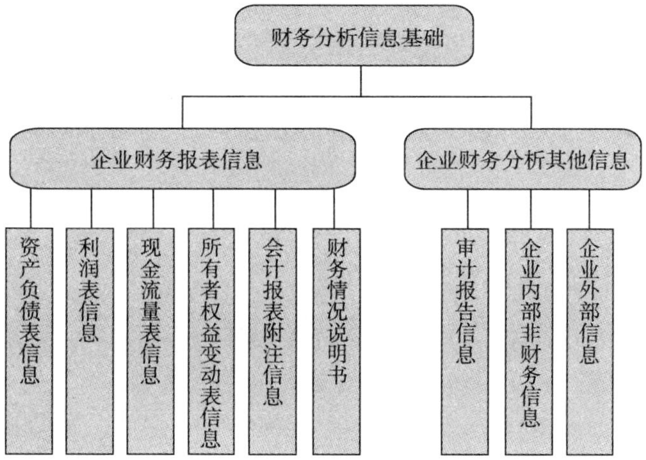

第一节　财务分析信息的作用与种类

财务分析的目的不同则分析依据有所不同，但财务分析的基础资料和背景信息越充分、准确和完整，财务分析结果的可靠性就越强，对决策也越有用。财务分析的基础资料和背景信息主要有企业财务报表信息、审计报告信息、企业内部非财务信息和企业外部信息等。

一、财务分析信息的作用

财务分析信息是财务分析的基础和不可分割的组成部分。它对于保证财务分析工作的顺利进行，提高财务分析的质量与效果都有着重要的作用。

第一，财务分析信息是财务分析的根本依据。

第二，收集和整理财务分析信息是财务分析的重要步骤和方法之一。从一定意义上说，财务分析信息的收集与整理过程，就是财务分析的过程。因此，财务分析信息的收集与整理是财务分析的基础环节。

第三，财务分析信息的数量和质量，决定着财务分析的质量与效果。

二、财务分析信息的种类

1. 内部信息与外部信息。财务分析信息按信息来源可分为内部信息和外部信息两类。内部信息是指从企业内部可取得的财务信息，外部信息则是指从企业外部取得的信息。

企业的内部信息主要包括会计信息、统计与业务信息和计划及预算信息等。企业的外部信息包括国家经济政策与法规信息、综合部门发布的信息、政府监管部门的信息、中介机构的信息、报纸杂志的信息、企业间交换的信息和国外有关信息等。

2. 定期信息与不定期信息。财务分析信息根据取得的时间的确定性程度可分为定期信息和不定期信息。定期信息是指企业根据经常性需要可定期取得的信息，不定期信息则是企业根据临时需要收集的信息。

3. 实际信息与标准信息。财务分析信息根据实际发生与否可分为实际信息和标准信息。实际信息是指反映各项经济指标实际完成情况的信息。标准信息是指用于作为评价标准而收集与整理的信息，如预算信息、行业信息等。

三、财务分析评价标准信息

不同的财务分析评价标准，会对同一分析对象得出不同的分析结论。通常，财务分析评价标准有经验标准、历史标准、行业标准、预算标准等。

1. 经验标准。经验标准是在财务比率分析中经常采用的一种标准。所谓经验标准，是指这个标准的形成依据大量的实践经验的检验。例如，流动比率的经验标准为2:1。

2. 历史标准。历史标准是指以企业过去某一时间的实际业绩为标准。应用历史标准的优点，一是比较可靠，二是具有较高的可比性。但历史标准也有其不足，一是历史标准比较保守，二是历史标准适用范围较窄。

3. 行业标准。行业标准是财务分析中广泛采用的标准，它是按行业制定的，或反映行业财务状况和经营状况的基本水平。

运用行业标准有三个限制条件：第一，同行业内的两个公司并不一定是可比的。第二，一些大的公司现在往往跨行业经营，公司的不同经营业务可能有着不同的盈利水平和风险程度，这时用行业统一标准进行评价显然是不合适的。第三，应用行业标准还受企业采用的会计方法的限制。

4. 预算标准。预算标准是指企业根据自身经营条件或经营状况，结合企业目标等因素所制定的目标标准。

各种财务分析评价标准都有其优点与不足。在财务分析中不应孤立地选用某一种标准，而应综合应用各种标准，从不同角度对企业经营状况和财务状况进行评价，这样才有利于得出正确结论。

第二节　企业财务报表信息

财务报表是会计核算、记录的交易和事项的客观反映，它是依据日常核算资料编制的，全面反映企业在一定时期内经营成果、现金流量和截止时点的财务状况的报告文件。一套完整的财务报表至少应当包括资产负债表、利润表、现金流量表、所有者权益变动表、会计报表附注等。

一、资产负债表信息

（一）资产负债表的概念

我国会计制度把资产负债表作为企业对外报告的第 1 号报表。资产负债表是反映企业某一特定日期（如月末、季末、年末等）财务状况的会计报表。它是根据资产 = 负债 + 所有者权益这一会计等式，依照一定的分类标准和顺序，将企业在一定日期的全部资产、负债和所有者权益项目进行适当分类、汇总、排列后编制而成的，是一张静态报表。

资产负债表是企业基本会计报表之一，是所有独立核算的企业单位都必须对外报送的会计报表。资产负债表主要反映以下三个方面的内容：

1. 资产。资产按流动性可分为流动资产和非流动资产。

流动资产主要包括货币资金、交易性金融资产、应收票据、应收账款、预付款项、应收利息、应收股利、其他应收款、存货等。

非流动资产是指流动资产以外的资产，主要包括长期股权投资、固定资产、在建工程、工程物资、无形资产、开发支出等。

2. 负债。负债按流动性可分为流动负债和非流动负债。

流动负债主要包括短期借款、应付票据、应付账款、预收账款、应付职工薪酬、应交税费、应付利息、应付股利、其他应付款等。

非流动负债主要包括长期借款、应付债券等。

3. 所有者权益。所有者权益包括实收资本（或者股本）、资本公积、盈余公积和未分配利润。盈余公积和未分配利润又合称为留存收益。它一般按照实收资本、资本公积、盈余公积和未分配利润分项列示。

（二）资产负债表的作用

资产负债表主要有如下四个方面的作用。

1. 通过资产负债表能了解企业资产及其分布状况。资产负债表能够反映企业在特定时点拥有的资产及其分布状况的信息。它表明企业在特定时点所拥有的资产总量是多少，资产是什么。例如，流动资产有多少，固定资产有多少，长期股权投资有多少，应收账款有多少等。

2. 通过资产负债表可以掌握企业资本结构及其偿债能力。资本结构是指负债和所有者权益在企业资金来源中的组合结构。资产负债表的左边为资产项目，右边为负债和所有者权益项目。

资产负债表的负债项目能够表明企业在特定时点所承担的债务、偿还时间及偿还对象。如果是流动负债，就必须在一年内偿还；如果是非流动负债，偿还期限就可能超过一年。因此，从负债项目可以清楚地知道，在特定时点上该企业欠了谁多少钱，应什么时候偿还。资产负债表的所有者权益项目能够反映在特定时点，投资人所拥有的净资产及其净资产形成的原因。净资产其实是股东权益，或者是所有者权益的另外一种叫法。在某一个特定时点，资产应该等于负债加股东权益。因此，净资产就是资产减负债。应该注意的是，可以说资产等于负债加股东权益，但绝不能说资产等于股东权益加负债，它们有着根本性的区别。因为会计规则特别强调先人后己，也就是说，企业的资产首先要用来偿还债务，剩下的不管多少，都归投资者所有。如果先讲所有者权益，就是先己后人，这在会计规则中是不允许的。

【例2－1】 A、B、C 3 人想共同投资开公司。2006 年5 月20 日，他们决定到工商局去注册一家有限公司。注册时，A 入股50 万元，B 入股40 万元，C 入股30 万元，共同投入到公司的资金是120 万元。公司运营一段时间后，他们发现资金不够，于是决定向银行贷款。9 月15 日，他们用公司的汽车作抵押，向商业银行贷款30 万元。

因此可以得出，该公司拥有和控制的资产总额是150 万元，投资者投入了120 万元，向银行借款30 万元。实际上就是负债30 万元加上股东权益120 万元，净资产是150 万元资产减去30 万元负债。而这个净资产是怎样形成的呢？投资者入股的时候，注入企业资金，它会形成所有者权益。企业赚的钱也应该归股东所有，因此也属于所有者权益。

3. 资产负债表可以反映企业财务发展状况及趋势，资产负债表能够反映企业财务发展状况的趋势。当然，孤立地看一个时点数，也许反映的问题不够明显。但是，如果把几个时点数排列在一起，企业财务发展状况的趋势就很明显了。例如，企业的应收账款，第1 年是10 万元，第2 年是20 万元，第3 年是30 万元，第4 年是40 万元。如果把这4 年的时点数字排列在一起，就很容易发现，该企业的应收账款呈逐年上升的趋势。应收账款逐年上升的趋势表明，或许企业销售环节没有管理好，或许是因为企业做好了，市场扩大了，相应的应收账款也增加了。例如，拍电影时，摄影师只能一个一个镜头地拍摄，每个镜头仅仅是一幅静态的画面。但是，如果把每一个镜头有机地连接起来，就会构成一部生动形象的动态电影。从这个角度来说，如果企业管理者能够关注每一个时点的状况，就会对企业的财务状况有个比较全面的了解；反之，不注重捕捉时点数，将会给企业的管理造成比较大的失误。

4. 通过资产负债表可以分析企业的变现能力和财务实力。企业的变现能力是指企业将资产变为现金的能力。资产负债表的资产项目是按资产的流动性从强到弱排列的，通过对资产项目的构成分析，可以评价企业资产的变现能力；财务实力是指企业筹集资金和使用资金的能力，通过对企业资产结构和资本结构的分析，可以评价企业的财务实力。

（三）资产负债表的格式

资产负债表由表头、表身和表尾等部分组成。

1. 表头。列明报表名称、编表单位名称、编制日期和金额计量单位。

2. 表身。反映资产、负债和所有者权益的内容。

3. 表尾。补充说明。

资产负债表的格式主要有账户式和报告式两种。根据我国《企业会计准则——应用指南》的规定，我国企业的资产负债表采用账户式结构。

账户式资产负债表分左右两方，左方为资产项目，按资产的流动性大小排列；右方为负债及所有者权益项目，一般按求偿权先后顺序排列。

通过账户式资产负债表，可以反映资产、负债、所有者权益之间的内在关系，即资产 = 负债 + 所有者权益。资产负债表的基本格式如表 2 - 1 所示。

表 2 - 1　　资产负债表

编制单位：高乐公司　　2009 年 12 月 31 日　　单位：万元

资产	行次	年初余额	期末余额	负债及所有者权益	行次	年初余额	期末余额
流动资产：				流动负债：			
货币资金	1	1 130	1 380	短期借款	31	1 530	1 520
交易性金融资产		0		交易性金融负债	32	0	0
应收票据	2	0		应付票据	33	0	0
应收账款	3	2 000	2 350	应付账款	34	160	60
预付款项	4	100	320	预收款项	35	0	0
应收利息	5	0		应付职工薪酬	36	20	30
应收股利	6	0		应交税费	37	-50	60
其他应收款	7	90	40	应付利息	38	0	
存货	8	510	920	应付股利	39	0	
一年内到期的长期债权投资	9	0		其他应付款	40	10	20
其他流动资产	10	0		一年内到期的非流动负债	41	0	
流动资产合计	11	3 830	5 010	其他流动负债	42	0	
非流动资产：	12			流动负债合计	43	1 670	1 690
可供出售金融资产	13	0		非流动负债：	44		

续表

资产	行次	年初余额	期末余额	负债及所有者权益	行次	年初余额	期末余额
持有至到期投资	14	0		长期借款	45	0	
长期应收款	15	0		应付债券	46	0	
长期股权投资	16	0		长期应付款	47	0	
投资性房地产	17	0		专项应付款	48	0	
固定资产	18	1 560	1 440	预计负债	49	0	
在建工程	19	240	460	递延所得税负债	50	0	
工程物资	20	0	0	其他非流动负债	51	10	10
固定资产清理	21	0	0	非流动负债合计	52	10	10
生产性生物资产	22	0	0	负债合计	53	1 680	1 700
油气资产	23	0	0	所有者权益（或股东权益）：	54		
无形资产	24	860	850	实收资本（或股本）	55	2 750	2 750
开发支出	25	0	0	资本公积	56	290	280
商誉	26			库存股	57	0	460
长期待摊费用	27	0	0	盈余公积	58	280	2 580
				外币报表折算差额	59	0	
递延所得税资产	28	10	10	未分配利润	60	1 500	
				归属于母公司股东权益合计	61	4 820	6 070
				少数股东权益	62		
非流动资产合计	29	2 670	2 760	所有者权益（或股东权益）合计	63	4 820	6 070
资产总计	30	6 500	7 770	负债和所有者权益（或股东权益）总计	64	6 500	7 770

（四）资产负债表的资料来源

通常，资产负债表的各项目均需填列“年初余额”和“期末余额”两栏。其中：资产负债表的“年初余额”栏内各项数字，应根据上年年末资产负债表的“期末余额”栏内所列数字填列。如果本年度资产负债表规定的各项目的名称和内容与上年不一致，则应对上年年末资产负债表各项目的名称和数字按照本年度的规定进行调整，填入本表“年初余额”栏内。

资产负债表的“期末余额”栏则根据会计报表编报时间，可为月末、季末或年末的数字。“期末余额”主要是通过对本会计期间的会计核算记录的数据加以归集、整理而成，其资料来源有以下几个方面：

1. 根据总账科目余额填列。直接根据总账科目余额填列，如“应收利息”科目、“短期借款”科目等。根据几个总账科目的期末余额计算填列，如“货币资金”科目等。

2. 根据明细账科目余额计算填列，如“应付账款”科目、“应收账款”科目、“预收账款”和“预付账款”科目等。

3. 根据总账科目和明细科目余额分析计算填列，如“长期借款”科目等。

4. 根据科目余额减去其备抵项目后的净额填列，如“存货”科目、“无形资产”科目等。

5. 根据备查登记簿记录编制。会计报表附注中的某些资料，需要根据备查登记簿中的记录编制。

知识链接：资产负债表的局限性

资产负债表固然有上述重要作用，但是对其局限性也不能视而不见。一味迷信反而会走向反面，贻误决策。资产负债表的局限性主要有以下四点：

1. 资产负债表是以原始成本为报告基础的，它不反映资产、负债和所有者权益的现行市场价值。

资产负债表中信息虽有客观、可核实之优点，然而，由于通货膨胀的影响，账面上的原始成本与编表日的现时价值已相去甚远。例如，10 年前购入的房屋，价格已涨了好几倍，甚至几十倍，但报表上仍以 10 年前购入的成本扣除累计折旧后的净额呈报，难免不符合实际，削弱其对报表使用者的作用。又如账面上已资不抵债的企业，在清算时，有可能不仅债权人能收回全部债权，而且所有者在分配剩余财产时还能有所收获，等等。此类事例在实际工作中并不少见。

2. 货币计量是会计的一大特点，会计信息主要是能用货币表述的信息，因此，资产负债表难免遗漏许多无法用货币计量的重要经济资源和义务的信息。

如企业的人力资源（包括人数、知识结构和工作态度）、固定资产在全行业的先进程度、企业所承担的社会责任（如退休金和职工家属的医疗费支出）等，诸如此类的信息对决策均具有影响力，然而因无法数量化，或至少无法用货币计量，现行实务并不将其作为资产和负债纳入资产负债表中。

3. 资产负债表的信息包含了许多估计数。例如，坏账准备、固定资产累计折旧和无形资产摊销，分别基于对坏账百分比、固定资产使用年限和无形资产摊销期限等因素的估计。此外，诸如预提修理费用、或有负债等均需估计。估计的数据难免主观，从而影响信息的可靠性。

4. 理解资产负债表的含义必须依靠报表阅读者的判断。资产负债表有助于解释、评价和预测企业的长、短期偿债能力和经营绩效，然而此表本身并不直接披露这些信息，而要靠报表使用者自己判断。各家企业所采用的会计政策可能完全不同，所产生的信息当然有所区别，简单地根据报表数据评价和预测偿债能力以及经营绩效，并据此评判优劣，难免有失偏颇。所以，要理解资产负债表的含义并作出正确的评价，并不能局限于资产负债表信息本身，还要借助其他相关信息。

二、利润表信息

（一）利润表的概念和作用

利润表又称损益表或收益表，是反映企业在一定会计期间经营成果的报表。

利润表是根据会计核算的配比原则，以收入 - 费用 = 利润会计等式作为编制的依据，从而计算出企业一定时期的各项利润指标的报表。利润表是会计报表中的一张基本报表。

1. 通过利润表可以从总体上了解企业收入、成本和费用及净利润（或亏损）的实现及构成情况，是企业进行利润分配的主要依据。

2. 通过利润表提供的不同时期的比较数字（本月数、本年累计数、上年数），可以分析企业的获利能力及利润的未来发展趋势，了解投资者投入资本的保值增值情况，为投资决策提供依据。

3. 通过对不同时期的利润及构成项目进行分析，找出影响利润增减变动的原因，据此评价企业管理者的工作业绩。

（二）利润表的格式

利润表由表头、表身和表尾等部分组成。其中，表头列明报表名称、编表单位名称、编制期间和金额计量单位，表身反映利润的构成内容，表尾起补充说明作用。

利润表的格式主要有多步式利润表和单步式利润表两种。按照我国《企业会计准则——应用指南》的规定，我国企业的利润表采用多步式。多步式利润表反映构成营业利润、利润总额、净利润、每股收益的各项要素的情况，有助于使用者从不同利润类别中了解企业经营成果的不同来源。

利润表的基本格式如表 2 - 2 所示。

表 2 - 2 **利润表**

编制单位：高乐公司 2008 年 12 月 31 日 单位：万元

项目	行次	本年累计数
一、营业收入	1	7 343
减：营业成本	2	5 259
营业税金及附加	3	0
销售费用	4	146
管理费用	5	334
财务费用	6	239
资产减值损失	7	-1
加：公允价值变动收益	8	0
投资收益	9	0
其中：对联营企业和合营企业的投资收益	10	0

续表

项目	行次	本年累计数
二、营业利润	11	1 366
加：营业外收入	12	50
减：营业外支出	13	8
其中：非流动资产处置损失	14	0
三、利润总额	15	1 408
减：所得税费用	16	217
四、净利润	17	1 191
归属于母公司所有者的净利润	18	1 191
少数股东损益	19	0
五、每股收益	20	0. 01075
（一）基本每股收益	21	0. 01075
（二）稀释每股收益	22	0. 01075

知识链接：会计利润的局限性

利润表上的利润数字是根据会计理论及政府会计准则，通过对收入和支出的严格定义和分类，以一套完整的体系计量出一个企业在某一期间的利润，即会计利润。

会计利润的计量方法以利息费用的形式反映债务融资成本，但它却忽略了股权资本的成本。在会计报表上，出资者的股权资本投入对公司来说是无成本的。

企业需要获取足够利润，并超过所投入资本的成本，企业才真正为股东创造了财富，这就是经济利润，它等于会计利润－资本总额×资本成本。这是迄今为止对利润最本质的定义。因此，从出资者的角度看，经济利润才是真正的财富，而会计利润仅仅是纸面上的财富。经济利润是基于会计利润调整而来的，而会计利润可以通过利润操纵进行调整。所谓利润操纵，就是企业管理当局为了达成某种目的，通过选择最有利的会计政策，控制应计项目，甚至通过编造、变造、伪造等手法做假账，掩盖企业真实经营成果，使会计利润达到某种期望水准。

会计报表上的利润数字并不能说明任何东西，会计利润必须转化为经济利润，并通过现金流量的调整审核利润的质量。同时，战略性利润还要求保障利润增长的可持续性。也就是说，会计报表的利润数字必须经过资本成本、现金流量、自由现金流量的三次技术性调整，才能反映出一个公司名副其实的盈利能力。

资料来源：http：//zhidao. baidu. com/question/71174006. html。

三、现金流量表信息

（一）现金流量表的基本概念

现金流量表是反映企业在会计期间内经营活动、投资活动和筹资活动产生的净现金流情况的会计报表。现金流包括现金及现金等价物。现金是指企业库存现金以及可以随时用于支付的银行存款和其他货币资金。现金等价物是指企业持有的期限短、流动性强、易于转换为已知金额现金、价值变动风险很小的投资。

编制现金流量表的主要目的，是为财务报表使用者提供企业一定会计期间内现金和现金等价物流入和流出的信息，以便于财务报表使用者了解和评价企业获取现金和现金等价物的能力，并据此预测企业的未来现金流量。通过对现金流量表的分析，一是有助于评价企业的支付能力、偿债能力和周转能力；二是有助于预测企业的未来现金流量；三是有助于分析企业的收益质量及影响现金净流量的因素，掌握企业经营活动、投资活动和筹资活动的现金流量，可以从现金流量的角度了解净利润的质量，为分析和判断企业的财务前景提供信息。

（二）现金流量表的结构

现金流量表由表头、正表和补充资料三部分内容组成。

1. 表头。表头部分主要说明会计报表的名称、编制单位的名称和编制日期等信息。

2. 正表。正表是现金流量表的主体，企业一定期间的现金流入、现金流出和现金净流量信息主要由正表提供。正表采用报告式的结构，按性质将现金流量分为经营活动产生的现金流量、投资活动产生的现金流量和筹资活动产生的现金流量，并依次列示。最后反映现金及现金等价物净增加额。有外币现金流量及境外子公司的现金流量折算为人民币的企业，正表中还应单设“汇率变动对现金及现金等价物的影响”项目。

3. 补充资料。补充资料部分主要包括将净利润调节为经营活动现金流量、不涉及现金的投资和筹资活动、现金及现金等价物净增加情况三项内容。

现金流量表的基本格式如表 2－3 所示。

表 2－3　　　　　　　　　现金流量表

编制单位：高乐公司　　　　　2009 年 12 月 31 日　　　　　单位：万元

项目	行次	上年数	本年数
一、经营活动产生的现金流量	1		
销售商品、提供劳务收到的现金	2	6 675	7 321
收到的税费返还	3	220	687
收到的其他与经营活动有关的现金	4	52	62
经营活动现金流入小计	5	6 947	8 070
购买商品、接受劳务支付的现金	6	4 814	5 509
支付给职工以及为职工支付的现金	7	399	486
支付的各项税费	8	298	341
支付的其他与经营活动有关的现金	9	293	285
经营活动现金流出小计	10	5 804	6 621
经营活动产生的现金流量净额	11	1 143	1 449
二、投资活动产生的现金流量	12	0	0
收回投资所收到的现金	13	0	0

续表

项目	行次	上年数	本年数
取得投资收益所收到的现金	14	0	0
处置固定资产、无形资产和其他长期资产收回的现金净额	15	0	0
处置子公司及其他营业单位收到的现金净额	16	0	0
收到的其他与投资活动有关的现金	17	0	0
投资活动现金流入小计	18	0	0
购建固定资产、无形资产和其他长期资产所支付的现金	19	1 356	537
投资所支付的现金	20	0	0
取得子公司及其他营业单位支付的现金净额	21	0	0
支付的其他与投资活动有关的现金	22	0	0
投资活动现金流出小计	23	1 356	537
投资活动产生的现金流量净额	24	-1 356	-537
三、筹资活动产生的现金流量	25	0	0
吸收投资收到的现金	26	0	0
取得借款收到的现金	27	2 029	2 151
收到其他与筹资活动有关的现金	28	0	
筹资活动现金流入小计	29	2 029	2 151
偿还债务支付的现金	30	1 370	2 160
分配股利、利润或偿付利息所支付的现金	31	384	653
支付其他与筹资活动有关的现金	32	0	
筹资活动现金流出小计	33	1 754	2 813
筹资活动产生的现金流量净额	34	275	-662
四、汇率变动对现金及现金等价物的影响	35	-4	0.00
五、现金及现金等价物净增加额	36	58	250
加：期初现金及现金等价物余额	37	1 072	1 130
六、期末现金及现金等价物余额	38	1 130	1 380

现金流量表中相关项目间的勾稽关系是：正表第一项经营活动产生的现金流量净额应等于补充资料第一项经营活动产生的现金流量净额；正表第五项现金及现金等价物净增加额应等于补充资料第三项中的现金及现金等价物净增加额。

四、所有者权益变动表信息

（一）所有者权益变动表的概念

所有者权益变动表是反映企业在一定期间（如年度、季度或月度）内，所有者权益的各组成部分当期增减变动情况的报表。在所有者权益变动表中，当期损益、直接计入所有者权益的利得和损失，以及与所有者（或股东）的资本交易导致的所有者权益的变动，应当分别列示，让报表分析者准确理解所有者权益增减变动的根源。

在所有者权益变动表中，企业还应当单独列示反映以下信息的项目：（1）净利润；（2）直接计入所有者权益的利得和损失项目及其总额；（3）会计政策变更和差错更正的累积影响金额；（4）所有者投入资本和向所有者分配利润等；（5）提取的盈余公积；（6）实收资本或股本、资本公积、盈余公积、未分配利润的期初和期末余额及其调节情况。

（二）所有者权益变动表的作用

1. 反映所有者权益变动的原因。在所有者权益变动表中，导致所有者权益变动的原因按照“当期损益”、“直接计入所有者权益的利得和损失”以及“与所有者的资本交易”等不同类别分别进行列示，清晰、明确地反映引发所有者权益变动的原因。

2. 反映所有者权益内部结构的变动。在所有者权益变动表中，除了提供不同原因对所有者权益产生的影响之外，还列示所有者权益内部结构变动。资本公积或盈余公积转增资本、盈余公积弥补亏损等造成所有者权益内部结构变动的因素都分别列示，从而为了解所有者权益的内部结构变动提供了信息。

3. 为利润表和资产负债表提供辅助信息。“直接计入所有者权益的利得和损失”与利润表中的“公允价值变动净收益”相辅相成，共同反映了公允价值变动对企业产生的影响。“利润分配”则提供了企业利润分配的去向和数量，为利润表提供辅助信息。所有者权益变动表中提供的所有者结构变动信息与资产负债表中所有者权益部分相辅相成，提供了所有者权益变动的详细信息。

五、会计报表附注信息

（一）会计报表附注的概念和意义

会计报表附注是财务报表不可或缺的组成部分，是对会计报表本身无法或难以充分表达的内容和项目所作的补充说明和详细解释。

财务报表中的数字是经过分类与汇总后的结果，是对企业发生的经济业务的高度简化和浓缩。如果没有形成这些数字所使用的会计政策、理解这些数字所必需的信息披露，财务报表就不可能充分发挥效用。因此，会计报表附注与资产负债表、利润表、现金流量表、所有者权益变动表等报表具有同等的重要性，是财务报表的重要组成部分。报表分析者要了解企业的财务状况、经营成果和现金流量，应当全面阅读附注。

（二）会计报表附注基本内容

会计报表附注是为了便于会计报表使用者理解会计报表的内容而对会计报表的编制基础、编制依据、编制原则和方法及主要项目等所作的解释。会计报表附注主要包括企业一般情况、基本会计假设、会计政策、变更事项、报表项目注释、分部信息以及重要事项揭示等内容。

1. 企业的一般情况。包括企业概况、经营范围和企业结构等内容，必要时，还可对诸如上市改组时资产的剥离情况进行说明。

2. 基本会计假设。包括会计主体假设、持续经营假设、会计分期假设和货币计量假设等四项。编制会计报表一般都以基本会计假设为前提，会计报表使用者不会有任何误解，所以在一般情况下不需要加以说明。但如果编制的会计报表未遵循基本会计假设，则必须予以说明，并解释这样做的理由。

3. 企业采用的主要会计政策。包括企业执行的会计制度、会计期间、记账原则、计价基础、利润分配办法等内容。对于需要编制合并报表的企业来说，还要说明其合并报表的编制方法；对于会计政策与上年相比发生变化的企业，应说明其变更的情况、原因及对企业财务状况和经营成果的影响。

4. 变更事项说明。变更事项包括会计政策的变更、会计估计的变更等。

5. 会计报表项目注释。包括对主要报表项目的详细说明，例如，对应收账款的账龄分析、报表项目的异常变化及其产生原因的说明等。

6. 分地区、分行业的分部信息资料。如果企业的经营涉及不同的行业，且行业收入占主营业务收入的10%（含10%）以上，应提供分行业的有关数据。

7. 重要事项的揭示。主要包括对承诺事项、或有事项、资产负债表日后事项和关联方交易等内容的说明。

会计报表附注主要包括资产负债表附注、利润表附注、现金流量表附注，会计报表附注基本内容及各主要会计报表附注的构成如图2－1所示。

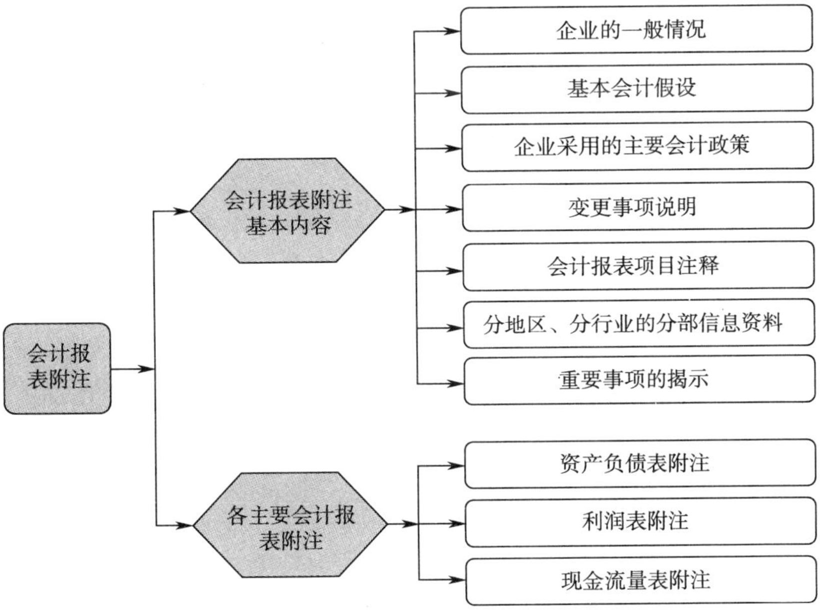

图2－1　会计报表附注内容及构成

六、财务情况说明书

财务情况说明书是我国企业会计准则中规定企业财务报告的重要组成部分。它是对一定会计期间内财务、成本情况进行分析总结的书面文字报告，也可以说是企业简要的财务分析报告。财务情况说明书主要包括以下内容：（1）企业的生产经营情况；（2）利润实现和分配情况；（3）资金增减和周转情况；（4）财务收支情况；（5）税金缴纳情况；（6）企业各项财产物资变动情况；（7）重大财务事项的情况；（8）财务报表日后事项的情况。

知识链接：财务报表的局限性

第一，财务会计报表计量的局限性。所谓财务会计报表计量的局限性，是指财务会计报表都是以货币为计量单位计量的，不能反映企业经营中的非货币性事项。

第二，财务会计报表内容的局限性。财务会计报表内容的局限性主要体现在：（1）财务会计报表由于制度原因、保密原因或规范原因等，不能提供详尽的因素分析数据；（2）财务会计报表不能反映企业未来将要发生的事项，只是对历史情况的反映；（3）财务会计报表不能表明企业采用的具体会计原则和会计方法。

第三，财务会计报表时间的局限性。财务会计报表的编报通常是按月，有些报表是按年进行的，且报表形成或报出时间与报表内容反映的时间之间又存在一段距离，因此，财务会计报表信息并不一定反映分析时企业的真实情况。

第三节　企业财务分析其他信息

一、审计报告信息

（一）审计报告的内涵

审计报告是注册会计师根据独立审计准则的要求，在完成必要的审计程序后出具的对被审计单位财务报表表示意见的具有法定证明效力的书面文件。

财务报表向企业内部和外部的利益相关者提供了企业财务状况、经营成果和现金流量方面的信息，这些报表信息是由企业管理当局编制和提供的。如果没有注册会计师对其进行审计鉴证，财务报表的可靠性和公允性就值得怀疑。注册会计师按照独立审计准则提供的审计报告，是对财务报表的质量作出的专业判断和评价。审计报告与财务报表的可信性有密切关系，财务分析人员还必须注意注册会计师出具的有关审计报告。

按照我国相关规定，上市企业、国有企业、国有控股或占主导地位的企业的年度财务报表都要经过注册会计师审计，对财务报表的合法性、公允性和一贯性发表意见。进行任何目的的财务报表分析都应事先查阅审计报告，了解注册会计师对企业财务报表的审计意见。

（二）审计报告的类型

注册会计师出具的审计报告有四种类型：无保留意见的审计报告、保留意见的审计报告、否定意见的审计报告和拒绝表示意见的审计报告。

1. 无保留意见的审计报告。无保留意见的审计报告分为标准的无保留意见审计报告和带说明段的无保留意见审计报告。标准的无保留意见审计报告，是注册会计师对被审计单位财务报表发表不带说明段的无保留意见的审计报告。带说明段的无保留意见审计报告，是在“意见段”之后增加了“说明段”的无保留意见审计报告。在说明段中，注册会计师对某些事项进行了必要的说明。这些说明，对于理解财务报表数据有特殊意义。需要说明的事项包括：重大不确定事项，一贯性的例外事项，对会计准则的必要偏离，强调某一事项，被审计单位对外披露信息的重大差异。上述注册会计师的说明不影响财务报表的正常使用，但它们都是很重要的事项。报表分析者在评价其盈利能力和偿债能力时，必须考虑到这些事项的影响，适当修正有关的结论。

在注册会计师对被审计单位的报表有异议，或审计范围受到限制时，不会签发无保留意见的审计报告，而会签发保留意见、否定意见或拒绝表示意见的报告。不带说明段的无保留意见的审计报告又称为标准审计意见的审计报告，而带说明段的无保留意见审计报告及保留意见、否定意见和拒绝表示意见的审计报告又称为非标准审计意见的审计报告。

2. 保留意见的审计报告。保留意见的审计报告是指注册会计师认为被审计单位的报表总体上恰当，但对某些事项有保留意见而发表的审计报告。这些事项包括：个别重要的会计事项或报表项目不符合会计准则或国家有关的规定，被审计单位拒绝调整；审计范围受到重要的局部限制；个别重要会计处理方法的选用不符合一贯性原则。保留意见不妨碍财务报表的总体使用价值，但是某个重要局部的数据不具有可信性。有时，这种困难可以通过数据调整来克服。

3. 否定意见的审计报告。否定意见的审计报告是与无保留意见审计报告相反的审计报告。注册会计师出具否定意见的审计报告出于两种原因：一种是会计处理方法的选用严重违反了《企业会计准则》及国家其他有关财务会计的规定，而且被审计单位拒绝调整。另一种是财务报表严重歪曲了被审计单位的财务状况、经营成果和现金流量，被审计单位拒绝调整。出具否定意见的审计报告，意味着注册会计师认为被审计单位的财务报表不具有使用价值。这种财务报表不能作为财务分析的依据。

4. 拒绝表示意见的审计报告。拒绝表示意见是指注册会计师对被审计单位的财务报表不能发表意见，包括无保留、否定或保留的审计意见。拒绝表示意见，不是注册会计师不愿意提意见，而是由于某些限制而未对某些重要事项取得证据，没有办法完成取证工作，使得注册会计师无法判断问题的归属，无法对财务报表整体发表审计意见。注册会计师拒绝表示意见的财务报表，不能作为财务分析的依据。

二、企业内部非财务信息

（一）预算资料

财务预算是企业在预测和决策的基础上，围绕企业的战略目标，对企业一定时期内的资金取得和投放、各项收入和支出、企业经营成果及其分配等资金运动所作的具体安排。财务预算与业务预算、资本预算和筹资预算等共同构成企业的全面预算体系。财务预算的主要内容包括现金预算、预计资产负债表和预计利润表等。其中，现金预算是按照现金流量表主要项目内容编制的反映企业预算期内一切现金收支及其结果的预算。预计资产负债表是按照资产负债表的内容和格式编制的综合反映预算期期末财务状况的预算报表。预计利润表是按照利润表的内容和格式编制的反映预算期内利润目标及其结构情况的预算报表。

实行全面预算制度的企业，除财务预算资料外，业务预算、资本预算和筹资预算等也是报表分析必不可少的重要依据。其中，业务预算是反映企业预算期内可能形成现金收付的生产经营活动的预算，一般包括销售预算或营业预算、生产预算、制造费用预算、产品成本预算、营业成本预算、采购预算、销售费用预算等；资本预算是企业在预算期内进行资本投资活动的预算，主要包括固定资产投资预算、权益性资本投资预算和债券投资预算等；筹资预算是企业在预算期内需要新借入的长短期借款、经批准发行的债券以及对原有借款和债券还本付息的预算，股票发行计划，配股计划和增发股票计划等。这些预算资料可作为财务报表分析的比较基础或作为对报表数据发生变化进行因素分析的背景资料或有其他用途。

（二）非货币性信息

财务报表所披露的信息都是用货币计量的价值类信息。根据商品二因素的原理，价值是依托于使用价值而存在的。因此，当我们需要对价值类指标进行分析时，也不能忽视使用价值类的实物指标。比如，分析利润增减的变化，就需要对生产经营的产销量结构进行分析，通过实物结构的分析，来透视企业生产经营结构调整对利润变化的影响。再如，分析企业存货资产的质量，也需要联系存货实物的结构及质量变化情况进行。

（三）管理类信息

企业生产经营和财务状况的好与坏，总是与企业内部的管理状况联系在一起的。从实践看，许多企业的效益偏低，也主要是由于内部的经营管理出了问题。经营管理不善是导致企业效益偏低的主要原因，因此在进行报表分析时有必要对企业内部的管理状况进行把握。具体包括法人治理结构的完善情况、管理的组织构架、管理制度的完善情况、经营者的经营管理水平，特别是企业家的素质、内部经营管理的模式、各项基础管理制度、激励与约束机制、管理信息系统的建设、管理观念的创新、企业文化建设、经营和财务发展战略规划等。

（四）技术类信息

技术状况是导致企业成本变化和效益波动的重要原因。在进行财务分析时，需要把握的技术方面的信息很多，诸如研究与开发投入情况，新产品、新工艺和新材料的开发及应用信况，技术定额，主要生产设备的先进程度和生产适用性、技术水平、开工及闲置情况，更新改造情况，采用环境保护技术措施等。一个企业的技术投入水平，可以用技术投入比率这一指标来反映，即技术投入率。

（五）人力资源类信息

包括在岗员工的文化水平、道德水准、专业技能、组织纪律性、团队精神、参与企业管理的积极性等方面。在现代市场经济条件下，人力资源的质量是影响企业财务和经营情况的重要因素，有时甚至是决定性的因素。

三、企业外部信息

（一）政策法规信息

政策法规信息主要指国家为加强宏观管理所制定的各项与企业有关的政策、法规、制度等。主要包括：一是经济体制方面的政策，是指涉及国家经济体制方面变化的政策。财务分析中能明确企业所处的体制环境，尤其是能预测到体制的变动，势必对企业的投资和经营产生积极的影响。二是宏观经济政策，主要指财政政策、金融政策、货币政策等。这些政策对于企业财务分析是至关重要的，不掌握宏观经济政策的变动也必将作出错误的决策。三是产业政策与技术政策。产业政策是指导国家产业发展的政策性文件，它规定了哪些产业是基础产业，哪些产业是支柱产业，并相应地对产业组织、产业技术和产业布局作出规划。技术政策则规定了国家鼓励创新和推广的技术，以及相应的鼓励措施。投资者和经营者掌握产业政策和技术政策，对于企业持续、健康发展有着重要作用，这些都直接或间接地影响着企业的财务状况与经营成果。

（二）市场信息

市场信息包括国内和国际的同类产品或相似产品、替代产品或相关产品的市场供求状况及变化趋势、市场价格的变化情况和变化趋势、市场容量及其变化、物价指数及其变化等，这些都是进行财务分析时必不可少的依据。比如，当我们需要了解企业产品的毛利率降低的原因时，可从成本费用水平的提高方面来把握，或者从产品销售价格的降低方面来把握。

知识链接：市场信息的主要来源

一是综合部门发布的信息，主要指国家统计局定期公布的统计报告和统计分析、商务部的经济形势分析、国家发展改革委的国民经济计划、有关部门和专家的经济形势预测等。二是证券市场的信息，主要指各证券市场和资金市场的有关股价、债券利息等方面的信息等。如上市企业的每日股市行情，人民银行每日公布的人民币汇率，证券报纸杂志刊登的有关股价、利息等方面的信息，国外证券市场的信息，等等。三是其他市场的信息，指生产市场信息、物资市场信息、劳动力市场信息，以及有关信息市场或信息部门提供的各种信息，包括一些中介机构提供的公证信息。四是企业间交流的信息，指企业与同行业其他企业或有业务往来的企业间相互交换的报表及业务信息等信息。

（三）行业背景信息

行业背景信息主要是企业所处行业的相关产品、技术、规模、财务、经营、效益等方面的情况，以及所处行业的各主要竞争对手的情况。在进行财务分析时，我们可以计算行业平均水平、上行业水平和下行业水平，并进行必要的比较，也可以与行业中主要竞争对手的情况进行比较。企业的行业背景、竞争策略、会计政策选择等对形成企业价值、解读会计数据至关重要。报表分析只有结合行业发展趋势、产业竞争程度，其结果才能客观和正确；只有将这些分析与企业的宏观大背景和企业未来的发展前景相结合，分析者才能理解管理层对会计政策的选择及其对报表数据的影响。

行业分析有助于了解企业所处的经济环境和发展前景。企业的经营与外部环境、投资环境、市场环境、政治环境、金融环境、经营环境等是密不可分的。这些环境因素与产业政策、信贷政策、税收政策和区域发展关系密切。比如受“9·11”事件冲击，美国各大航空企业境况艰难。在“9·11”事件发生不到一年的时间里，美国合众国航空公司于2002年8月11日向弗吉尼亚的亚历山德里亚破产法院提交申请，要求享受破产保护，成为“9·11”事件后首家受连累而申请破产保护的美国大航空企业。

企业所处的环境对其经营状况有重要影响。一个企业是否有长期发展的前景，首先同它所处的行业本身的性质有关。身处高速发展的行业，对任何企业来说都是一笔财富；当一个企业处于弱势发展行业中，即使财务数据优良，也会受到大环境的下行趋势而影响其未来的盈利能力。对一个企业的行业环境评价，也可以从证券分析、信用分析、企业并购、债务评估、红利政策评估等方面分析，这些分析有助于估计企业与行业间的经营差别和持续经营能力，有利于估算企业为保持竞争优势所需的投资。

知识链接：企业的竞争优势

在激烈的市场竞争中，企业会面临许多竞争与挑战。因而分析竞争来自何方、出于何种动机、哪个威胁更大、其随时间变化的趋势等，对于报表使用者准确分析企业前景有很大的帮助。竞争首先来自行业的潜在进入者。对于早期进入的企业而言，其首先行动优势有助于阻止未来企业的进入而获取垄断利润，先入者容易取得成本优势或价格优势，能够制定有利于它的行业标准或取得资源有限的许可或经营资源。其次，竞争来自同行。同行之间的竞争手段主要有价格竞争、新产品开发、服务质量提高以及促销等。同行竞争总是由一个或几个企业认为存在改善其市场地位的机会而引发的。竞争还来自替代品的威胁。所谓替代品，即其他企业所提供的具有相似功能的产品或服务。这些替代品往往由高盈利行业提供，表现出一种价格优势，从而限制了企业所在行业的产品价格，抑制了行业利润水平。替代品的威胁程度取决于参与竞争的产品或服务的相对价格和效用，以及消费者使用替代品的主观意愿。如果企业能保持成本优势和差异化，则有助于企业建立持久的竞争优势。

【复习思考题】

1. 财务分析信息在企业决策中有什么重要作用？
2. 企业财务分析的信息来源主要有哪些？
3. 财务报表为什么需要注册会计师审计？
4. 不同类型的审计报告各有什么特点？
5. 从审计报告中可以得到什么分析线索？
6. 如何理解行业分析优于报表分析？

【案例选读】

美国阿莫科公司的审计报告

下面是来自美国阿莫科公司内部审计部门的一份最终审计报告实例，供参考。这份报告是由审计项目主管编写并呈送给被审计单位经理、企业最高管理当局和董事会审计委员会的。由于这份报告将所有审计备忘录及其答复作为附件，篇幅较长，为缩短篇幅，我们仅在报告实例中列示了一份审计备忘录及其答复。

审计报告正文：

一、前言

采用最好的工业实践为审计标准，我们由相同的审计人员对公司两个最大的炼油厂（怀丁和得克萨斯）的相同领域进行了巡回审计。这种审计方式为比较二者的内部控制和经营的效率、效果提供了总体思路和结构，并缩短了在第二个地点（得克萨斯）的审计时间。为确定怀丁炼油厂是否取得了通过比较得克萨斯炼油厂显示的良好经营状况，我们在完成得克萨斯炼油厂的审计之后，又返回怀丁炼油厂增加了一个星期的审计。我们相信，这种审计方式的改进增加了审计工作的效果，并准备在其他地点的审计中运用。

二、目标和范围

为了对两个地点的经营活动进行比较，确定怀丁炼油厂的经营活动是否按照公司管理当局的意图进行并实施了充分有效的内部控制制度，我们的审计检查了与原油收入、贮油装置、机动设备、内部审查、审计整改四个方面职能活动相关的记录、程序和政策，并评价了这些职能领域的内部控制状况。审计包括了截至 1993 年 9 月 30 日之前 12 个月内已经完成的业务和报告。

三、意见和结果

（一）原油收入方面

除了原油收入的计量和炼制原油磅数的计算方面需要改进之外，内部控制是充分的，并有效地发挥了作用。

（二）收入计量

实地测试表明仪表显示的压力比被证实的实际压力平均每平方时低 8 磅。由于电脑采用仪表显示的压力数，所以因仪表不精确使每次计量的原油收入量比实际多出 0.01 个百分点。重复的错误导致每年原油输入量比实际多 14 400 桶。我们建议你们评估计量仪表的灵敏度。

另外，我们在一份报告中发现两个仪表读数的第四位数字是令人迷惑的，装备部件表的编制员把最后的仪表读数往前四舍五入。计算机根据六位数字计算最终读数并在必要时自动将第四位数字四舍五入，于是，约 1/3 的读数比实际多出 0.01 个百分点。结果导致每年原油输入量比实际多 4 800 桶。我们请你们告诉装备部件的编制员采用正确的计算机生成读数。

被审单位答复：目前我们正在加强装备部件表的安装工作，以提高仪表计量的准确性，并且在今年 3 月份我们举行了有关这方面工作的讨论。我们准备在 1994 年 3 月 31

日以前安装传感计量仪。另外，我们已通知装备部仪表的编制员（抄报员）纠正不正确的四舍五入计算做法。

输入量磅数计算：下面的事项不影响原油入库量的准确性，但错误地表示了余额的计算结果。

收入量分析员采用“十进制”加权平均比重将原油收入量的桶数换算成磅数，结果8月份原油实际加工量少报告了7.7MM磅。我们建议使用“三进制”可能更精确些。中心程序报据美国石油学会（API）公布的原油比重范围（38.5至43.5）来计算压缩系数。由于怀丁炼油厂原油加工量中90%的原油比重都在38.5以下，我们测算表明多报原油加工量0.9MM磅。我们建议根据美国石油协会公布的标准重新确定原油比重范围，最好以20为起点。

被审计单位答复：关于原油加工量的重量单位换算，我们已于9月份开始采用每加仑加权平均磅数来计算；另外，关于较低的原油比重问题我们将在明年解决，准确地重新确定比重范围并与“炼油厂收入量报告系统”采用的标准一致。

（三）原油装置方面

除了“维修管理系统”的工作积压报告没有说明时间（小时）外，内部控制是充分的，并有效地发挥了作用。

（四）工作单

对372份非预防性维修工作单（包括“维修管理系统”10月份未处理的积压报告），我们发现有350份（占94%）没有写明完成维修所需要的时间。为便于评估工作量和完成情况，我们建议今后应在送交给“维修管理系统”的工作单上注明所需要的时间（小时）。

被审计单位答复：关于在工作单上写明预计所需要的时间，我们正在改进过程中。我们准备在年末之前呈送给你们一份准确弥补过去缺陷的时间表。

（五）机动设备

除一些拨款负担了不相关的采购支出外，内部控制是充分的，并有效地发挥了作用。

（六）拨款（专用的）

抽查了两项机动设备拨款的使用情况，发现都存在不恰当使用的问题。例如，用来购买小汽车的拨款（3128）#买了一台计算机，用来购买起重机的拨款（3145）#买了一辆小汽车。由于购买计算机的发票编入机动设备类发票的连续编码中，很显然，在资产分类账中计算机作为小汽车入账，同样，小汽车当做起重机记录于资产分类账中。我们要求会计部门在内部审核时取得这类采购的批准，检查最近所有由拨款支付费用的准确性和正确性。

被审计单位答复：我们已经取得计算机和小汽车两项采购业务的批准；另外，我们将在明年的内部审核中检查全部的相关业务。

（七）内部审核方面

我们检查了怀丁炼油厂的内部审核方案、工作底稿和报告。这些文件是非常好的培训资料，在我们的审计间隔期内为内部控制提供了有效的补充。我们相信进行自我评估是保持健全内部控制环境的一个重要因素，并建议你们采用最好的方式进行内部审核。

（八）审计整改方面

上一次审计中提出的所有建议都被采纳实施或在我们检查期间正在完善实施之中。

（九）其他事项

在检查机动设备类资产对账（调节）情况时，我们发现怀丁炼油厂的一些机动车辆仍记录在 Casper（地点名）为明细科的分类账中。由于存放在该地点的机动设备已分别存放在几个不同的地点，我们已要求炼油厂会计协调组检查这些资产转移的必要性。目前，炼油厂会计协调组正在跟踪检查并可望在年底之前完成这项工作。

结束语

本报告和所有经确认的审计发现还将报送给阿莫科石油公司审计部主任和信息技术审计部主任。

我们感谢您单位职员在检查期间给予的帮助和合作。

项目审计主管：×××
1993 年 11 月 23 日

报告附件——审计备忘录及其答复备忘录全文如下：

卡尔先生：

在机动设备拨款方面，我们检查了机动设备的采购程序，并抽取了两笔最近的项目拨款进行检查。

（3128）#拨款经批准用于购买一辆 20 个乘座的小汽车，（3145）#拨款经批准用于购买一台运输起重机。我们注意到两笔拨款均用于支付与指定项目无关的采购业务。例如，（3128）#拨款购买了一台计算机（4 328 美元），（3145）#拨款购买一辆 24 个乘座的小汽车（6 825 美元）。

这些不相关的设备采购不仅破坏了既定的批准控制，而且导致了资产分类账的错误分类。由于购买计算机的发票编入机动设备类发票的连续编码中，所以计算机将作为一辆小汽车显示在资产分类账中。同样，24 个乘座的小汽车将作为一台起重机记录于资产分类账中。

由什么拨款来支付机动设备的采购业务应该根据最初的批文确定。为降低错误支付的风险，我们建议：

1. 将（3145）#拨款支付采购导致的资产分类错误进行调整，请机动设备部门提供这类采购业务拨款的批复。

2. 在本次审计工作结束之前，检查所有由拨款支付机动设备采购的合理性。

3. 在下一次内部审核资本性资产时，检查这类与最初批准不相关的采购业务，并予以纠正。

请提出您的意见，并将你们完成改进措施的计划和预计时间告诉我们。

审计员：麦克
1993 年 9 月 20 日

备忘录答复全文如下：

麦克先生：

对机动设备拨款问题答复如下：

1. 采购计算机的业务已取得了批准，会计调账也完成了。(3128) #拨款的用途已经改变了，经批准可以再买一辆小汽车；会计调账将由（3145）#拨款支付购买小汽车的费用调出。

2. 资本分析员检查了所有的由拨款支付的采购业务，结果表明控制程序是有效的，如果拨款支付不恰当，它将在结算之前被采购员发现。

3. 会计部门将确立一个程序抽样检查不相关的采购业务。这些程序将在下一次内部审核中实施。

会计监督员：×××

1993年9月27日

第三章　资产负债表分析

【本章概要】

本章主要进行资产负债表总体分析和资产负债表整体对称结构分析。通过本章的学习，了解进行资产负债表各个项目质量分析和结构分析的内容和方法，掌握应用资产负债表水平分析和垂直分析方法进行资产负债表总体分析的方法，熟悉资产与权益对称结构分析的具体内容。

【要点提示】

资产与权益对称关系分析，资产与权益结构形式分析，企业财务状况总体分析。

【内容架构图】

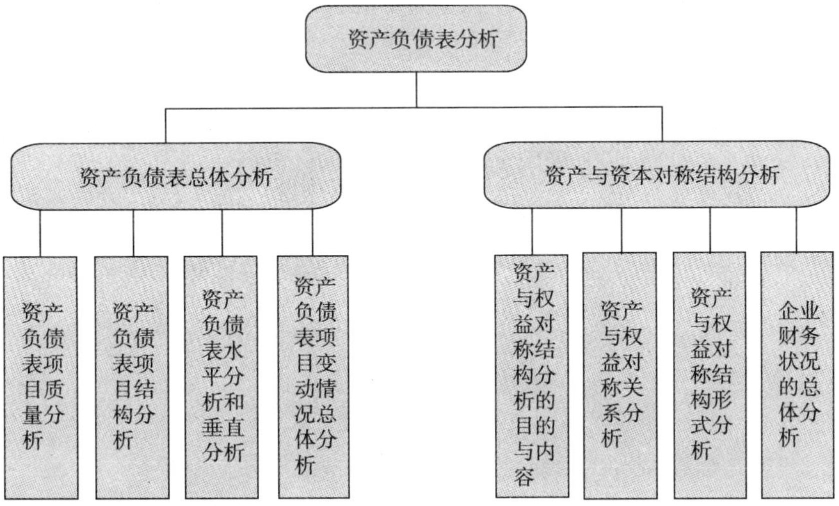

第一节　资产负债表总体分析

资产负债表总体分析，也称财务状况变化分析。财务状况是指企业在某一时点上的经营资金来源和分布状况，它既是企业经营活动结果在资金方面的反映，又是企业未来经营活动能力的表示。通过对财务状况的分析，既可以从整体上查明企业经营活动中存在的问题，为进一步的分析指明了方向，又可以大致评价企业未来经营的潜力，为投资者和债权人提供有用的投资和信贷决策的信息。根据资产负债表的构成形式，该种分析可先从资产、负债和所有者权益三个方面分析入手，然后可在分类分析的基础上进行总括分析，最后得出评价结论，指出经营活动中存在的问题。

一、资产负债表项目质量分析

（一）资产项目分析

企业资产代表了企业规模，资产越多表明企业可以用来赚取收益的资源越多，可以用来偿还债务的资源越多。但是这并不意味着资产总是越多越好，还要看资产质量状况。所以具体分析时，要结合各资产项目（只对重点项目）进行深入分析，了解资产质量；要从总体把握住企业资产的分布，横向要看各类资产的变化趋势。

1. 流动资产状况分析。对流动资产质量状况进行分析主要是指对货币资金、交易性金融资产、应收票据、应收账款、其他应收款和存货等重要项目作深入分析。

（1）货币资金。货币资金是指企业在生产经营过程中处于货币形态的那部分资产。它包括库存现金、银行存款和其他货币资金。货币资金是企业资产中最活跃的因素，它可以变成各种形态的资产（如存货、固定资产、无形资产等）。货币资金本身就是现金，无须变现，可以用它直接偿还到期债务或支付投资者利润。企业持有货币资金一般是为了满足结算需要、预防性需要和投机需要。货币资金具有偿债能力最强和盈利能力最弱的双重特点。如果货币资金占总资产的比例较大，通常表明企业流动资金比较充裕，偿债能力较强，但同时也可能意味着企业的资金闲置，盈利能力较弱。为此，应结合企业的生产经营特点、经营周期和资金周转速度，在资产的流动性和盈利性之间作出正确的选择，合理地确定企业货币资金的持有量，使其保持一个合适的比例。

在对货币资金进行分析时，应结合下列因素判断企业货币资金持有量是否合理。

①资产规模和业务量。一般说来，企业资产规模越大，相应的货币资金的规模也就越大；业务量越大，处于货币资金形态的资产也就越多。

②筹资能力。如果企业有良好的信誉，筹资渠道通畅，就没有必要持有大量的货币资金，影响企业盈利。

③运用货币能力。如果企业经营者运用货币资金的能力较强，则可将必要的货币资金维持在较低水平，将其余的货币资金从事其他经营活动。

④行业特点。处于不同行业的企业，货币资金的合理规模存在差异，有的甚至差别很大。在相同的总资产规模下，金融企业、工业企业和商业企业的货币资金不可能相同。

（2）交易性金融资产。交易性金融资产是企业购入的随时能够变现并且持有时间不准备超过一年的投资，一般包括各种股票、债券和基金等。该资产的变现能力非常强，流动性仅次于现金。

交易性金融资产是现金的后备资源，因此该资产越多，企业的支付能力和财务适应能力就越强。但它与货币资金又有不同，主要是该资产的风险要大于货币资金，尤其是在证券市场尚不完善时期。因此，分析交易性金融资产的质量状况时，应注意交易性金融资产的构成，及时发现风险，予以防范，同时还要结合投资效益进行分析。

（3）应收账款。应收账款是企业因销售商品和提供劳务等活动而形成的债权，不包括应收职工欠款、应收债务人利息和其他应收款。

应收账款的管理是企业管理的重点和难点。和其他多数资产一样，它对企业财务状况的影响有好的方面，也有坏的方面。好的方面是应收账款代表了一项对客户现金的要求权，应收账款的增长会带来企业收入的增加。但一方面应收账款的增加会使企业发生收账费用和坏账损失的风险增大，从这个角度讲，应收账款越少越好。另一方面，应收账款反映本企业的资金被信用单位无偿占用，体现的是一种资金沉淀。在企业资金总量一定时，应收账款占有越多，资金的使用效率越差，并且现金也越短缺，从这一点来说，应收账款也是越少越好。如果一个企业应收账款管理失控，一定会影响企业利润和现金流。

对应收账款分析时，一要分析应收账款的账龄结构，关注形成坏账的可能性；二要分析前五位债务人的债务比例，关注集中程度。对于应收账款过于集中的公司，不但要考虑其债权的回收能力，而且要关注其过分依赖单一客户的经营风险。

（4）其他应收款。其他应收款是指企业发生非购销活动而产生的应收债权，包括企业应收的各种赔偿款、保证金、备用金以及应向职工收取的各种垫付款项等，有人称之为资产负债表中的“垃圾桶”。

其他应收款仅仅是暂付款，一般数额较小，期限也短。如果企业生产经营活动正常，其他应收款的数额不应过大，若它的数额过大，则属于不正常现象。对于企业其他应收款项目，要仔细分析其内容、账龄，特别是其中金额较大、账龄较长的款项，判断其转移销售收入以偷漏税的可能性和发生的合理性，是否存在关联方、占用资金不合理等现象。

（5）存货。存货包括的内容多、占用的资金大，是企业流动资金管理的重点和难点。

①报表分析者应注意了解企业经营者是否从生产经营的需要出发，采用科学的方法，确定合理的存货经济批量，并以此作为企业存货控制的标准。如果企业实际存货金额大于这一标准，则应分析原因，采取必要的措施，降低存货的库存。

②存货数量结构是否合理。存货有些是为生产准备的，有些是为销售准备的，应合理确定其结构，保证企业再生产过程的顺利进行。

③存货的追加成本。资产负债表中，该项目的数字只是存货本身占用的资金。存货在储存过程中，还有许多追加支出，影响企业的盈利水平。

2. 非流动资产状况分析。对非流动资产质量状况进行分析主要是对长期股权投资、投资性房地产、固定资产和无形资产等重要项目作深入分析。

（1）长期股权投资。由于长期股权投资期限长，金额通常很大，涉及企业的经营发展战略，因而对企业的财务状况影响较大。另外，由于长期股权投资时期长，其间难以预料的因素很多，因而风险也会很大，因此在进行报表分析时，应对长期股权投资给予足够的重视。

长期股权投资构成分析主要从投资对象、投资规模和持股比例等方面进行分析。通过对构成的分析，可以了解企业投资对象的经营状况及投资对象的收益等方面的情况，判断企业长期股权投资的质量；另外还要作投资收益分析和长期股权投资减值准备的分析。

（2）投资性房地产。投资性房地产是指为了赚取租金或使资本升值，或两者兼而有之而持有的房地产。它主要分为三类：出租的土地使用权、长期持有并准备增值后转让的土地使用权和企业拥有并已出租的建筑物。

投资性房地产属于企业实物投资。该投资金额大，受国家宏观政策、经济发展规划及地方发展水平等多种因素的影响，资金回笼较慢，投资风险大。

（3）固定资产。固定资产占用资金数额大，资金周转的时间长，是资产管理的重点。分析该项目时应注意以下几个方面：

①固定资产的构成。一般固定资产分为生产经营用固定资产、非生产经营用固定资产和闲置固定资产几类。这几类中只有生产经营用固定资产能为企业带来盈利。在分析该项目时，应结合固定资产明细表，了解固定资产的构成是否合理。

②固定资产占总资产的比例。固定资产的规模和结构，与企业所处的行业性质直接相关。一般来说，制造企业的固定资产比重较大。传统的资金管理理论认为，企业固定资产所占的比例越大，企业的营运能力越强。由于固定资产在使用中逐渐被消耗，周期较长，因此企业拥有的固定资产越多，在总资产中所占的比重越大，资产的流动性和变现能力就越差。但经营者在分析这个问题时，应注意在“船大压风浪，船小好掉头”之间作出合理选择。

③在分析时，还应关注不同类别的固定资产折旧方法、折旧年限对当期利润和固定资产净值的影响。

（4）在建工程和工程物资。资产负债表的在建工程项目反映了企业期末各项未完工工程的全部支出，工程物资项目则反映了企业各项工程尚未使用的工程物资的实际成本。在建工程占据的金额是十分巨大的，是企业主要的投资行为之一，合理的工程建设将是企业新的利润增长点。因此，可结合工程项目的用途、资金来源、工程的进度以及转入固定资产的情况进行分析，这样有助于了解企业的发展动态，预计企业未来的盈利能力。

（5）无形资产。无形资产风险比较大，而且它为企业带来的未来经济利益具有很大的不确定性。因此，分析无形资产的质量时应注意以下几个问题：

①企业是否正确反映无形资产的价值，是否有虚增资产的情况。

②企业是否严格遵守国家关于无形资产入账比例的有关规定，其规模是否合理。

（6）长期待摊费用。长期待摊费用本质上是一种费用，没有“变现性”，其数额越大，说明企业的资产质量越低。因此对企业而言，这类资产数额应当越少越好，占资产总额的比例应当越低越好。

在分析长期待摊费用时，应注意企业是否存在根据自身需要将长期待摊费用当做利润的调节器。例如，在不能完成利润目标或在相差很远的情况下，企业将一些影响利润的且不属于长期待摊费用核算范围的费用转入，以达到提高利润的目的。

（二）负债项目分析

负债是企业资产的重要资金来源。按其流动性分为流动负债和非流动负债。负债类项目全面、系统地反映了企业长短期负债情况，通过对负债类重点项目分析，并与资产类项目进行对照，可以清楚地了解企业的偿债能力。

1. 流动负债。

（1）短期借款。在企业自由流动资金不足的情况下，企业可以向金融机构举借一定数量的短期借款，以保证企业生产经营对资金的需要。短期借款对企业的影响表现在两个方面，一是短期借款要在一年内（含一年）偿还，企业的偿债压力较大；二是短期借款的利率较长期借款的利率低，企业的利息负担较轻。分析企业是否根据资金的实际需要，科学地确定短期借款与长期借款的比例。一定数量的短期借款是企业经营所必需的，但如果数量太大，超过企业的偿债能力，就会给企业的未来发展带来不利影响，应使其偿债能力和利息负担都处于合理的状态。短期借款合理与否，可以根据流动负债的总量、目前的现金流量情况和对未来一年内的现金流量的预期来确定。在一个现金流量较差的企业里，过多的短期借款将会增加财务负担。

（2）应付账款和应付票据。对于企业来说，应付账款属于企业的一种短期资金来源，是企业最常见、最普遍的流动负债，一般都在30～60天，而且一般不用支付利息，有的供货单位为刺激客户及时付款而提供了现金折扣。许多企业认为应付账款是占他人便宜，因而即使有现金也不愿意按期支付。其实这是一种目光短浅的行为。如果不按期偿付应付账款，不仅不能利用现金折扣优惠，而且严重影响企业信誉，影响企业未来发展，一旦引起法律纠纷，会使企业遭受更大损失。因此，在对应付账款分析时，应注意观察有无异常情况，测定未来的现金流量，以保证及时偿付各种应付款。

应付票据和应付账款在本质上是一样的，都是企业对外的欠款。但应付票据是由企业或银行签发的，在付款时间上更有保证。应付票据的流动性高于应付账款，因此，应付票据的压力和风险更大。

（3）预收账款。预收账款是指企业实际销售商品或提供劳务之前，按协议预先收取的货款，体现的是一种商业信用和资金的无偿占用，在卖方市场上多有发生。对企业来说，它可解决资金临时短缺带来的困难。但在企业中一般数量不大。

分析预收账款的规模应注意以下问题：

①良性债务。一般而言，预收账款是一种主动债务，它表明收款企业的产品销路较好，产品供不应求，也意味着该企业未来具有较好的盈利能力和偿债能力。

②实物偿债。预收账款是一种特殊债务，其在偿付时不是以现金支付，而是以实物支付。

③违规挂账。在实际工作中，一些企业违反财务制度，往往利用预收账款项目调整企业的当期损益，抽逃流转税等。对此，要加以防范。

（4）应付职工薪酬。应付职工薪酬是企业对个人的一种负债。分析时应注意：应付职工薪酬是否为企业的真正负债，企业有无通过它来调节利润；应付职工薪酬包括工资、福利费、工会经费、职工教育经费等，分析是否会有其他内容。

2. 非流动负债。

（1）长期借款。由于多数企业不能通过证券市场融资，资金来源的渠道多是向银行借款。在对企业长期举债经营进行分析时应注意：首先应避免利用长期借款来充做短期流转使用，否则会使资金成本得不偿失；其次，在资产报酬率高于负债利率的前提下，适当增加长期借款可以增加企业的获利能力，提高投资者的投资报酬率，同时负债具有减税作用，从而使投资者得到更多的回报。但在资产报酬率下降时，甚至低于负债利率的情况下，举借长期借款将增加企业还本付息的负担，在企业盈利不多时，还会导致亏损，因而使企业的财务风险加大。

（2）长期应付款。长期应付款是指企业对其他单位发生的付款期限在一年以上的结算债务。包括采用补偿贸易方式引进的设备价款和应付融资租入的固定资产租赁费等。因为融资租赁要求企业自有资金的保证相对于长期借款要低，而租赁公司所承担的风险需要从企业支付的较高的租赁费中进行补偿。所以在分析该项目时，要特别关注企业运营融资租赁资金时的风险性和稳定性。

（三）所有者权益项目分析

1. 实收资本（股本）和资本公积。实收资本（股本）和资本公积反映了投资者对企业的初始投入资金以及增值或非经营性原因引起的企业净资产的变化。

所有者向企业投入的资本一般不需偿还，可长期周转使用。实收资本相对固定不变，不得随意变动。如有增减变动，必须符合一定的条件并且办理一定的手续。引起实收资本变化的一般有下列事项：一是投资者追加投资或减少投资，二是资本公积或盈余公积转增资本以及分配股票股利。这些方式虽然引起实收资本变化，但所有者权益总额并不因此改变。

2. 盈余公积和未分配利润。盈余公积和未分配利润的性质相同，其形成与投资者的投资行为无关，是由企业生产经营活动取得的利润形成的。企业只有实现利润，才能形成盈余公积和未分配利润。

在分析时，应注意二者是否按规定用途使用。未分配利润是企业留存以后年度向投资者分配的，但未分配前属于企业尚未确定用途的留存收益，企业在使用上有较大的自主权。

二、资产负债表项目结构分析

利用资产负债表可以了解某一时点公司资产、负债及所有者权益的总额及其构成等，从而判断公司的资产、负债是否适度，结构是否合理以及公司自有资本的强弱。

（一）资产结构分析

资产结构是指公司资产的具体构成及其组成部分的相互关系。公司的资产按其流动性可以分为流动资产、长期投资、固定资产和无形资产等几大类。

【例3-1】 我们以高乐公司2007—2009年的资产负债表为例，分析其资产的组成。

1. 各类资产占资产总额的比重及其发展趋势。由高乐公司2007—2009年的资产负债表计算得出该公司资产结构类别比重如表3-1所示。

表3-1　　高乐公司资产结构类别比重分析表　　单位：%

项目	2007年12月31日	2008年12月31日	2009年12月31日
流动资产	65.62	58.92	64.48
固定资产	33.12	24.00	18.53
在建工程	0.46	3.69	5.92
无形资产及递延资产	0.79	13.38	11.07
合计	100.00	100.00	100.00

由表3-1可以看出，高乐公司流动资产的比重维持在比较高的水平，基本保持稳定，说明该公司资产的流动性和变现能力比较强。该公司的固定资产的比重不断下降，其影响有待进一步分析。该公司的在建工程的比重逐年上升，说明该公司将来的生产能力有扩大的可能。该公司无形资产及递延资产的比重也呈上升趋势，占比维持在10%以上，说明该公司开发创新能力有所增强。

2. 各大类资产的变化趋势。我们以高乐公司2007年12月31日的资产数据为基数编制定基百分比表，具体内容如表3-2所示。

表3-2　　资产结构定基百分比表　　单位：%

项目	2007年12月31日	2008年12月31日	2009年12月31日
流动资产	100.00	117.74	154.01
固定资产	100.00	95.01	87.70
在建工程	100.00	1 043.48	2 000.00
无形资产及递延资产	100.00	2 230.77	2 205.13
合计	100.00	131.13	156.75

由表3-2可以看出，高乐公司的总资产在两年内上升了近57%。其中除了固定资产有所下降以外，其他各类资产都有所增加，其中在建工程、无形资产及递延资产增长最快，两年内分别增长了19倍和21倍。流动资产的增长速度基本与总资产一致。该公司的固定资产的增长速度缓慢，在2008年和2009年甚至都出现了负增长。

通过以上资产结构大类分析，我们可以得出以下结论：高乐公司的规模稳定扩大，其中在建工程、无形资产及递延资产增长最快，反映了该公司以开发创新方式扩张的发展趋势，同时该公司资产的流动性也在稳定上升。

（二）资金来源结构分析

资金来源又称为资本结构，是指公司筹集资金来源的权益结构，即债权人提供的资金与股东提供的资金的比重及其组成。公司的资金来源有两个渠道：一是债权人提供的资金，包括短期负债和长期负债；二是股东提供的资金。这是公司基本的资本结构，两者的比例关系反映了公司股东权益对债权人权益的保障程度。

公司的资金来源有负债和股东权益两大部分，其中负债按其期限长短可以分为短期负债和长期负债。资金来源类别分析是指这三部分的比重及其发展变化趋势，以此反映公司的基本资本结构。

1. 流动负债、长期负债和股东权益的比重分析。

【例3-2】 以高乐公司2007—2009年的资产负债表计算得出该公司资金来源类别比重如表3-3所示。

表3-3　　流动负债、长期负债和股东权益比重分析表　　单位：%

项目	2007年12月31日	2008年12月31日	2009年12月31日
流动负债	21.16	25.69	21.75
非流动负债	0.20	0.15	0.13
股东权益	78.64	74.16	78.12
合计	100.00	100.00	100.00

由表3-3可以看出，高乐公司的资本结构中流动负债的比重略有小幅上升，而股东权益的比重虽然略有小幅下降，但占比仍保持在78.12%的高位，而且非流动负债的比重不断下降，占比只有0.13%，说明该公司主要依靠自有资本经营，对债权人的保护程度较高，降低了财务风险。该公司的负债以流动负债为主。

2. 资金来源的变化趋势分析。

【例3-3】 我们以高乐公司2007年12月31日的资金来源数据为基础，比较得出高乐公司资金来源的变化趋势，计算结果如表3-4所示。

表3-4　　资金来源变化趋势分析表　　单位：%

项目	2007年12月31日	2008年12月31日	2009年12月31日
流动负债	100.00	159.20	161.11
非流动负债	100.00	100.00	100.00
股东权益	100.00	123.65	155.72
合计	100.00	131.13	156.75

由表3-4可以看出，高乐公司的资本结构中流动负债在两年内上升了近61%，而非流动负债基本持平，说明该公司短期偿债风险加大。股东权益两年内增长了56.75%，有利于维护公司资本结构的安全与稳定，降低财务风险。

三、资产负债表水平分析和垂直分析

资产负债表总体分析一方面通过编制比较资产负债表（又称水平分析表）进行趋势分析；另一方面通过编制结构百分比资产负债表（又称垂直分析表）进行资金构成分析。目的是了解企业财务状况及其变化，并对其作出一个整体评价。

根据资产负债表，编制比较资产负债表和资产负债结构百分比表参见表3-5、表

3－6和表3－7。

（一）资产负债表水平分析

资产负债表水平分析是指各项目增减变化情况，通过对增减变化的分析可以发现存在的问题。具体过程包括以下几个方面：

（1）货币资金增减变动的分析。企业货币资金增减变动可能受以下因素的影响：①销售规模的变动。②信用政策的变动。③为支出大笔现金作准备。

（2）应收账款增减变动分析。在流动资金和销售收入不变的情况下，应收账款的绝对额增加了，表明企业变现能力在减弱，承担的风险增大，其占用比重就不合理；如果应收账款的增加与流动资金增长和销售收入增加相适应，表明应收账款占用比重相对合理。

（3）存货增减变动分析。分析时应特别注意对变动较大的项目进行重点分析，存货增加应以满足生产、不盲目采购和无产品积压为前提；存货减少应以压缩库存量、加速周转、不影响生产为前提。

（4）固定资产增减变动分析。固定资产增减主要是对固定资产增长情况、更新情况、报废情况及损失情况进行分析。

（5）无形资产增减变动分析。从发展趋势上看，无形资产应当呈上升态势。无形资产增减幅度越大，表明企业可持续发展能力越强。

（6）流动负债增减变动分析。通过流动负债各项目的增减变动，分析企业短期融资渠道的变化情况及偿债压力的大小，借以判断企业短期资金的融资能力对企业的生产经营活动的影响。

（7）长期负债增减变动分析。通过长期负债各项目的增减变动，分析企业长期融资渠道的变化情况，借以判断企业长期资金的融资能力。

（8）所有者权益增减变动分析。通过对所有者权益增减变动的分析，可进一步了解企业对负债偿还的保证程度以及企业自己积累资金和融通资金的能力与潜力。

（二）资产负债表垂直分析

资产负债表垂直分析是将资产负债表各项目与总额相比，计算出各项目占总额的比重，并将各项目构成与历年数据及同行业水平进行比较，分析其变动的合理性及其原因，借以进一步判断企业财务状况的发展趋势。

通过垂直分析，可以看出企业的行业特点、经营特点和技术装备特点。如工业企业的非流动资产往往大于流动资产，而商业企业的情况正好相反。另外在同一行业中，流动资产、长期投资所占比重大小，也可以反映出企业的特点。流动资产和负债较高的企业稳定性差但较灵活；而那些长期资产和负债占较大比重的企业，底子较厚但掉头难。长期投资较高的企业，投资收益和风险要高；无形资产持有较多的企业，开发创新能力强；固定资产折旧比例高的企业，技术更新换代快，技术装备水平高。

（1）流动资产构成分析。在固定资产和其他资产不变的情况下，流动资产比重提高使生产经营额大幅度增加，说明流动资产在资产总额中所占比重较为合理。但如果流动资产比重速度提高快于增长的速度，使单位增加值占用的资产额比上期增加，说明资产利用效益下降，流动资产在资产总额中所占比重不合理。如果流动资产在资产总额中比重提高了，企业的营业利润也相应地增加了，说明流动资产在资产总额中所占比重较为合理。如果流动资产增加了，生产额增长了，利润却不增长，说明企业生产的产品销售可能不畅，经营状况趋势不好。

（2）长期投资构成分析。判断长期投资比重是否合理，首先要看有没有影响企业生产资金周转，能不能获得较高收益。长期投资占资金总额比重提高，有可能是企业资金来源充足，在不影响生产的情况下，对外长期投资以取得更多收益，但也有可能是企业内部发展受到了限制，目前产业或产品利润率较低，需要寻求新的发展目标。因为被投资项目利润是不确定数，所以长期投资比重高，风险也高。企业管理者应根据投资项目作具体分析研究，慎重行事，以便回避风险，提高投资的安全性。企业长期投资比重不易过高。

（3）固定资产构成分析。固定资产比重决定着企业的生产规模和发展方向。固定资产构成分析可以从以下三个方面进行：一是分析生产用固定资产构成的变化情况；二是考察未使用和不需用的固定资产构成的变化情况，查明企业在处置闲置固定资产方面的工作是否具有效率；三是分析生产用固定资产内部结构是否合理。

（4）无形资产构成分析。一般情况下，企业持有较多的无形资产，表明其开发创新能力强。如果企业敢于冒险，就可能采取较高的固定资产构成比例；反之，则采用较高的流动资产构成比例。从行业特点上看，创造附加值低的企业，如商业企业，需要保持较高的资产流动性；而创造附加值较高的企业，如制造业企业，需要保持较高的固定资产比重。从经营规模上看，规模较大的企业，因其筹资能力强，固定资产比例相对高些；规模较小的企业，流动资产比例相对高些。除此之外，同一行业内部，生产组织、生产特点、生产方式的差异，对固定资产与流动资产之间的结构比例也会产生影响。

（5）流动负债构成分析。流动负债构成反映企业依赖短期债权人的程度。流动负债所占的比重越高，说明企业对短期资金的依赖性越强，企业偿债的压力也就越大，要求企业资金周转的速度要快；反之，说明企业对短期资金的依赖程度越弱，企业面临的偿债压力也就越小。

（6）长期负债构成分析。长期负债构成反映企业依赖长期债权人的程度。长期负债所占的比重越高，说明企业借助于长期资金的程度越高；反之，说明企业借助于长期资金的程度较低，企业面临的偿债压力也就越小。一般来说，长期负债占负债总额的比重，成长型企业较高，成熟型企业较低。

（7）所有者权益构成分析。所有者权益构成可以反映企业承担风险能力的大小。所有者权益构成比重越大，企业财务状况越稳定，发生债务危机的可能性越小。

四、资产负债表项目变动情况总体分析

（一）资产变动情况分析

分析资产状况，要分析资产总量的变动状况，分析其规模增长的速度是否合理，以及财务状况的发展趋势是否有利，即总量变动看规模，结构变动看质量。

一般来说，利用比较资产负债表和结构百分比表，可更好地分析资产的规模和质量。

【例3-4】根据附录中高乐公司资产负债表数据，编制该公司比较资产负债表及结构百分比表如表3-5和表3-6所示。

表3-5　　高乐公司比较资产负债表（资产部分）　　单位：万元、%

报表日期	2009年12月31日	2008年12月31日	较上年增加额	较上年增加比率
流动资产：	—	—	—	—
货币资金	1 380	1 130	250	22.12
交易性金融资产	—	—	—	—
应收票据	—	—	—	—
应收账款	2 350	2 000	350	17.50
预付款项	320	100	220	220.00
应收利息	—	—	—	—
应收股利	—	—	—	—
其他应收款	40	90	-50	-55.56
存货	920	510	410	80.39
一年内到期的长期债权投资	—	—	—	—
其他流动资产	—	—	—	—
流动资产合计	5 010	3 830	1 180	30.81
非流动资产：	—	—	—	—
可供出售金融资产	—	—	—	—
持有至到期投资	—	—	—	—
长期应收款	—	—	—	—
长期股权投资	—	—	—	—
投资性房地产	—	—	—	—
固定资产	1 440	1 560	-120	-7.69
在建工程	460	240	220	91.67
工程物资	—	—	—	—
固定资产清理	—	—	—	—
生产性生物资产	—	—	—	—
油气资产	—	—	—	—
无形资产	850	860	-10	-1.16
开发支出	—	—	—	—
商誉	—	—	—	—
长期待摊费用	—	—	—	—
	—	—	—	—
递延所得税资产	10	10	0	0.00
	—	—	—	—
	—	—	—	—
非流动资产合计	2 760	2 670	90	3.37
资产总计	7 770	6 500	1 270	19.54

表 3-6　　高乐公司资产负债结构百分比表　　单位：%

报表日期	2009年结构百分比	2008年结构百分比	较上年增减	报表日期	2009年结构百分比	2008年结构百分比	较上年增减
流动资产：				流动负债：			
货币资金	17.76	17.38	0.38	短期借款	19.56	23.54	-3.98
交易性金融资产	—	—	—	交易性金融负债	—	—	—
应收票据	—	—	—	应付票据	—	—	—
应收账款	30.24	30.77	-0.52	应付账款	0.77	2.46	-1.69
预付款项	4.12	1.54	2.61	预收款项			
应收利息	—	—	—	应付职工薪酬	0.39	0.31	0.08
应收股利	—	—	—	应交税费	0.77	-0.77	1.54
其他应收款	0.51	1.38	-0.87	应付利息	—	—	—
存货	11.84	7.85	3.99	应付股利	—	—	—
一年内到期的长期债权投资	—	—	—	其他应付款	0.26	0.15	0.10
其他流动资产	—	—	—	一年内到期的非流动负债	—	—	—
流动资产合计	64.48	58.92	5.56	其他流动负债	—	—	—
非流动资产：	—	—	—	流动负债合计	21.75	25.69	-3.94
可供出售金融资产	—	—	—	非流动负债：	—	—	—
持有至到期投资	—	—	—	长期借款	—	—	—
长期应收款	—	—	—	应付债券	—	—	—
长期股权投资	—	—	—	长期应付款	—	—	—
投资性房地产	—	—	—	专项应付款	—	—	—
固定资产	18.53	24.00	-5.47	预计负债	—	—	—
在建工程	5.92	3.69	2.23	递延所得税负债	—	—	—
工程物资	—	—	—	其他非流动负债	0.13	0.15	-0.03
固定资产清理	—	—	—	非流动负债合计	0.13	0.15	-0.03
生产性生物资产	—	—	—	负债合计	21.88	25.85	-3.97
油气资产	—	—	—	所有者权益（或股东权益）：	—	—	—
无形资产	10.94	13.23	-2.29	实收资本（或股本）	35.39	42.31	-6.92
开发支出	—	—	—	资本公积	3.60	4.46	-0.86
商誉	—	—	—	库存股	5.92		5.92
长期待摊费用	—	—	—	盈余公积	33.20	4.31	28.90
	—	—	—	外币报表折算差额	—	—	—
递延所得税资产	0.13	0.15	-0.03	未分配利润		23.08	-23.08
	—	—	—	归属于母公司股东权益合计	78.12	74.15	3.97
	—	—	—	少数股东权益	—	—	—
非流动资产合计	35.52	41.08	-5.56	所有者权益（或股东权益）合计	78.12	74.15	3.97
资产总计	100.00	100.00	0.00	负债和所有者权益（或股东权益）总计	100.00	100.00	0.00

1. 分析企业资产总规模。通过表 3 - 5 可知，高乐公司 2009 年总资产规模扩大。年末与年初相比，资产总额增加了 1 270 万元，增长率为 19.54%，这表明企业占用的经济资源增加了。经营规模的扩大，一定程度上扩充了企业的实力。从资产项目上看，流动资产和非流动资产均有所增加。流动资产增加 1 180 万元，增幅为 30.81%，远远高于总资产的增长幅度，说明企业资产的流动性增强，企业资金运营将会更通畅；非流动资产增加 90 万元，增幅为 3.37%，其中固定资产减少 120 万元，降幅为 7.69%，从而延缓了非流动资产的增速。非流动资产的增幅虽小一点，但增长集中在在建工程项目上，增幅达 91.67%，表明企业未来生产能力将得到扩张，这将成为企业未来新的利润增长点。

2. 分析企业资产结构是否合理。资产结构是指企业流动资产和非流动资产主要项目分别占资产总额的比重。企业资产要想最大限度地发挥其功能，就必须有一个合理的配置。由于企业所处的行业、经营特点和技术装备特点的不同，其资产结构也不相同。一般情况下，工业企业的非流动资产往往大于流动资产，而商业企业的情况正好相反。同一行业中，流动资产比重大的企业稳定性差，却较灵活；非流动资产比重大的企业稳定性好，但灵活性差，即"船大压风浪，船小好掉头"；而无形资产持有多、增长快的企业开发创新能力强。

通过表 3 - 6 可以看出，高乐公司 2009 年末，流动资产占总资产的比重由年初的 58.92% 上升到 64.48%，非流动资产占总资产的比重由年初的 41.08% 下降到 35.52%。非流动资产所占比重降低 5.56 个百分点，这表明高乐公司资产的流动性大大增强，资产的稳定性值得关注。

3. 分析各大类资产内部构成的变化。从流动资产内部构成来看，存货所占的比重较大，年末与年初相比增长了 410 万元。结合利润表等会计报表，可以看出该项目的影响因素为销售量的增长，生产能力增加导致存货增加，应属正常；应收账款年末较之年初也增加了 350 万元，其原因也应该是销售收入的增加。

从非流动资产内部构成来看，固定资产项目所占比重下降了 5.47 个百分点，在建工程比重却上升了 2.23 个百分点，表明固定资产投资尚未见成效，企业现有生产能力有所减缓，而企业未来生产能力是否将会得到显著提高，还需对在建工程项目作进一步分析。在建工程大致分为经营性在建工程和非经营性在建工程两大类。生产经营性在建工程可形成新的利润增长点，促使公司进一步发展。因此，应重视对生产经营性在建工程的分析。首先，分析在建工程竣工后，能否扩大已有的品牌优势和市场占有率；其次，分析在建工程规模的大小，这将决定公司未来利润增幅大小；最后，分析在建工程建造过程，在建工程建成投入营运的时间也决定上市公司利润增长的进程。

4. 综合分析。总的来说，企业资产总额的增加，使企业规模扩大，增强了企业的竞争实力；从结构上看，资产结构是基本合理，基本上可以满足企业对内扩大生产等战略发展的需求。另外，企业短期资产的变现能力较好，资产风险不高，灵活性较强，但资产稳定性稍差。

（二）负债变动情况分析

【例 3 - 5】 根据表 3 - 5 和表 3 - 6 中的数据，计算分析该公司负债变动情况如表

3－7所示。

表3－7　高乐公司比较资产负债表（负债和所有者权益部分）　单位：万元、%

报表日期	2009年12月31日	2008年12月31日	较上年增加额	较上年增加比率
流动负债：	—	—	—	—
短期借款	1 520	1 530	－10	－0.65
交易性金融负债	—	—	—	—
应付票据	—	—	—	—
应付账款	60	160	－100	－62.50
预收款项	—	—	—	—
应付职工薪酬	30	20	10	50.00
应交税费	60	－50	110	220.00
应付利息	—	—	—	—
应付股利	—	—	—	—
其他应付款	20	10	10	100.00
一年内到期的非流动负债	—	—	—	—
其他流动负债	—	—	—	—
流动负债合计	1 690	1 670	20	1.20
非流动负债：	—	—	—	—
长期借款	—	—	—	—
应付债券	—	—	—	—
长期应付款	—	—	—	—
专项应付款	—	—	—	—
预计负债	—	—	—	—
递延所得税负债	—	—	—	—
其他非流动负债	10	10	0	0.00
非流动负债合计	10	10	0	0.00
负债合计	1 700	1 680	20	1.19
所有者权益（或股东权益）：	—	—	—	—
实收资本（或股本）	2 750	2 750	0	0.00
资本公积	280	290	－10	－3.45
库存股	460	0	460	—
盈余公积	2 580	280	2 300	821.43
外币报表折算差额	—	—	—	—
未分配利润		1 500	－1 500	－100.00
归属于母公司股东权益合计	6 070	4 820	1 250	25.93
少数股东权益	—	—	—	—
所有者权益（或股东权益）合计	6 070	4 820	1 250	25.93
负债和所有者权益（或股东权益）总计	7 770	6 500	1 270	19.54

1. 企业负债总额，2009 年末与年初相比虽然出现小幅增加的趋势，由年初的 1 680 万元增加至年末的 1 700 万元，增加了 20 万元，但占资金来源的比重却由年初的 25.85% 下降到年末的 21.88%。负债比重的降低，说明企业的财务风险减小，资本结构更加趋于稳健。

2. 从负债总额构成上看，流动负债年末比年初增加了 20 万元，但其占资金来源的比重由年初的 25.69% 下降到 21.75%，下降了 3.94 个百分点；非流动负债绝对额年末与年初持平，其占资金来源的比重略降 0.03 个百分点。从理论上来讲，流动负债的风险大于非流动负债，流动负债的比重降幅较大，说明企业的近期财务风险较稳定并略有下降，而且企业的远期财务风险也有所降低。

3. 分析各大类负债内部构成。从流动负债的内部结构来看，对流动负债影响较大的项目有应付账款、短期借款和应交税费等项目。年末与年初相比，应付账款减少了 100 万元，减少比例为 62.50%，占资金来源的比重由年初的 2.46% 下降到 0.77%，下降了 1.69 个百分点；短期借款减少了 10 万元，占资金来源的比重从 23.54% 下降到 19.56%，下降了 3.98 个百分点，表明了企业的财务风险在下降；而应交税费较上年增加了 110 万元，增幅为 220%，减少了流动负债的下降幅度。由此，从短期借款、应付账款的下降可知企业的营运资金较充足，企业的产品较受市场欢迎，发展前景好。

4. 总体来讲，这家公司财务风险有所下降，结构基本合理。但在与同行业其他企业比较以后，应分析该公司在降低财务风险的同时，是否充分发挥了财务杠杆作用。

（三）所有者权益变动情况分析

【例 3－6】 根据表 3－6 和表 3－7 中的数据，对高乐公司的所有者权益的变动情况分析如下：

1. 从所有者权益总额来看，较年初增长了 1 250 万元，增长率为 25.93%，由于所有者权益的增加导致其占总资产的比重也从 74.15% 上升到 78.12%。这表明该公司的资本得到扩张，企业的偿债能力和发展能力都有所增强。

2. 从所有者权益的构成来看，本年度公司盈余公积大幅度增加，由年初的 280 万元增至年末的 2 580 万元，增加了 821.43%，公司盈余公积占资金来源的比重增加了 28.90 个百分点。这说明企业资本的扩张，主要来源于盈余公积的增长。

3. 总之，该企业自有资本实力雄厚，对债务资本的保证度高，企业的资本结构基本合理，具有较强的回避财务风险的能力，也有利于吸引投资和开展筹资活动。

根据上述风险，可以得出以下总体的分析结论：第一，高乐公司资产规模扩大，经营实力增强，企业的资产总体质量较好，资产风险不高，灵活性较强，但应关注资产的稳定性，并加速在建工程的进度，尽快提高固定资产的生产能力；第二，公司财务风险降低，指标结构比较稳健，财务安全性高。

以上对资产负债表各项目进行了质量分析，并使用资产负债表水平分析法和垂直分析法对资产、负债和所有者权益的变动情况进行了总体分析。关于财务比率分析将在第五章、第六章、第七章和第八章中详细阐述。

第二节 资产与资本对称结构分析

企业资产的价值形态即为企业的资本。在多数情况下，我们将企业资本称为权益。本章在叙述时也采用这种说法。

资产负债表是企业财务报表体系中最重要的一张报表，它能够包容企业几乎全部的主要财务信息，加之资产和负债的客观存在，使资产负债表的编制能够最大限度地减少人为因素的影响，比较真实地反映出企业的财务状况。前面对资产、负债和所有者权益所作的分析，显然是割裂了资产负债表左右两方的联系，分别独立地分析企业的筹资状况和资产运用状况。这种分析固然重要，但却不是资产负债表分析的全部内容。因此，应在前面分析的基础上，就资产负债表的整体进行对称结构分析。

一、资产与权益对称结构分析的目的与内容

（一）资产与权益对称结构分析的目的

1. 对企业的整体财务状况作出恰当的评价。资产负债表的重要功用体现在它能从资产运用和筹资两方面相互联系地反映企业的整体财务状况。通过对资产负债表左右双方相互联系的分析，可以发现在资产、权益单独分析时不能发现的问题，并可以对资产、权益单独分析所作出的结论进行补充和完善，甚至修正在资产、权益单独分析时所作出的结论。而且只有把资产负债表作为一个整体进行分析，才能对资产负债表所提供的财务信息有一个更全面、更深刻的理解，其分析评价才具有最终结论性。

2. 判断企业财务的稳定性和安全性。企业财务的稳定性和安全性不仅仅取决于资产结构是否合理，也不仅仅取决于资本结构是否合理，只有将二者联系起来，当其对称结构合理时，企业财务才具有稳定性和安全性。

（二）资产与权益对称结构分析的内容

1. 资产与权益的对称关系分析，包括资产与权益总量对等关系分析、资产与权益结构对应关系分析及资产与权益风险对应关系分析。

2. 资产与权益对称结构形式分析，包括对正常经营企业资产与权益对称结构形式分析和财务危机企业资产与权益对称结构形式分析。

3. 企业财务状况整体分析。

二、资产与权益对称关系分析

资产与权益之间客观存在的内在联系是资产与权益对称结构的形成基础。对称关系就是指资产与权益各项目间的依存关系。了解和分析这种对称关系，就可以对资产负债表有一个总体的把握。

（一）资产与权益总量对称关系分析

资产与权益总量对称关系最终表现为资产等于权益，或者说资产等于负债加所有者权益。这种恒等关系是会计核算的基础，也是构成资产负债表的基础。在资产负债表

中，右方是负债和所有者权益，表明资金来源方式和性质；左方是资产，表明资金的具体运用形态。作为同一资金的两个侧面，资金来源与资金运用在数量上的恒等构成了资产与权益总量对称相等关系。具体表现为：

（1）资金进入企业。当资金进入企业时，根据取得资金的方式和性质，表现为资产负债表右方的负债或所有者权益。同时根据资金的具体形态表现为资产负债表左方的资产，既可能是货币资产，也可能是实物资产，或者是无形资产。在数量上左右两方必然相等。

（2）资金形态或性质变化。如果在企业经营中资产形态发生变化，如货币资产转化为存货资产、固定资产、无形资产等形态，并不会改变资产总量，因而也不影响资产与权益总量对称相等关系。同样，如果资金来源方式或性质发生变化，如一项负债转化为另一项负债，或负债转化为所有者权益，并不改变权益总量，也不会对资产与权益总量对称相等关系产生任何影响。

（3）资金退出企业。当资金退出企业时，依据其资金的具体形态，表现为资产的减少，或者是货币资产，或者是实物资产，或者是其他资产的减少。同时，依据退出资金的性质，表现为负债或所有者权益的减少。这种变化虽然影响到资金总量，但由于同时涉及资产负债表的左右双方，而且数额相等，所以不会影响资产与权益总量对称相等关系。

（4）经营收益。企业经营收入中相当于经营成本的部分实际上是资产占用形态的转换。扣除经营成本后的余额即为企业经营收益，是通过企业生产经营活动形成的资金来源，其性质是所有者权益。同时，这一余额又表现为企业资产的增加，而且双方增加的数量相同。

企业资产各项目的上述对称相等关系自然会成为资产和权益总量对称相等关系的依据。

（二）资产与权益结构对应关系分析

企业资产存量受生产经营规模制约。因此，按照资产存量与经营规模之间的关系，可以把企业资产分为两大部分：第一，与企业正常经营规模相匹配的经常永久性占用的资产。这部分资产可以满足企业生产经营活动的最基本需要，包括固定资产和永久性占用流动资产。所谓永久性占用流动资产，是指货币资产、债券资产、存货资产等在年度内平均占用的最低水平，是保证企业正常生产经营活动的需要量。第二，与企业经营周期相匹配的临时性占用资产。这是由于季节性经营或其他原因引起的一定时期内资产占用的临时性增加，随着企业生产经营活动趋于正常，这部分资产将随时转换或退出。

资产结构的这种划分制约着企业的筹资结构，形成了资产与权益结构对应关系，表现为：

1. 以长期资金满足永久性占用资产的资金需要。由于固定资产占用与永久性流动资产占用具有相对稳定的特点，用长期资金来满足其资金需求，能够保证企业正常的、基本的经营活动的顺利进行，使企业的财务结构更具稳定性，其风险程度也会较低。这是由长期资金的基本性质决定的。企业长期资金包括所有者权益和长期负债，所有者权益的不返还性和长期负债的偿还期较长的特点，与永久性占用资产形成了一种内在的对应关系。如果企业以短期负债来满足这部分资产的资金需要，必然给企业带来较大的偿债压力。当债务偿还期已到而资产未能变现时，企业可能会因此陷入财务困境。即使企业以多期短期负债相衔接的办法来满足其资金需要，虽然能获得降低资金成本的好处，然而一旦新债难以筹措，企业资金需求得不到满足，正常的生产经营活动就将无法进行。

2. 以短期资金满足临时性占用资产的资金需要。临时性占用资产是一种短期资产，变现速度快，以短期资金来解决这部分资产的资金需要，可以保证在债务到期时能够及时偿还。这样可以使企业的资本结构具有较大的弹性，需要的时候就可以举债，不需要的时候就及时清欠。

3. 以长期资金满足临时性占用资产的资金需要。以长期资金满足短期资产的资金需要，即使短期资产没能如期及时变现，也不会对企业偿债产生太大影响，这是一种最稳健的筹资策略。其代价是要支付较高的资金成本，影响企业的最终财务成本，而且使企业的资本结构弹性较弱。

（三）资产与权益风险对应关系分析

资产负债表的左方按资产的流动性排列，这种排列方式主要是为了说明资产的变现速度，反映企业资产流动性程度，但同时也隐含着对风险大小和收益高低的揭示。一般来说，流动资产风险要小于固定资产，同时其收益能力也低于固定资产。因此，资产在资产负债表中的排列也是一种风险从小到大、收益从小到大的排列方式。当资产结构发生变化时，企业资产的风险和收益也会随之发生变化。

资产负债表的右方按权益的时间长度来排列，反映企业对资金使用时间的永久性程度。短期资金对偿债能力要求较高，风险也相对大些，但其筹资成本低的特点决定了最终收益也较高。长期资金尽管风险小，但因其资金成本高而收益相对较低。可以看出，资产负债表右方是按风险与收益从大到小进行列示。

资产负债表的这种排列方式形成了独特的风险与收益对应关系，会对风险和收益形成一种调节作用，最终影响到企业资产结构和权益结构的决策。较大的财务风险可以用较小的资产风险来调节，较大的资产风险可以用较小的财务风险来中和。

知识链接：资产风险结构常见类型

一、保守型资产风险结构及其优势

保守型资产风险结构是指企业在一定销售水平上，尽可能地增加无风险或低风险资产的比重，减少高风险资产比重。优点是能够使企业拥有足够的具有较强流动性和变现能力的资产以应付其到期债务。缺点是占用了大量的资金，不利于加强资金的周转。

二、中庸型资产风险结构及其优势

中庸型资产风险结构是指企业在一定销售水平上，尽可能地使无风险资产、低风险资产和风险资产的比重达到均衡，从而使企业全部资产的风险和收益得到中和。

三、风险型资产风险结构及其优势

风险型资产风险结构是指企业在一定销售水平上，尽可能地减少流动资产的比重，从而使企业总资产维持较高的收益水平。缺点是由于资产的流动性和变现能力较弱，难以应付到期债务的偿还和生产经营中突发事件的临时现金支付需要。而且，存货减少还可能影响生产销售的顺利进行。优点是流动资产占用少，固定资产、长期资产不变，周转快，占用资金的机会成本会减少，从而提高资金利润率。

三、资产与权益对称结构形式分析

企业资产与权益对称结构千差万别，但归纳起来可以分为正常经营企业的对称结构和财务危机企业的对称结构两大类。

（一）正常经营企业资产与权益对称结构分析

正常经营企业资产与权益对称结构可以分为保守结构、稳健结构、平衡结构和风险结构四种类型。

1. 保守结构。在这一结构形式中，无论资产负债表左方的资产结构如何，资产负债表右方的资金来源方式全部是长期资金，长期负债与所有者权益的比例高低不影响这种结构形式。其形式如表 3－8 所示。

表 3－8 资产负债表（保守结构）

<table>
<tr><td rowspan="2">流动资产</td><td>临时性占用流动资产</td><td rowspan="3">长期负债
所有者权益</td></tr>
<tr><td>永久性占用流动资产</td></tr>
<tr><td colspan="2">长期资产</td></tr>
</table>

从表 3－8 可以看出，保守结构的主要标志是企业全部资产的资金需要依靠长期资金来源满足。保守结构的特点如下：

（1）企业风险极低。从前面的风险分析中我们知道，筹资风险是建立在经营风险的基础上的，只要企业资产经营不存在风险，其偿债风险就会消除。由于这一形式中的偿债风险极低，因此，即使提高长期资产比例，资产风险加大，两方综合起来，也会形成一方较大的风险被另一方极小的风险中和，而使企业风险降低，不至于导致企业被迫清算资产以偿还到期债务。

（2）资金成本较高。相对于其他结构形式，这一形式的资金成本最高，但前提是短期债务成本低于长期债务成本。

（3）筹资结构弹性弱。一旦企业进入用资淡季，对资金存量不易作出调整，尽管企业可以通过将闲置资金投资于短期市场证券来调节，但必须以存在完善的证券市场为前提，而且这种投资的收益也不一定足以抵补这种高成本的差异。

实务中这种形式的资产与权益对称结构很少被企业采用。

2. 稳健结构。在这一结构形式中，长期资产的资金需要依靠长期资金来解决，短期资产的资金需要则使用长期资金和短期资金共同解决，长期资金和短期资金在满足短期资产的资金需要方面的比例不影响这一形式。其形式如表 3－9 所示。

表 3 – 9　　资产负债表（稳健结构）

<table>
<tr><td rowspan="2">流动资产</td><td>临时性占用流动资产</td><td>流动负债</td></tr>
<tr><td>永久性占用流动资产</td><td rowspan="2">长期负债
所有者权益</td></tr>
<tr><td colspan="2">长期资产</td></tr>
</table>

从表 3 – 9 可以看出，稳健结构的主要标志是企业流动资产的一部分资金需要由流动负债来满足，另一部分资金需要则由长期负债来满足。稳健结构的特点是：

（1）能够使企业保持相当优异的财务信誉，通过流动资产的变现足以满足偿还短期债务的需要，企业风险较小。

（2）企业可以通过调整流动负债与长期负债的比例，使负债成本达到企业目标标准。相对保守结构形式而言，这一形式的负债成本相对要低，并具有可调性。

（3）无论是资产结构还是资本结构，都具有一定的弹性，特别是当临时性资产的资金需要降低或消失时，可通过偿还短期债务或进行短期证券投资来调整；一旦临时性资产的资金需要产生时，又可以通过重新举借短期债务或出售短期证券来满足。

这是一种能为所有企业普遍采用的资产与权益对称结构。

3. 平衡结构。在这一结构形式中，以流动负债满足流动资产的资金需要，以长期负债及所有者权益满足长期资产的资金需要，长期负债与所有者权益之间的比例如何不是判断这一结构形式的标志。其形式如表 3 – 10 所示。

表 3 – 10　　资产负债表（平衡结构）

<table>
<tr><td>流动资产</td><td>流动负债</td></tr>
<tr><td>长期资产</td><td>长期负债
所有者权益</td></tr>
</table>

这一结构形式的主要标志是流动资产的资金需要全部依靠流动负债来满足，平衡结构的特点是：

（1）同样高的资产风险与筹资风险中和后，使企业风险均衡。

（2）负债政策要依据资产结构变化进行调整，与其说负债结构制约负债成本，不如说资产结构制约负债成本。

（3）存在潜在的风险。这一形式以资金变现的时间和数量与偿债的时间和数量相一致为前提。一旦两者出现时间上的差异或数量上的差异，如销售收入未能按期取得现金，应收账款没能足额收回，短期证券以低于购入成本出售等，就会使企业产生资金周转困难，并有可能陷入财务危机。

这一结构形式只适用于经营状况良好，具有较好成长性的企业。企业对这一结构形式的非稳定性特点应给予足够重视。

4. 风险结构。在这一结构形式中，流动负债不仅用于满足流动资产的资金需要，而且还用于满足部分长期资产的资金需要，这一结构形式不因为流动负债在多大程度上满足长期资产的资金需要而改变。其形式如表 3 – 11 所示。

表 3－11 资产负债表（风险结构）

<table>
<tr><td>流动资产</td><td rowspan="2">流动负债</td></tr>
<tr><td rowspan="2">长期资产</td></tr>
<tr><td>长期负债
所有者权益</td></tr>
</table>

这一结构形式的主要标志是以短期资金来满足部分长期资产的资金需要。风险结构的特点是：

（1）财务风险较大，较高的资产风险与较高的筹资风险不能匹配。流动负债和长期资产在流动性上并不对称，要是通过变现长期资产来偿还短期内到期的债务，必然给企业带来沉重的偿债压力，从而要求企业极大地提高资产的流动性。

（2）相对于其他结构形式，其负债成本最低。

（3）企业存在“黑字破产”的潜在危险。由于企业时刻面临偿债的压力，一旦市场发生变动，或意外事件发生，就可能引发企业资产经营风险，使企业资金周转不灵而陷入财务困境，造成企业因不能偿还到期债务而“黑字破产”。

这一结构形式只适用于处在发展壮大时期的企业，而且只能在短期内采用。

（二）财务危机企业资产与权益对称结构分析

财务危机企业资产与权益对称结构有两种形式，具体内容如表 3－12、表 3－13 所示。

表 3－12 资产负债表（1）

<table>
<tr><td>流动资产</td><td rowspan="2">负　债</td></tr>
<tr><td rowspan="3">长期资产</td></tr>
<tr><td>投入资本</td></tr>
<tr><td>损失</td></tr>
</table>

表 3－13 资产负债表（2）

流动资产	负　债
长期资产	损　失

表 3－12 所示的资产与权益对称结构的典型特征是，由于企业经营亏损，所有者权益已小于投入资本，表明企业已处在十分危险的状态。如果企业不能扭亏，将会导致破产。表 3－13 所示的资产与权益对称结构的典型特征是，企业亏损不仅吃掉了全部投入资本，连债权人的资本也被吃掉一部分，表明企业已经资不抵债，陷入破产境地。这样的企业只能通过重建和重组，才有可能起死回生。

四、企业财务状况的总体分析

资产负债表的本质是反映企业的财务状况，对资产和权益所作的单独分析只能反映企业的基本信息，即资产运用状况和筹资状况。因此，单纯依据这种分析，只是一些具体的、基本的分析，容易把分析引入歧途。所以，对企业整体财务状况的分析，必须结合资产负债表左右两方各项目之间的相互联系和依存关系，才能作出综合评价。以下几方面的分析，就必须以资产与权益对称结构关系为基础。

（一）资产变动的来源分析

前面对资产所作的分析，能使我们了解到一个企业资产的分布情况和配置情况、各类资产的变化情况、对总资产变动的影响程度以及这些变化的趋势等基本信息。但是，据此我们还难以对企业的生产经营和资本保值增值作出评价。换言之，就是不能说明企业资产变动的来源性质。如果将资产负债表左右两方联系起来分析，就可以根据对资产和权益双方变动情况的分析作出相应评价。

1. 资产增加，负债增加，所有者权益不变或投入资本减少。资产增加会使企业经营规模扩大，但这种扩大是靠负债来支持的，企业的生产经营并没有盈利，也许是没有盈利，也许是把全部盈利都分配给投资者了（以下不考虑利润分配问题）。

2. 资产增加，负债不变或减少，投入资本增加，留存收益不变。显然，资产增加是投资者追加投资的结果，而不是生产经营活动所致，据此仍不能判断生产经营的效益如何。但如果留存收益减少，则表明企业经营亏损。

3. 资产增加，负债不变，投入资本不变，留存收益增加。资产的这种变化显然得益于企业过去的生产经营活动，增加额越大，表明企业过去一年的生产经营活动效率越高，资本保值增值得以实现，因此应对企业的生产经营活动从总体上作出良好评价。如果资产增加，负债减少，投入资本减少；或资产增加，负债和投入资本也增加，但两者增加数之和小于资产增加数，则仍可作出上述评价。

4. 资产减少，负债减少，所有者权益不变。这是企业理财活动的结果，而不是生产经营的效益高低造成的。

5. 资产减少，负债不变或增加，投入资本减少，留存收益不变。投资者收回投资是企业资产减少的主要原因，不表明企业生产运营状况不好。

6. 资产减少，负债不变或增加，投入资本不变或增加，留存收益减少。表明企业当年经营亏损，连资本保值都没能做到。

7. 资产不变，负债减少，投入资本减少，留存收益增加。此时留存收益增加数等于负债和投入资本减少数之和，虽然企业生产经营规模没有变动，但仍能对企业过去一年的经营活动作出良好的评价。

（二）企业风险影响分析

前已说明，资产负债表的左方是按资产风险从小到大排列，而右方则是按筹资风险从大到小排列的。如果仅就资产而言，当资产结构发生变化时，资产风险也在变化。例如，当流动资产比例增大时，只能说明企业资产风险降低，但企业风险是否降低，或达到什么程度是难以判断的。如果仅就权益而言，当权益结构发生变化时，筹资风险也会变化。例如，当流动负债比率提高时，只能说明企业筹资风险在增加，但同样不能据此对企业风险作出评价。当我们将资产负债表的左、右两方联系起来综合分析时就会发现，除了理论上的两种极端情况之外，实务中企业必然是长短期资产并存，同时长短期资金来源并存。两种极端情况，一是资产全部为长期资产，资产风险达到最高，而资产的资金来源全部为投入资本时，这时最大的资产风险将被无风险的产权筹资所稀释；二是企业资金全部来源于流动负债，使筹资风险达到最高，但当企业资产全部是货币资产时，最大的筹资风险将被极低的资产风险所稀释。

因此，企业资产与权益对称结构关系如何，会对企业风险产生如下影响：一是当企业资产风险较大时，通过降低筹资风险，就可以使企业风险降低；二是当企业筹资风险较大时，可以通过降低资产风险使企业风险降低；三是当企业资产风险较大时，再提高筹资风险，企业风险会更大。

（三）负债成本影响分析

负债成本除受各种负债方式的资金成本影响外，还受到负债结构的影响。负债成本影响分析是建立在对负债单独分析的基础上的。如果将权益结构与资产结构综合起来，就形成了资产与权益对称结构。从这一对称结构中可以发现，负债结构必然受到资产结构的制约，不同的资产与权益对称结构，会对负债成本产生制约作用。

【例3－7】假定企业流动资产存量为2 000万元，流动负债的资金成本为5%，长期负债的资金成本为10%。如果仅就满足流动资产资金需要的负债成本来分析，各种不同资产与权益对称结构条件下的负债成本为：

1. 保守结构：长期负债为2 000万元，负债成本为10%。

2. 稳健结构：如果要求流动资产是流动负债的2倍，则流动负债为1 000万元，长期负债为1 000万元。

$$负债成本=5\%\times50\%+10\%\times50\%=7.5\%$$

3. 平衡结构：流动负债为2 000万元，负债成本为5%。

4. 风险结构：如果流动负债的50%用于流动资产投资，另外50%用于长期投资，这部分长期资产的资金需要本应由长期负债来满足改为由流动负债来满足，则会使长期负债减少2 000万元，可以节约资金成本为

$$10\%-5\%=5\%$$

尽管由于满足流动资产的资金需要而支付流动负债成本5%，但和资金成本节约5%相抵，相当于满足流动资产需要的资金，没付任何代价。

【复习思考题】

1. 企业的资产质量分析的意义是什么？
2. 资产负债表水平分析具体过程主要包括哪些方面内容？
3. 资产负债表垂直分析主要包括哪些内容？
4. 资产与权益结构对应关系的表现形式有哪几种？
5. 正常经营企业资产与权益对称结构有几种类型？各有什么特点？

【案例选读】

华能公司财务报表项目及比率分析

一、华能公司概况

华能公司成立于1985年，1994年6月在北京注册成立了股份有限公司。2001年在国内发行3.5亿股A股，其中流通股2.5亿股。

二、华能公司财务报表项目分析

（一）华能公司2001—2003年年报简表

表1　　2001—2003年资产负债简表　　单位：万元

项目＼日期	2001年12月31日	2002年12月31日	2003年12月31日
1. 应收账款余额	125 494	188 908	235 683
2. 存货余额	73 946	94 072	80 816
3. 流动资产合计	1 078 438	770 282	830 287
4. 固定资产合计	3 342 351	4 021 516	3 840 088
5. 资产总计	4 722 970	4 809 875	5 327 696
6. 应付账款	36 504	47 160	65 310
7. 流动负债合计	1 004 212	875 944	824 657
8. 长期负债合计	957 576	918 480	915 360
9. 负债总计	1 961 788	1 811 074	1 740 017
10. 股本	600 000	600 027	602 767
11. 未分配利润	816 085	948 870	1 398 153
12. 股东权益总计	2 712 556	2 916 947	3 478 710

表2　　2001—2003年利润分配简表　　单位：万元

项目＼日期	2001年12月31日	2002年12月31日	2003年12月31日
1. 主营业务收入	1 581 665	1 872 534	2 347 964
2. 主营业务成本	1 033 392	1 252 862	1 569 019
3. 主营业务利润	545 743	615 860	774 411
4. 其他业务利润	-52	1 682	3 057
5. 管理费用	17 583	32 718	44 154
6. 财务费用	84 277	56 271	55 963
7. 营业利润	443 828	528 551	677 350
8. 利润总额	442 251	521 207	677 408
9. 净利润	363 606	408 235	545 714
10. 未分配利润	816 085	948 870	1 398 153

（二）财务报表各项目分析

以时间距离最近的2003年度的报表数据为分析基础。

1. 资产分析。首先公司资产总额达到530多亿元，规模很大，比2002年增加了约11%，2002年比2001年约增加1%。该公司绝大部分的资产为固定资产，这与该行业的特征有关：从会计报表附注可以看出固定资产当中发电设施的比重相当高，约占固定资产的92.67%。

2. 负债与权益分析。华能公司在流动负债方面比2002年底有显著下降，主要是由于偿还了部分到期借款。

华能国际的长期借款主要到期日集中在2004年和2011年以后，在这两年左右公司的还款压力较大，需要筹集大量的资金，需要保持较高的流动性，以应付到期债务，这就要求公司对于资金的筹措做好及时的安排。其中将于一年内到期的长期借款有2 799 487 209元，公司现有货币资金1 957 970 492元，因此存在一定的还款压力。

3. 收入与费用分析。该公司2003年比2002年收入和成本有了大幅度的增加，这主要是由收购的几家电厂纳入了华能国际的合并范围所引起的。但是从纵向分析来看，虽然收入比上年增加了26%，但主营业务成本增加了25%，主营业务税金及附加增加了27.34%，管理费用增加了35%，均高于收入的增长率，说明华能公司的成本仍然存在下降空间。

（三）比率分析

表3　　财务比率分析表

指标	2001年12月31日	2002年12月31日	2003年12月31日
流动性比率			
流动比率	1.07	0.88	1.01
速动比率	1.00	0.77	0.91
长期偿债能力			
资产负债率	0.42	0.38	0.33
债务对权益比率	0.35	0.31	0.26
利息保障倍数	5.26	9.09	12.50
运营能力			
应收账款周转率	12.60	9.91	9.96
存货周转率	13.97	13.32	19.41
总资产周转率	0.34	0.39	0.46
获利能力			
资产收益率（%）	9.35	8.56	12.71
权益回报率（%）	12.31	10.11	15.87
销售毛利率	27.96	27.83	28.85
销售净利率	22.99	21.80	23.24
净资产收益率	15.71	14.00	18.56

1. 流动性比率。公司2001—2003年流动比率先降后升，但与绝对标准2:1有很大差距，与行业平均水平约1.35也有差距，值得警惕。特别是2004年是华能公司还款的一个小高峰，到期的借款比较多，必须要预先做好准备。公司速动比率与流动比率发展趋势相似。并且2003年数值0.91接近于1，与行业标准也差不多，表明存货较少，这与其行业特征也有关系。

2. 资产管理比率。公司资产管理比率数值2002年比2001年略有下降，2003年最高。其中，存货周转率2003年超过行业平均水平，说明管理存货能力增强，物料流转加快，库存不多。应收账款周转率远高于行业平均水平，说明资金回收速度快，销售运行流畅。公司2003年资产总计增长较快，销售收入净额增长也很快，所以资产周转率呈快速上升趋势，在行业中处于领先水平，说明公司的资产使用效率很高，规模的扩张带来了更高的规模收益，呈现良性发展。

3. 负债比率。公司负债比率逐年降低主要是因为公司成立初期举借大量贷款和外债进行建设，随着生产线相继投产获利，逐渐还本付息使公司负债比率降低，也与企业不断的增资扩股有关系。同时，已获利息倍数指标发展趋势较好，公司有充分能力偿还利息及本金，长期偿债能力在行业中处于领先优势。

4. 获利能力比率。公司获利能力指标数值基本上均高于行业平均水平，并处于领先地位，特别是资产收益率有相当大的领先优势。各项指标显示，2002年比2001年略有下降，这可能与煤炭等资源的大幅度涨价有关。而2003年有了大幅度的增长，这说明公司2003年的并购等一系列举措获得了良好的效果和收益。

第四章　现金流量表分析

【本章概要】

本章从不同角度对现金流量表进行了具体分析，主要包括现金流量表分析指标、现金流量结构与趋势分析、现金流量与利润的综合分析。

【要点提示】

现金流入结构分析，现金流出结构分析，现金流入流出比分析。

【内容架构图】

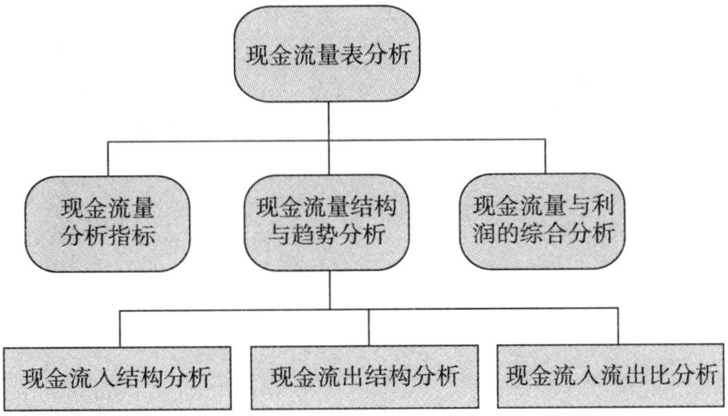

第一节　现金流量表分析概述

一、现金流量表分析的意义

在市场经济条件下，企业的现金流转情况在很大程度上影响着企业的生存和发展。企业现金充裕，就可以及时购入所需的材料、物资和固定资产，及时支付工资、偿还债务与支付股利和利息；反之，轻则影响企业的正常生产经营，重则危及企业的生存。所以，现金管理已成为企业财务管理的一个重要方面，受到企业管理人员、投资者、债权人以及政府监管部门的关注。进行现金流量表的分析，可以获取有关现金流量的信息，是报表使用人进行财务报表分析的一项重要内容。

二、现金流量表

现金流量表是以收付实现制为基础编制的，反映企业一定会计期间现金和现金等价物流入和流出的报表。

（一）现金流量表的产生

现金流量表的出现比资产负债表和利润表晚了许多年。现金流量表的前身是资金来源和运用表。1963 年，美国会计准则委员会建议企业在编制资产负债表和利润表的同时，编制资金流量表。1971 年，该委员会又发表意见书，明确要求企业编报能反映会计期间财务状况变动的报表，并且将这张表的名称改为财务状况变动表。该表以现金流量为基础编制。1987 年，美国财务会计委员会要求以现金流量表代替财务状况变动表。除美国外，国际会计准则委员会于 1989 年发布了第 7 号国际会计准则《现金流量表》取代《财务状况变动表》，英国会计准则委员会于 1991 年发布了《财务报告准则第 1 号——现金流量表》，现金流量表取代财务状况变动表已成为国际会计发展的趋势。我国财政部于 1992 年发布《企业会计准则——现金流量表》，要求所有企业从 1998 年起编制现金流量表，以代替财务状况变动表。2001 年修订了《企业会计准则——现金流量表》。2006 年随着新会计准则的颁布，《企业会计准则第 31 号——现金流量表》（以下简称现金流量准则）规范了现金流量表的编制和列报。

（二）现金流量表的有关概念

1. 现金及现金等价物。现金流量表中的现金是指企业库存现金以及可以随时用于支付的存款，不能随时用于支付的存款不属于现金。现金主要包括以下内容：

（1）库存现金。库存现金是指企业持有的可随时用于支付的现金。

（2）银行存款。银行存款是指企业存入金融机构、可以随时用于支取的存款，但不包括不能随时用于支付的存款。例如，不能随时支取的定期存款等不应作为现金，提前通知金融机构便可支取的定期存款则应包括在现金范围内。

（3）其他货币资金。其他货币资金是指存放在金融机构的外埠存款、银行汇票存款、银行本票存款、信用卡存款、信用证保证金存款和存出投资款等。

现金流量表中的现金等价物是指企业持有的期限短、流动性强、易于转换为已知金额现金及价值变动风险很小的投资。现金等价物通常包括 3 个月内到期的短期债券投资，而权益性投资变现的金额通常不确定，因而不属于现金等价物。现金等价物虽然不是现金，但其支付能力与现金的差别不大，可视为现金。例如，企业为保证支付能力，手持必要的现金。为了不使现金闲置，可以购买短期债券。在需要现金时，随时可以变现。

2. 现金流量。现金流量是指企业现金和现金等价物的流入和流出。在现金流量表中，现金及现金等价物被视为一个整体，企业现金（含现金等价物，下同）形式的转换不会产生现金的流入和流出。例如，企业从银行提取现金，是企业现金存放形式的转换，并未流出企业，不构成现金流量。同样，现金与现金等价物之间的转换也不属于现金流量，如企业用现金购买 3 个月内到期的国库券。

根据企业业务活动的性质和现金流量的来源，现金流量表准则将企业一定期间产生的现金流量分为三类：经营活动现金流量、投资活动现金流量和筹资活动现金流量。

（1）经营活动产生的现金流量。经营活动是指企业投资活动和筹资活动以外的所有交易和事项，包括销售商品或提供劳务、购买商品或接受劳务、收到的税费返还以及支付职工薪酬、支付的各项税费、支付广告费用等。

（2）投资活动产生的现金流量。投资活动是指企业长期资产的购建和不包括在现金等价物范围内的投资及其处置活动，包括取得和收回投资、购建和处置固定资产及购买和处置无形资产等。

（3）筹资活动产生的现金流量。筹资活动是指导致企业资本及债务规模和构成发生变化的活动，包括发行股票和接受投入资本、分派现金股利、取得和偿还银行借款与发行和偿还公司债券等。

在上述划分的基础上，又可将每大类活动的现金流量分为现金流入量和现金流出量两类，即经营活动现金流入、经营活动现金流出、投资活动现金流入、投资活动现金流出、筹资活动现金流入与筹资活动现金流出。每类现金流入或流出又分为若干具体项目（见表4－1），现金流量表的各项目一般按报告年度的现金流入或现金流出的总金额反映。所谓总金额，是说流入和流出没有互相抵消的金额。例如，交纳的税费和返还的税费要分别列式，而不要按相抵以后的金额报告。这样做的目的，是全面揭示企业现金流量的方向、规模和结构。但是，周转快、金额大且期限短的项目应按净额报告，如代客户收取或支付的款项、银行发放的短期贷款和吸收的活期存款等。这些现金流量按总额反映的意义不大，按净额反映更为有用。

现金净流量是指现金流入与现金流出的差额。现金净流量可能是正数，也可能是负数。如果是正数，则为净流入；如果是负数，则为净流出。现金净流量反映了企业各类活动形成的现金流量的最终结果，即企业在一定时期内，是现金流入大于现金流出，还是现金流出大于现金流入。现金净流量是现金流量表要反映的一个重要指标。

（三）现金流量表的内容和结构

现金流量表除表头（有企业名称、会计期间和货币单位）外，分为两部分，第一部分为正表，第二部分为补充资料。现列示我国《企业会计准则第31号——现金流量表》中的参考格式（如表4－1所示）。

表4－1　　**现金流量表**

编制单位：高乐公司　　2009年12月　　单位：万元

项目	上期金额（2008年）	本期金额（2009年）
一、经营活动产生的现金流量		
销售商品、提供劳务收到的现金	6 675	7 321
收到的税费返还	220	687
收到其他与经营活动有关的现金	52	62
经营活动现金流入小计	6 947	8 070

续表

项目	上期金额（2008 年）	本期金额（2009 年）
购买商品、接受劳务支付的现金	4 814	5 509
支付给职工以及为职工支付的现金	399	486
支付的各项税费	298	341
支付其他与经营活动有关的现金	293	285
经营活动现金流出小计	5 804	6 621
经营活动产生的现金流量净额	1 143	1 449
二、投资活动产生的现金流量		
收回投资收到的现金	0	0
取得投资收益所收到的现金	0	0
处置固定资产、无形资产和其他长期资产收回的现金净额	0	0
处置子公司及其他营业单位收到的现金净额	0	0
收到其他与投资活动有关的现金	0	0
投资活动现金流入小计	0	0
购建固定资产、无形资产和其他长期资产支付的现金	1 356	537
投资所支付的现金	0	0
取得子公司及其他营业单位支付的现金净额	0	0
支付其他与投资活动有关的现金	0	0
投资活动现金流出小计	1 356	537
投资活动产生的现金流量净额	-1 356	-537
三、筹资活动产生的现金流量		
吸收投资收到的现金	0	0
取得借款收到的现金	2 029	2 151
收到其他与筹资活动有关的现金	0	0
筹资活动现金流入小计	2 029	2 151
偿还债务支付的现金	1 370	2 160
分配股利、利润或偿付利息支付的现金	384	653
支付其他与筹资活动有关的现金	0	0
筹资活动现金流出小计	1 754	2 813
筹资活动产生的现金流量净额	275	-662
四、汇率变动对现金及现金等价物的影响	-4	0
五、现金及现金等价物净增加额	58	250
加：期初现金及现金等价物余额	1 072	1 130
六、期末现金及现金等价物余额	1 130	1 380

企业应当采用间接法在现金流量表附注中披露将净利润调节为经营活动现金流量的

信息，分别列示本期金额和上期金额。现金流量表补充资料披露格式如表4－2所示。

表4－2　　现金流量表补充资料

补充资料	上期金额（2008年）	本期金额（2009年）
1. 将净利润调节为经营活动现金流量		
净利润	1 191	1 810
加：资产减值准备	－1	0
固定资产折旧、油气资产折耗与生产性生物资产折旧	351	402
无形资产摊销	12	18
长期待摊费用摊销	0	0
处置固定资产、无形资产和其他长期资产的损失（收益以“－”号填列）	0	0
固定资产报废损失（收益以“－”号填列）	0	0
公允价值变动损失（收益以“－”号填列）	0	0
财务费用（收益以“－”号填列）	109	126
投资损失（收益以“－”号填列）	0	0
递延所得税资产减少（增加以“－”号填列）	3	－1
递延所得税负债增加（减少以“+”号填列）	0	0
存货的减少（增加以“－”号填列）	32	－413
经营性应收项目的减少（增加以“－”号填列）	－522	－493
经营性应付项目的增加（减少以“－”号填列）	－32	0
其他	0	0
经营活动产生的现金流量净额	1 143	1 449
2. 不涉及现金收支的重大投资和筹资活动	0	0
债务转为资本	0	0
一年内到期的可转换公司债券	0	0
融资租入固定资产	0	0
3. 现金及现金等价物净变动情况	0	0
现金期末余额	1 130	1 380
减：现金的期初余额	1 072	1 130
加：现金等价物的期末余额	0	0
减：现金等价物的期初余额	0	0
现金及现金等价物的净增加额	58	250

知识链接：现金流量表的格式

现金流量表格式一般按企业、商业银行、保险公司、证券公司等企业类型予以规定。企业应当根据其经营活动的性质，确定本企业使用的现金流量表格式。政策性银行、信托投资公司、租赁公司、财务公司、典当公司应当执行商业银行现金流量表格式规定，如有特别需要，可以结合本企业的实际情况进行必要调整和补充。担保公司应当执行保险公司现金流量表格式规定，如有特别需要，可以结合本企业的实际情况进行必要调整和补充。资产管理公司、基金公司、期货公司应当执行证券公司现金流量表格式规定，如有特别需要，可以结合本企业的实际情况进行必要调整和补充。

第二节 现金流量分析指标

一、流动性分析指标

流动性是指将资产迅速转变为现金的能力。根据资产负债表确定的流动比率虽然也能反映流动性但有很大局限性。这主要是因为：（1）作为流动资产主要成分的存货并不能很快转变为可偿债的现金；（2）存货用成本计价不能反映变现净值；（3）流动资产中的待摊费用也不能转变为现金。许多企业有大量的流动资产，但现金支付能力却很差，甚至无力偿债而破产清算。

真正能用于偿还债务的是现金。现金流量和债务的比较可以更好地反映企业偿还债务的能力。

（一）现金到期债务比

现金到期债务比是经营活动现金流量净额与本期到期的债务的比值。本期到期的债务是指本期的长期债务和本期应付票据。通常这两种债务是不能延期的，必须如数偿还。

$$\text{现金到期债务比}=\frac{\text{经营活动现金流量净额}}{\text{本期到期的债务}}$$

【例4-1】假设高乐公司本期到期长期债务900万元，本期应付票据100万元，则

$$\text{现金到期债务比}=\frac{1\ 449}{1\ 000}\approx 1.45$$

若同行业平均现金到期债务比为2.5，说明该公司偿还到期债务能力是较差的。

（二）现金流动负债比

现金流动负债比是经营活动现金流量净额与流动负债的比值。该比率反映企业偿还债务的能力。

$$\text{现金流动负债比}=\frac{\text{经营活动现金流量净额}}{\text{流动负债}}$$

（三）现金债务总额比

现金债务总额比是经营活动现金流量净额与债务总额的比值。

$$\text{现金债务总额比}=\frac{\text{经营活动现金流量净额}}{\text{债务总额}}$$

【例4-2】以附录中高乐公司的资料为例，编制经营活动净现金比率分析计算表（如表4-3所示）。

表 4－3　　现金流动负债比及现金债务总额比分析计算表

编制单位：高乐公司　　单位：万元、%

项　　目	2008 年	2009 年
经营活动产生的现金流量净额	1 143	1 449
流动负债	1 670	1 690
现金流动负债比	68	86
负债总额	1 680	1 700
现金债务总额比	68	85

现金流动负债比和现金债务总额比是以本期经营活动所产生的净现金流量来衡量偿还流动负债或全部负债的能力，比率越大，偿债能力越强。从表 4－3 可以看出，高乐公司的现金流动负债比和现金债务总额比 2008 年都是 68%，2009 年分别是 86% 和 85%，2009 年有较大幅度的上升。总的来说，企业的现金流动负债比和现金债务总额比较高，说明企业偿还债务能力很强。

二、获取现金能力分析指标

获取现金的能力可通过经营活动现金净额和投入资源的比值来反映。投入资源可以是销售收入、总资产、净营运资金、净资产或普通股股数等。

（一）销售现金比率

销售现金比率是经营活动现金流量净额与销售额的比值。该比率反映每元销售得到的净现金，其数值越大越好。销售现金比率越大，表明货款回收速度越快，发生坏账的风险越小，对应收账款的管理越好。

$$销售现金比率=\frac{经营活动现金流量净额}{销售额}$$

（二）每股经营活动现金流量净额

每股经营活动现金流量净额是经营活动现金流量净额与普通股股数的比值。

$$每股经营活动现金流量净额=\frac{经营活动现金流量净额}{普通股股数}$$

该指标反映企业最大的分派股利能力，超过此限度，就要借款分红。

（三）全部资产现金回收率

全部资产现金回收率是经营活动现金流量净额与全部资产的比值，说明企业资产产生现金的能力。该比值越大越好。

$$全部资产现金回收率=\frac{经营活动现金流量净额}{全部资产}$$

三、财务弹性分析指标

财务弹性是指企业适应经济环境变化和利用投资机会的能力，这种能力来源于现金流量和支付现金需要的比较。现金流量超过需要，有越多的剩余现金，适应性就越强。

因此，财务弹性的衡量是用经营活动现金流量净额与支付要求进行比较。支付要求可以是投资需求或承诺支付等。

（一）现金满足投资比率

现金满足投资比率是近5年经营活动现金流量净额之和与近5年资本支出、存货增加、现金股利之和的比值。如果现金满足投资比率大于1，表明企业经营活动所形成的现金流量能够满足企业日常基本需要，不需要外部筹资；若该比率计算结果小于1，说明企业现金来源不能满足股利和经营增长的需要，不足的现金靠减少现金余额或外部筹资提供。某一年的现金满足投资比率，不一定能说明问题，而用5年或5年以上的总和计算，可以剔除周期性和随机性影响，得出更有意义的结论。如果一个企业的现金满足投资比率长期小于1，则其理财政策没有可持续性。

$$现金满足投资比率=\frac{近5年经营活动现金流量净额之和}{近5年资本支出、存货增加、现金股利之和}$$

（二）现金股利保障倍数

现金股利保障倍数是每股经营活动现金流量净额与每股现金股利之比。该比率越大，说明支付现金股利的能力越强。若该公司的股利保障倍数不高，一旦遇到不景气的状况，可能没有现金维持当前的股利水平，或者要靠借债才能维持。

$$现金股利保障倍数=\frac{每股经营活动现金流量净额}{每股现金股利}$$

知识链接：财务弹性分析的其他指标

1. 盈利现金比率。盈利现金比率反映本期经营活动产生的现金净流量之间的比率关系。其计算公式是

$$盈利现金比率=\frac{经营活动现金流量净额}{净利润}$$

一般情况下，该比率越大，企业盈利质量也就越强。当比率小于1时，说明企业本期净利润中尚存在没有实现的现金收入。在这种情况下，即使企业盈利，也可能发生现金短缺，严重时会导致破产。

2. 现金再投资比率。现金再投资比率是衡量公司来自经营活动的现金的留存部分与各项资产之和的比率。其计算公式如下：

$$现金再投资比率=\frac{经营活动现金流量净额}{资本性支出}$$

现金再投资比率越高，表示公司可用于各项资产上的再投资的现金就越多；反之，现金再投资比率越低，表示公司可用于各项资产上的再投资的现金越少。一般而言，现金再投资比率达到8%～10%，是比较理想的比率。

例如：上海汽车2000年的现金投资比率为9.12%，正处于理想区域，可投资现金较多，而且发展步伐也比较稳健。

3. 外部融资比率。外部融资比率是经营性应付项目增加净额、筹资活动现金流入量二者之和与现金流入量总额之比。

$$外部融资比率=\frac{经营性应付项目增加净额+筹资活动现金流入量}{现金流入量总额}$$

这一比率反映企业外部筹措资金的能力，或经营发展对外部资金的依赖程度。该比率越大，说明企业的筹资能力越强，对外部资金的依赖越小。

4. 强制性现金支付比率。企业经营中，有些现金流出带有强制性，是必须支付的，如生产经营活动中必须支付的现金，偿还本金、支付利息等必须支付的现金等。企业现金流入必须满足这种需要，才能保证生产经营活动的正常进行，保证企业保持良好的信誉。强制性现金支付比率就是反映企业是否有足够的现金履行其偿还债务、支付经营费用等责任的指标。

$$强制性现金支付比率=\frac{现金流入总量}{经营活动现金流出量+偿还到期本息付现}$$

第三节　现金流量结构与趋势分析

一、现金流量结构分析

所谓结构分析，是指将会计报表中某一关键项目的数字作为基数（即为100%），再计算各项目的具体构成，从而使各个组成部分的相对重要性明显地表现出来，揭示会计报表中各个项目的相对地位和总体结构关系。

现金流量表是反映企业在一定时期内现金流入、流出及其净额的报表，它主要回答企业本期现金来自何处、本期现金用往何处等问题。现金流量的结构分析就是在现金流量表有关数据的基础上，进一步明确现金流入的构成、现金流出的构成等。

现金流量的结构分析可以分为现金流入结构、现金流出结构和流入流出比分析。

【例4－3】根据附录中高乐公司的资料，编制高乐公司现金流量结构分析计算表（如表4－4所示）。

表4－4　　现金流量结构分析计算表

编制单位：高乐公司　　2009年度　　单位：万元

项目	流入	流出	净流量	内部结构	流入结构	流出结构	流入流出比
一、经营活动产生的现金流量							
销售商品、提供劳务收到的现金	7 321			91%			
收到的税费返还	687			9%			
收到其他与经营活动有关的现金	62			1%			
经营活动现金流入小计	8 070			100%	79%		
购买商品、接受劳务支付的现金		5 509		83%			
支付给职工以及为职工支付的现金		486		7%			

续表

项目	流入	流出	净流量	内部结构	流入结构	流出结构	流入流出比
支付的各项税费		341		5%			
支付其他与经营活动有关的现金		285		4%			
经营活动现金流出小计		6 621		100%		66%	1.22
经营活动产生的现金流量净额			1 449				
二、投资活动产生的现金流量							
收回投资收到的现金							
取得投资收益所收到的现金							
处置固定资产、无形资产和其他长期资产收回的现金净额							
处置子公司及其他营业单位收到的现金净额							
收到其他与投资活动有关的现金							
投资活动现金流入小计							
购建固定资产、无形资产和其他长期资产支付的现金		537		100%			
投资所支付的现金							
取得子公司及其他营业单位支付的现金净额							
支付其他与投资活动有关的现金							
投资活动现金流出小计		537		100%		5%	0
投资活动产生的现金流量净额			-537				
三、筹资活动产生的现金流量							
吸收投资收到的现金							
取得借款收到的现金	2 151			100%			
收到其他与筹资活动有关的现金							
筹资活动现金流入小计	2 151			100%	21%		
偿还债务支付的现金		2 160		77%			
分配股利、利润或偿付利息支付的现金		653		23%			
支付其他与筹资活动有关的现金							
筹资活动现金流出小计		2 813		100%		28%	0.76
筹资活动产生的现金流量净额			-662				
合计	10 221	9 971	250		100%	100%	

（一）现金流入结构分析

现金流入结构是反映企业的各项业务活动现金流入，如经营活动现金流入、投资活动现金流入、筹资活动现金流入等在全部现金流入中的比重以及各项业务活动现金流入中具体项目的构成情况，明确企业的现金究竟来自何方，要增加现金流入主要依靠什么等。

流入结构分析分为总流入结构和三项活动即经营活动、投资活动和筹资活动流入的内部结构分析。

从表4-4可以看出，在企业当年的现金流入中，经营活动流入占79%，经营活动是主要的现金来源；投资活动没有现金流入；筹资活动流入占21%，也占有重要地位。

在经营活动的现金流入中，主要来自销售商品、提供劳务收到的现金，占91%，比较正常；在筹资活动的现金流入中，全部都是借款流入；该公司没有投资活动所产生的现金流入。自然，企业要增加现金流入，主要还是依靠经营活动增加销售收入。

（二）现金流出结构分析

现金流出结构是指企业的各项现金流出占企业当期全部现金流出的百分比，它具体地反映企业的现金流出用在哪些方面。

流出结构分析分为总流出结构和三项活动流出的内部结构分析。

通常，经营活动现金支出占总现金流出比重大的企业，其生产经营状况正常，现金流出结构较为合理。

从表4-4可以看出，在企业当年的现金流出中，经营活动流出占66%，投资活动流出占5%，筹资活动流出占28%。经营活动现金支出中，购买商品、接受劳务支出的现金占83%，支付给职工以及为职工支付的现金占7%；投资活动的现金支出全部用于购建固定资产、无形资产和其他长期资产；筹资活动现金全部用于偿还债务本金。

（三）现金流入流出比分析

从表4-4可以看出，经营活动现金流入流出比为1.22，表明企业1元的现金流出可换回1.22元的现金流入。此比值越大越好。

投资活动现金流入流出比为零，说明公司有可能处在扩张时期。如果公司处在发展时期、扩张时期，此比值小；而公司处在衰退或缺少投资机会时，此比值大。

筹资活动现金流入流出比为0.76，表明还款额明显大于借款额。

该公司的经营活动现金流量净额为1 449万元，现金存量增加250万元；现金流量净额中用于投资的现金有537万元，用于还款的现金有662万元。

通过流入和流出结构的历史比较和同行业比较，可以得到更为有意义的信息。

对于一个健康的正在成长的公司来说，经营活动现金流量应是正数，投资活动的现金流量是负数，筹资活动的现金流量是正负相间的。

假设经营活动现金流量的结构百分比具有代表性，可以根据它们和计划销售额来预测未来的经营活动现金流量。

二、现金流量趋势分析

企业的现金流入、流出及其余额发生了怎样的变动，其变动趋势如何，这种趋势对企业是有利的还是不利的，这就是现金流量趋势分析的内容。现金流量趋势分析可以帮助报表使用者了解企业现金流量的变动趋势，了解企业现金流量变动的原因，在此基础上预测企业未来的现金流量，从而为决策提供依据。

（一）现金流量变动的差异分析

从现金流量表各个项目的增减变动及其差异中，可以观察和发现它的变化，包括有利变化或异常变化。

【例4-4】根据表4-1高乐公司2008年和2009年两年的现金流量表资料，编制经营活动、投资活动和筹资活动的现金流量对比分析表（如表4-5所示）。

表4-5 **高乐公司现金流量对比分析表** 单位：万元、%

项 目	2008年	2009年	增加（减少）	
			金额	百分比
经营活动：现金流入	6 947	8 070	1 123	16.17
现金流出	5 804	6 621	817	14.08
现金流量净额	1 143	1 449	306	26.77
投资活动：现金流入	0	0	0	0
现金流出	1 356	537	-819	-60.40
现金流量净额	-1 356	-537	819	-60.40
筹资活动：现金流入	2 029	2 151	122	6.01
现金流出	1 754	2 813	1 059	60.38
现金流量净额	275	-662	-937	-340.73
汇率变动对现金影响	-4	0	4	-100.00
现金及现金等价物净增加额	58	250	192	331.03

从表4-5可以观察各类现金流量的如下变化：

1. 经营活动产生的现金流量净额，2008年为6 947万元，2009年为8 070万元，2009年比2008年增加16.17%。可以说，高乐公司这两年的经营情况良好，具有创造现金的能力，且较平稳。

2. 对比2008年和2009年的投资活动和筹资活动，2008年和2009年均没有投资活动的现金流入额，说明高乐公司近两年既没有处置投资资产收入，也没有取得投资收益。2009年的投资规模较2008年有所缩减，缩减了60.4%。可见，该公司采取的是稳定的扩张政策。筹资活动产生的现金流量净额，2008年为275万元，2009年为-662万元，2009年比2008年下降340.73%。下降原因是2009年有大量筹集的资金和自有资金用于偿还债务，使筹资活动的现金流出量增加1 059万元。从以上分析可以看出，高乐公司生产经营和投资所需资金，主要来源于短期借款，相对于长期借款，还款压力较大。

3. 综合经营活动、投资活动和筹资活动所产生的现金流量可以看出，现金及现金等价物净增加额，2008年为58万元，2009年为250万元，增加了331.03%，增加的主要原因是2009年的投资规模有所削减。从总体上看，高乐公司现金流入和现金流出之间没有缺口，公司的资金周转处于良性循环中。

（二）现金流量增减变动的趋势分析

现金流量变动的趋势分析，是指以连续数期的现金流量表为基础，将相同类别和相同项目的金额换算成相对数进行对比，以观察其发展变化趋势，从而为研究企业的经营策略，对未来的现金流量进行预测分析提供依据的一种分析方法。进行趋势分析一般采用趋势百分比法。计算百分比有两种方法，即定比和环比。

定比是选取一个年度为基期，以基期金额为100，其余各年均以基期的金额为基数，计算出各自的百分比，以百分比进行比较分析，观察发展趋势。采用定比必须选择好基期，如果基期选择不当，会降低这种方法的效果。

环比是各年均以上一个年度为基数，分别计算出各年的百分比，以百分比进行比较分析，观察发展趋势。

【例4－5】 现以高乐公司连续3年的现金流量资料为例，说明该公司现金流量的趋势分析，该资料如表4－6所示。根据表4－6中的现金流量资料，编制现金流量趋势分析表，现以表4－7和表4－8分别列示定比和环比现金流量趋势分析。

表4－6　高乐公司比较现金流量表　单位：万元

项目	2007年	2008年	2009年
经营活动：现金流入	5 753	6 947	8 070
现金流出	5 282	5 804	6 621
现金流量净额	471	1 143	1 449
投资活动：现金流入	524	0	0
现金流出	484	1 356	537
现金流量净额	40	－1 356	－537
筹资活动：现金流入	873	2 029	2 151
现金流出	1 232	1 754	2 813
现金流量净额	－359	275	－662
汇率变动对现金影响	－3	－4	0
现金及现金等价物净增加额	149	58	250

表4－7　高乐公司现金流量趋势分析表（定比）　单位：%

项目	2007年	2008年	2009年
经营活动：现金流入	100	120.75	140.27
现金流出	100	109.88	125.35
现金流量净额	100	242.68	307.64
投资活动：现金流入	100	0.00	0.00
现金流出	100	280.17	110.95
现金流量净额	100	－3 390.00	－1 342.50
筹资活动：现金流入	100	232.42	246.39
现金流出	100	142.37	228.33
现金流量净额	－100	－76.60	184.40
现金及现金等价物净增加额	100	38.93	167.79

表 4－8 高乐公司现金流量趋势分析表（环比） 单位：%

项目	2007 年	2008 年	2009 年
经营活动：现金流入	100	120.75	116.17
现金流出	100	109.88	114.08
现金流量净额	100	242.68	126.77
投资活动：现金流入	100	0.00	0.00
现金流出	100	280.17	39.60
现金流量净额	100	－3 390.00	39.60
筹资活动：现金流入	100	232.41	106.01
现金流出	100	142.37	160.38
现金流量净额	100	－76.60	－240.73
现金及现金等价物净增加额	100	38.93	431.03

从表 4－7 和表 4－8 的 3 年发展变化中能观察到一些什么情况和问题呢？从发展趋势角度，可从以下三个方面进行分析：

1. 高乐公司的经营状况良好，经营活动具有产生现金的能力，且呈上升趋势。从定比看，经营活动产生的现金流量净增加额，以 2007 年为基期，2007 年为 100%，2008 年是 242.68%，2009 年是 307.64%。但也同时从环比中看到，2008 年为 2007 年的 242.68%，而 2009 年仅为 2008 年的 126.77%。也就是说，逐年上升的幅度锐减，应当引起注意，并应结合经营活动的实际情况进一步分析。

2. 高乐公司的筹资活动所产生的现金流量净增加额 2007 年和 2009 年都是负数，从定比看，2009 年的负数呈上升趋势。高乐公司的投资活动所产生的现金流量净增加额 2008 年和 2009 年都是负数。由于高乐公司在 2008 年和 2009 年没有投资活动的现金流入量，因此，这两年的现金净流量同基期相比差异较大。从总体上看，筹资活动和投资活动中现金流出的增长快于现金流入的增长。

3. 高乐公司的现金及现金等价物净增加额连续 3 年都是正数，并且略有增长，说明该公司资金比较富足。

综合以上三方面的分析，可对高乐公司的现金发展趋势作出如下判断：高乐公司经营状况良好，经营活动产生的现金能力较强，如果通过筹资扩大投资，可以考虑增加长期债务融资规模。但也应注意根据发展的需要适量融资，以免融资费用开支增大，造成财务状况恶化。

知识链接：现金流量结构变动合理性分析

1. 经营活动现金流量结构变动合理性分析。

对经营活动产生的现金流量结构变动合理性进行分析，主要考虑两方面问题：一是从总量上看，经营活动产生的现金流量占现金流量总额的比例大小；二是在经营活动现金流量中，主营业务现金流量所占比例大小。一般情况下，经营活动及主营业务现金流量所占比例大，即为合理变动。

2. 投资活动现金流量结构变动合理性分析。

分析投资活动现金流量结构变动合理性，主要从三个角度进行：一是现金用在哪些方面以及对企业未来生产经营活动的影响；二是重大投资对企业现金的影响；三是投资活动与筹资活动两者之间是否匹配。

3. 筹资活动现金流量结构变动合理性分析。

企业筹资不能脱离投资形态而独立存在，因此，筹资活动现金流量合理性分析主要看其与投资活动的匹配性。负债融资有较高的流动性要求，长期负债形成的投资必须以现金性收益作为偿债能力，以短期资产的流动性作为融资管理的依据。股权融资虽然没有这样的问题，但投资者越来越关注股本筹集情况、募股及配股资金的使用情况、发放现金股利情况等，这些都要求企业的筹资活动形成的现金流量具有合理性。这样，筹资活动现金流量结构变动合理性分析主要包括两方面内容：一是融资方式的合理性；二是企业资产流动性的协调性，也就是长期资产与长期负债、流动资产与流动负债之间的结构对应性。

第四节 现金流量与利润的综合分析

一、经营活动现金流量与利润对应关系分析

利润表按照权责发生制来归集企业的收入和支出，而现金流量表按照收付实现制来归集企业的收入和支出。它们所反映的经济活动是相同的，只是反映的角度不同。利润表和现金流量表在项目上的对应关系如表 4 -9 所示。

表 4 -9　　高乐公司经营活动现金流量与经营活动利润（2009 年）　　单位：万元

现金流量		利润	
项目	金额	金额	项目
经营活动现金流入量			经营活动收入
销售商品、提供劳务收到的现金	7 321	7 660	营业收入
收到的税费返还	687	2	利息收入
收到其他与经营活动有关的现金	62	60	营业外收入
经营活动现金流入小计	8 070	7 722	经营活动收入小计
经营活动现金流出量			经营活动成本费用
购买商品、接受劳务支付的现金	5 509	4 930	营业成本
支付给职工以及为职工支付的现金	486	60	营业税费
支付的各项税费	341	160	销售费用
支付其他与经营活动有关的现金	285	1	财务费用中手续费用支出
		360	管理费用

续表

现金流量		利润	
项目	金额	金额	项目
		10	资产减值损失
		0	营业外支出
	0	320	所得税
经营活动现金流出小计	6 621	5 841	经营活动成本费用小计
经营活动产生的现金流量净额	1 449	1 881	经营活动产生的利润

表4－9比较了经营活动产生的利润与经营活动产生的净现金流量之间的差异。为了比较口径一致，我们将净利润中投资收益和借款利息的影响作了扣除，因为其分别属于投资活动与筹资活动范畴。

经分析我们可以发现，经营活动现金流入比经营活动收入多348万元，经营活动现金流出比经营活动成本费用多780万元，经营活动产生的净现金流量比经营活动产生的净利润少432万元。

二、现金流量表附表主要项目分析

补充资料是采用间接法报告经营活动产生的现金流量，在企业当期净利润的基础上进行某些项目的调整，从而得到经营活动的现金流量净额。

（一）资产减值准备

该项目反映企业本期计提的坏账准备、存货跌价准备、短期投资跌价准备、长期股权投资减值准备、持有至到期投资减值准备、投资性房地产减值准备、固定资产减值准备、在建工程减值准备、无形资产减值准备、商誉减值准备、生产性生物资产减值准备、油气资产减值准备等资产减值准备。本期计提资产减值准备时，减值损失已计入本期利润表中的相关损益项目，但实际上与经营活动现金流量无关。因此，在净利润的基础上调整计算时，应将其加回到净利润中。

（二）固定资产折旧、油气资产消耗、生产性生物资产折旧

该项目分别反映企业本期计提的固定资产折旧、油气资产消耗、生产性生物资产折旧。由于资产折旧、消耗并不影响经营活动现金流量，因此，在净利润基础上调整计算时，应将其全部加到净利润中。

（三）无形资产摊销、长期待摊费用摊销

这两个项目分别反映企业本期计提的无形资产摊销、长期待摊费用摊销。无形资产、长期待摊费用的摊销，增加了成本费用，并在计算净利润时从中扣除，由于没有发生现金流出，所以在将净利润调节为经营活动现金流量时应加回。

以上项目都是未涉及现金的成本费用项目，在计量过程中需要运用会计职业判断比较多，会计灵活性也比较大。所以对于金额较大、变化显著的项目应结合会计报表附注中的相关项目及相关会计政策进行详细分析，以发现操纵会计利润的行为。

（四）处置固定资产、无形资产和其他长期资产的损失和固定资产报废损失

这两个项目属于投资活动产生的损益，所以在将净利润调节为经营活动现金流量时需要予以调节。

（五）公允价值变动损失

该项目反映持有的金融资产、金融负债以及采用公允价值计量模式的投资性房地产的公允价值变动损益，属于投资活动损益，应予调整。

（六）财务费用

企业发生的财务费用可以分别归属于经营活动、投资活动和筹资活动。对属于经营活动产生的财务费用，若既影响净利润又影响经营活动现金流量，如到期支付应付票据的利息，则不需要调整；对属于投资活动和筹资活动产生的财务费用，如长期借款利息，则只影响净利润，不影响经营活动现金流量，应在净利润的基础上进行调整。

（七）投资损失

该项目是因为投资活动所引起的，与经营活动无关。因此，无论是否有现金流量，该项目应全额调节净利润，但不包括计提的减值准备。

（八）递延所得税资产减少和递延所得税负债增加

这两个项目分别反映企业资产负债表“递延所得税资产”和“递延所得税负债”项目期初余额与期末余额的差额。递延所得税在计提和缴纳时间上的不一致性导致了其对利润和现金流量影响时间上的不一致，因此应在净利润的基础上进行调整。

（九）存货的减少、经营性应收项目的减少和经营性应付项目的增加

这三个项目分别反映了企业资产负债表“存货”项目、企业本期经营性应收项目（包括应收票据、应收账款、预付账款、长期应收款和其他应收款中与经营活动有关的部分及应收的增值税销项税额等）和企业本期经营性应付项目（包括应付票据、应付账款、预收账款、应付职工薪酬、应交税费、应付利息、应付股利、长期应付款、其他应付款中与经营活动有关的部分及应付的增值税进项税额等）的期初余额与期末余额的差额。

经营活动存货的增加，说明现金减少或经营性应付项目增加；存货减少，说明非付现销售成本增加。所以在调节净利润时，应减去存货的净增加额数，或加上存货的净减少数。至于赊购增加的存货，通过同时调整经营性应付项目的增减变动而自动抵消。若存货的增减变动不属于经营活动，则不作调整，如接受投资者投入的存货应作扣除。

经营性应收项目增加，说明企业未收到现金的收入增加，即利润增加但现金流量未增加。经营性应收项目减少，说明应收款项收回，现金增加，但不影响利润。所以要对由此引起的净利润与现金流量的差异进行调整。经营性应付项目的情况与此相反。

三、经营活动现金流量阶段性分析

从企业的成长过程来分析，在企业从事经营活动的萌芽期，由于其生产阶段的各个环节都处于磨合状态，设备、人力资源的利用率相对较低，材料的消耗量相对较高。同时，为了开拓市场，企业有可能投入较多资金，采用各种手段将自己的产品推向市场

（包括采用渗透法定价、加大广告支出、放宽收账期等），从而有可能使企业在这一阶段的经营活动表现为入不敷出的状态。如果是由于上述原因导致的经营活动产生的现金流量小于零，应该认为这是企业在发展过程中不可避免的正常状态。如果企业在成长期和成熟期仍然出现这种状态，应当具体分析形成这种状态的具体原因。如果由于企业的季节性生产或一些特殊原因（如正赶上原材料低价销售而大量用现金购入原材料）而出现暂时或短期的经营活动产生的现金流入小于现金流出的状态，仍然不能草率地得出经营活动产生的现金流量质量不高的结论。如果处在成长期和成熟期的企业长期持续这种状态，应该认为企业经营活动回笼现金的能力较弱。处于衰退期的企业，经营活动产生的现金流量往往呈现流入长期持续小于流出的状态，这是企业经营活动严重萎缩和萧条的预警。

【例 4－6】根据附录中高乐公司现金流量表的数据，对高乐公司的经营活动净现金流量阶段性分析及其评价结果如表 4－10 所示。

表 4－10　　　高乐公司经营活动净现金流量阶段性分析评价表

<table>
<tr><th>经营周期
现金流量</th><th>萌芽期</th><th>成长期</th><th>成熟期</th><th>衰退期</th></tr>
<tr><td>经营活动产生的现金流量 <0</td><td>正常</td><td colspan="2">长期持续状态
说明回笼现金的能力很差</td><td>很差</td></tr>
<tr><td>经营活动产生的现金流量 =0</td><td>中等</td><td colspan="2">长期持续状态
说明回笼现金的能力很差</td><td>一般</td></tr>
<tr><td>经营活动产生的现金流量 >0，但不足以补充当期的非现金消耗性成本</td><td>较好</td><td colspan="2">长期持续状态
仍然不能给予较高评价</td><td>较好</td></tr>
<tr><td>经营活动产生的现金流量 >0，并恰好能补偿当期的非现金消耗成本</td><td>好</td><td>较好</td><td>好</td><td>好</td></tr>
<tr><td>经营活动产生的现金流量 >0，并在补偿当期的非现金消耗性成本后仍有剩余</td><td>很好</td><td>很好</td><td>很好</td><td>很好</td></tr>
</table>

知识链接：现金流量表与资产负债表、利润表的关系

现金流量表与资产负债表并不是相互脱离、彼此独立的，它们之间有着内在的勾稽关系。根据资产负债表的平衡式分析影响现金流量的因素：

资产＝负债＋所有者权益

现金＋非现金流动资产＋非流动资产＝流动负债＋非流动负债＋所有者权益

现金＝流动负债＋非流动负债＋所有者权益－非现金流动资产－非流动资产

式中：

所有者权益＝实收资本（或股本）＋资本公积＋盈余公积＋未分配利润

未分配利润＝净利润＋年初未分配利润－提取的公积金－应付利润（股利）

以上分析表明，影响公司净现金流量的因素与资产负债表和利润表有关，非现金资产类项目与净现金流量呈反方向变化，负债与所有者权益类项目与净现金流量呈同方向变化。在其他因素不变的条件下，所有者权益的变化主要与留存收益有关，而留存收益取决于公司经营活动创造的净利润以及公司的股利政策。

【复习思考题】

1. 简述现金流量结构分析的含义及内容。
2. 简述现金流量表的财务比率分析。
3. 应从哪些角度去分析现金流量表？
4. 现金流量表与净利润的对应关系有哪些？

【案例选读】

乡饮酒礼①

兔王在紧锣密鼓地运作销售赛马的发布会时，却已经到了年底。按惯例，每年的年三十都要举行庆功宴会。在会上，兔王都要给每个分公司的领导发红包。这年也不例外。

牧场经理黄兔、繁殖中心经理獭兔、财务部经理花兔等一一走到兔王面前领取了根据业绩奖励的不同大小的红包，领到后又都兴高采烈地回到原位等待开宴。

由于黑兔和灰兔曾经成功地培育了赌斗牛市场，为兔王立下了汗马功劳，兔王自然也了解它俩的营销能力，所以，将销售经理一职交给了它最信任的黑兔。

当黑兔走到兔王面前时，兔王根据黑兔这些年每年都有30%的销售业绩增长问道："销售经理，您来年的销售计划预计增长多少呀？"

"经过今年全年对销售网络的精心维护和新市场的拓展，我认真地测算过，觉得来年增长60%是没有什么太大困难的！"黑兔充满信心地高声答道。

兔王笑着递给黑兔一个最大的红包，说道："祝贺您今年取得的成绩和您给公司所作出的贡献，这个最大的红包应是您……"

黑兔见到这个最大的红包要给自己，它满心欢喜，没等兔王讲完，便一边伸手去接，一边答谢道："谢谢您！谢谢您！实在是惭愧！惭愧！"

兔王见状，立即用另一只手按住了红包，说道："今年，外部竞争如此激烈，可您的销售增长率仍然能保持在30%，实属不易，但我们所赚到的只是满满的一牧场，希望来年继续努力吧！"说完，不情愿地松开了双手。

宴会中，黑兔始终在想着兔王的话，什么是"满满的一牧场"？如果是现金就应当放在银行或保险柜中呀？怎么是在牧场？要过年了，钱放在牧场，安全吗？

它越想越困惑，于是，就向旁边的财务部经理花兔咨询道："满满一牧场是什么意

---

① 资料来源：安学网/管理知识/财务管理/财务分析，http：//www.anxue.net/guanli/caiwu/cw/2010/0304/17599.html。

思？一牧场的钱还不得需要上千辆大卡车才能拉来?”

“你想哪儿去了。满满一牧场是说牧场上都是未销售出去的，或签订了购销合同还没拉走和没付款的赛马以及没有付款就已经拉走的赛马，并没有现金。”

后来花兔又讲了些什么，黑兔根本就什么也没听进去，只是进入了更深层的思考中：“如果牧场满满的都是赛马或应收账款，就表明公司根本就没有现金为我们发红包，发红包的现金一定是兔王从银行或什么地方融来的，这样一定会使公司的财务管理费用增加。”

“如果一年只赚到赛马在牧场中的不断增加（繁殖规模未变），就表明赛马的品质发生了问题。如不进行种马的更新换代，来年的年三十恐怕就不是赛马爆满牧场的问题啦。”

第五章　偿债能力分析

【本章概要】

偿债能力是企业对到期债务清偿的能力或现金保证程度。通过本章学习，了解企业偿债能力分析常用的财务指标，掌握各种指标的计算方法、内涵、作用、影响因素、评价方法以及如何利用多个偿债能力指标综合分析评价企业的偿债能力。

【要点提示】

流动比率，速动比率，现金比率，资产负债率，产权比率，利息保障倍数。

【内容架构图】

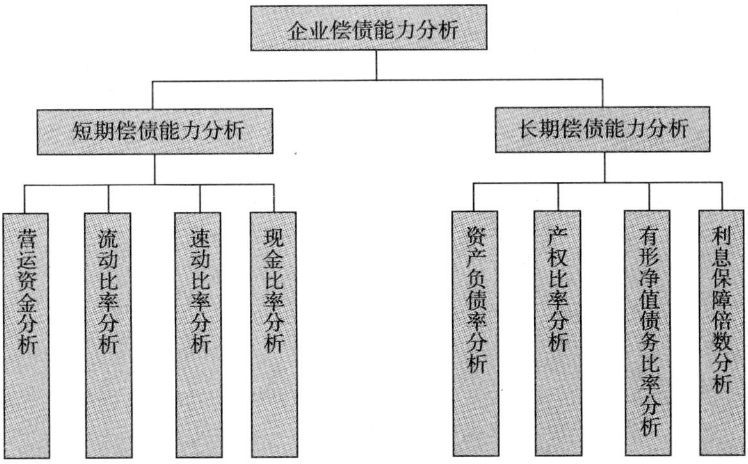

第一节　短期偿债能力分析

商业银行经营贷款最关心的是借出去的款项能否按期收回，并不发生损失。因此商业银行受理借款人的借款申请后，首先要分析的就是借款人的偿债能力。

偿债能力是企业对到期债务清偿的能力或现金保证程度。企业在生产经营过程中，为了弥补自身资金不足就要对外举债。举债经营的前提必须是能够按时偿还本金和利息，否则就会使企业陷入困境甚至危及企业的生存。导致企业破产的最根本、最直接的原因是企业不能偿还到期债务。因此，通过偿债能力分析，使债权人和债务人双方都认识到风险的存在和风险的大小，债权人可以此作出是否贷款的决策，债务人可以了解自己的财务状况和偿债能力的大小，进而为下一步的资金安排或资金筹措作出决策分析。

企业的偿债能力按其债务到期时间的长短分为短期偿债能力和长期偿债能力。

一、短期偿债能力的含义

短期偿债能力是指一个企业以其流动资产支付流动负债的能力。一个企业的短期偿债能力大小，要看流动资产和流动负债的多少和质量状况。

流动资产的质量是指其流动性，即转换成现金的能力，包括是否能不受损失地转换为现金以及转换需要的时间。对于流动资产的质量应着重理解以下三点：

第一，资产转变成现金是经过正常交易程序变现的。

第二，流动性的强弱主要取决于资产转换成现金的时间和资产预计出售价格与实际出售价格的差额。

第三，流动资产的流动性期限在 1 年以内或超过 1 年的一个正常营业周期。

流动负债也有质量问题。一般说来，企业的所有债务都是要偿还的，但是并非所有债务都需要在到期时立即偿还，债务偿还的强制程度和紧迫性被视为负债的质量。

一般地，将流动资产与流动负债的数量进行对比，可以初步看出企业的短期偿债能力。在对比分析中采用的指标主要有营运资金、流动比率、速动比率、现金比率和现金流量比率。但在评价这些指标时，必须同时关注流动资产和流动负债的质量状况。

二、短期偿债能力指标构成

（一）营运资金

1. 营运资金的含义。营运资金是指企业可长期自由支配使用的流动资金，也就是企业在某一时点所拥有的流动资产与流动负债的差额，是反映企业短期偿债能力的绝对数指标。其计算公式为

$$营运资金 = 流动资产 - 流动负债$$

营运资金是表示流动资产超过流动负债的部分。当营运资金为正值时，表明企业有能力用流动资产偿还全部短期债务；当营运资金为零或负值时，表明企业的流动资产已无力偿还全部短期负债，企业资金将无法周转。但是，并不是说营运资金越多越好。营运资金过多，说明企业有部分资金闲置，没有充分发挥其效益，会影响获利能力。因此，营运资金应保持适当的数额。

2. 营运资金的影响因素及评价方法。由于营运资金是一个绝对量，它是否适合公司生产经营的实际需要，取决于公司的生产经营规模的大小。因此，在财务分析中，通常需要将营运资金与以前年度的该指标进行比较，方能确定其是否合理。同样，由于不同企业之间及同一企业的不同年份之间，可能存在显著的规模差异，因此，直接比较该指标而不考虑规模因素通常是没有意义的。

一般来说，零售商的营运资金较多，因为他们除了流动资产外没有什么可以偿债的资产；而信誉好的餐饮企业营运资金很少，有时甚至是一个负数，因为其稳定的收入可以偿还同样稳定的流动负债；制造业一般有正的营运资金，但其数额差别很大。

（二）流动比率

1. 流动比率的含义。流动比率是指在某一特定时点上流动资产与流动负债之比，即

$$流动比率=\frac{流动资产}{流动负债}$$

该比率反映1元流动负债有多少元流动资产抵偿。流动资产是偿还流动负债的基础。自20世纪初开始，美国的银行家就以流动比率作为决策贷款的根据，因此，流动比率又称为银行家比率。流动比率的经验值为2:1，它表示借款人有清偿到期债务的能力。如果比率过高，流动资产超过2，可能是存货过多或应收账款过大；如果比率过低，流动资产不足1，说明借款人偿债能力低，流动负债获得清偿的可能性小。

【例5－1】根据附录中高乐公司的有关资料，计算该公司流动比率如表5－1所示。

表5－1 **高乐公司流动比率计算表** 单位：万元

项目	2009年	2008年	2007年
流动资产	5 010	3 830	3 253
流动负债	1 690	1 670	1 049
流动比率	2.96	2.29	3.10

2. 流动比率的影响因素及评价方法。

（1）流动比率的影响因素。一般而言，流动比率的高低与营业周期很有关系：营业周期越短，则材料、在产品等存货库存较少，应收账款周转速度也快，流动比率相对较低；反之，营业周期较长的企业，其存货规模必然较大，应收账款的周转速度也较慢，因而流动比率也必然较高。例如，一般地说，制造业企业的平均营业周期要长于贸易类企业，因而前者的流动比率通常要高于后者。正因为如此，在进行流动比率分析时，与行业平均水平进行比较是十分必要的，或者说，跨行业的比较需要适当谨慎。即使同一企业在不同时期，如销售旺季和淡季，流动比率也会有较大的差别。因此，对流动比率的分析要根据企业的性质和实际情况来评价，不能一概而论。同时，运用流动比率还应结合其他指标进行综合分析。企业流动资产与流动负债的匹配方式有多种，这主要取决于企业对收益与风险的态度。具体有以下三种：

激进型：流动负债不仅满足临时性流动资产的资金需要，而且还要解决部分永久性流动资产的需要，资本成本较低，但财务风险较大。此时，企业的流动比率接近于1。

保守型：流动负债只满足部分临时性流动资产的需要，另一部分临时性流动资产和永久性流动资产均由长期负债和自有资本作为其资金来源。资本成本较高，资产投资回报率较低，但财务风险较低。此时，企业的流动比率大于2。

适中型：临时性流动资产用流动负债筹资来解决，对于永久性流动资产和长期资产则用长期负债和自有资本来解决资金需求。此时，企业的流动比率接近于2。

流动比率的横向或纵向比较，只能反映高低差异，但不能解释原因。欲知原因，则需具体分析应收账款、存货及流动负债水平的高低。如果应收账款或存货的量不少，但其流动性（即周转效率）存在问题，则应要求更高的流动比率，因为，此时的流动比率值（实际上是指其分子）是含有水分的。

（2）流动比率的评价方法。由于流动比率逐渐被大众分析者所认可，因此，报表制作者为了达到某种目的，往往使用一些简单的办法便可以使该指标表现出所希望的状态（良好或很差）。比如，某商业企业在年底进了一批代销（又称赊销，意指进货时未付款，售完才付款）的货物，那么在做账时，流动资产与流动负债将同时增加（该笔数值）。这样一来，如果记入当年账务，则由于流动比率公式的分母（流动负债）增幅大于分子（流动负债）增幅，因此，流动比率将有所下降。但是，如果记入下一年度财务，则流动比率便将显得稍高一些。

①流动比率高低反映企业承受流动资产贬值能力和偿还中、短期债务能力的强弱；

②流动比率越高，表明企业投入生产经营的营运资本越多，企业偿还债务的能力就越强；

③一般认为比率值为 2 时比较合理，但要求中国企业流动比率达到 2 对大多数不实际；

④在正常情况下，部分行业的流动比率参考数值如表 5 – 2 所示。

表 5 – 2　　部分行业流动比率参考值统计表

行业	汽车	房地产	制药	建材	化工	家电	啤酒	计算机
流动比率	1.1	1.2	1.25	1.25	1.2	1.5	1.75	2

（三）速动比率

1. 速动比率的含义。速动比率是指速动资产与流动负债之比，即

$$速动比率 = \frac{速动资产}{流动负债}$$

式中：速动资产一般是指流动资产扣除存货之后的差额。

之所以要在流动比率之外，再以速动比率来说明企业的短期偿债能力，就是因为流动资产中的存货可能存在流动性问题，即缺乏正常的变现能力。若因如此，流动比率即便看起来很正常（即在 2:1 左右），速动比率偏低，那么，公司的实际短期偿债能力依然存在问题。速动比率的经验值为 1:1，意味着存货占流动资产的适当比例应该为 50% 左右。存货比例过高且变现有困难时，就意味着可用于偿还流动负债的速动资产过少。由此可见，速动比率更能体现借款人短期偿债能力的大小，评价速动比率的标准是 1。具体运用的时候还要参考借款人的经营性质等。

【例 5 – 2】 根据附录中高乐公司的有关资料，计算该公司速动比率如表 5 – 3 所示。

表 5－3　　高乐公司速动比率计算表　　单位：万元

项目	2009 年	2008 年	2007 年
流动资产	5 010	3 830	3 253
存货	920	510	542
速动资产	4 090	3 320	2 711
流动负债	1 690	1 670	1 049
速动比率	2.42	1.99	2.58

2. 速动比率的影响因素及评价方法。

（1）速动比率的影响因素。在分析速动比率时还要注意，速动比率虽然剔除了变现能力较弱的存货资产，但速动资产中的应收账款本身也可能存在一些潜在的问题，如可能隐藏着未冲销的坏账、逾期待催收的账款所占比重过大等，这些都会影响速动比率的真实性。因此，还应当对应收账款的质量作进一步分析。另外，还要注意的是，速动比率衡量的是企业面临财务危机或者办理清算时，在存货等资产全无市场价值的情况下，以速动资产支付流动负债的短期偿债能力，是衡量企业在应付紧急情况下的应变能力，不要以为速动比率低，企业就失去了偿债能力。最后应当注意进行速动比率分析时，还应对速动资产的结构与速动资产的变动趋势进行必要的分析，注意与本企业历史年份的资料进行比较以及与同行业的平均水平进行比较。

在速动比率的计算中，还可以考虑扣除预付款及待摊费用等，形成更为保守的速动比率，即

$$保守速动比率 = \frac{现金及现金等价物 + 有价证券 + 应收账款净额}{流动负债}$$

（2）速动比率的评价方法。需要注意的是，在有些行业或公司，很少发生赊销业务，故而很少存在应收账款。在这种情况下，速动比率往往低于经验标准，但这并不一定意味着缺乏短期偿债能力。换言之，在几乎没有应收账款的情况下，如果流动比率为正常，速动比率就一定显著地低于经验值。但这未必是个问题，只要存货周转正常即可。一般认为，企业速动比率为 1 时比较安全。部分行业的速动比率参考值如表 5－4 所示。

表 5－4　　部分行业速动比率参考值统计表

行业	汽车	房地产	制药	建材	化工	家电	玻璃	计算机
速动比率	0.85	0.65	0.90	0.90	0.90	1.5	0.45	1.25

流（速）动比率有以下几点不足。

第一，各行业的存货流动性和变现性有较大差别，流动比率指标不能反映由于流动资产中存货不等造成的偿债能力差别，因此需要用存货周转天数指标补充说明；

第二，在计算流动比率时包括了变现能力较差的存货和无法变现的待摊费用，影响了该指标评价短期偿债能力的可靠性，需要用速动比率指标作补充；

第三，流（速）动比率不能反映企业的日现金流量；

第四，流（速）动比率只反映报告日期的静态状况，企业很容易通过一些临时措施或账面处理，形成账面指标不实。如虚列应收账款，少提准备，提前确认销售或将下一年度赊销提前列账，少转销售成本等；

第五，流（速）比率不能量化地反映潜在的变现能力因素和短期债务。

（四）现金比率

1. 现金比率的含义。现金比率是指现金、现金等价物及有价证券之和与流动负债之比，即

$$现金比率=\frac{现金及现金等价物+有价证券}{流动负债}$$

【例5-3】根据附录中高乐公司的有关资料，计算该公司现金比率如表5-5所示。

表5-5 **高乐公司现金比率计算表** 单位：万元

项目	2009年	2008年
现金及现金等价物	1 380	1 130
有价证券	0	0
流动负债	1 690	1 670
现金比率	0.82	0.68

2. 现金比率的影响因素及评价方法。从以上计算可以看出，高乐公司两年来的现金比率呈稳定的态势，显示出公司有较强的短期偿债能力。

现金比率是最保守的短期偿债能力比率。在通常情况下，分析者很少重视这一指标。因为，如果企业的流动性不得不依赖现金和有价证券，而不是依赖应收账款和存货的变现，那么，就意味着企业已处于财务困境，所以，该比率只有在企业业已处于财务困境时，才是一个适当的比率。或者，在企业已将应收账款和存货作为抵押品的情况下，或者分析者怀疑企业的应收账款和存货存在流动性问题时，以该指标评价企业短期偿债能力是比较适当的选择。就正常情况下的企业而言，该比率过高，可能意味着该企业没有充分利用现金资源，当然，也有可能是因为已经有了现金使用计划（如厂房扩建等）。

分析现金比率是为了了解借款人在紧急情况下其流动资产是否具有及时偿债和变现的能力。

三、短期偿债能力分析应注意的问题和考虑的因素

营运资金、流动比率、速动比率和现金比率是从流动资产与流动负债对比关系上评价企业短期偿债能力的四个主要指标。分析时，不能孤立地看某个指标，应该综合考察，才能全面和客观地判断企业短期偿债能力的大小。在流动资产中，现金和银行存款以及交易性金融资产、应收票据的变现能力最强，应收账款和存货的变现能力较弱，是影响流动资产变现能力的主要项目，也是影响短期偿债能力的主要因素。

（一）应收账款的变现速度

一般来说，应收账款周转速度快，表明企业回款迅速，收账费用和坏账损失少，同

时也表明企业的流动资金流动性高、偿付能力强。如果应收账款占流动资产比重很大，即使流动比率和速动比率指标都很高，但其短期偿债能力仍值得怀疑，还要进一步分析原因。

（二）存货变现速度

就一般企业而言，存货在流动资产中占有相当比重。尽管存货不能直接用于偿还流动负债，但是如果企业的存货变现速度较快，意味着资产的流动性良好，会有较大的现金流入量在未来注入企业。企业投资于存货的目的，在于通过存货销售过程而获得利润。一般的制造企业为了配合销售的需要，都要维持相当数量的存货。存货对企业经营活动的变化非常敏感，这就要求企业将存货控制在一定水平上，使其与经营活动基本上保持一致。因此，分析企业短期偿债能力时，必须考虑存货变现速度。

（三）影响企业短期偿债能力的其他因素

上述应收账款和存货的变现能力指标，都是从会计报表资料中取得的。但还有一些会计报表资料中没有反映出来的因素，也会影响企业的短期偿债能力，甚至影响力更大。

1. 可动用的银行贷款指标。银行已同意、企业尚未办理贷款手续的银行贷款限额，可以随时增加企业的现金，提高支付能力。

2. 准备很快变现的长期资产。由于某种原因，企业可能将一些长期资产出售转变为现金，这将增加企业资产的流动性。企业出售长期资产，应根据近期和长期利益的辩证关系，正确决定出售长期资产问题。所以在分析该因素时，应结合具体情况具体分析以正确评价企业偿债能力。

3. 偿债能力的声誉。具有良好偿债能力声誉的企业，在短期偿债方面出现困难时，通常有能力筹得资金，提高偿债能力。这个增强变现能力的因素，取决于企业自身的信用声誉和当时的筹资环境。

4. 担保责任引起的负债。企业可能以它自己的一些流动资产为他人提供担保，如为他人向金融机构借款提供担保，为他人购物担保或为他人履行有关经济责任提供担保等。这种担保有可能成为企业的负债，增加偿债负担。为他人提供担保的信息一般在会计报表附注中披露。

知识链接：企业盈利能力和财务状况的关系

企业的收入、费用和企业的资产、权益之间存在着如下的关系：企业的收入是使企业资产增加（如货币资金或应收账款等的增加）或权益减少的金额（如预收货款等）；企业的费用是使企业资产减少（如消耗存货）或权益增加（如应付账款）的金额。这种关系可以用图5－1和图5－2来表示，图5－1是当企业盈利时的情况，图5－2是当企业亏损时的情况。

企业盈利时，收入大于费用，在损益表中表现为企业实现利润，在资产负债表中表现为企业资产（资产方）和未分配利润（权益方）的增加，企业的财务状况因此而改善。

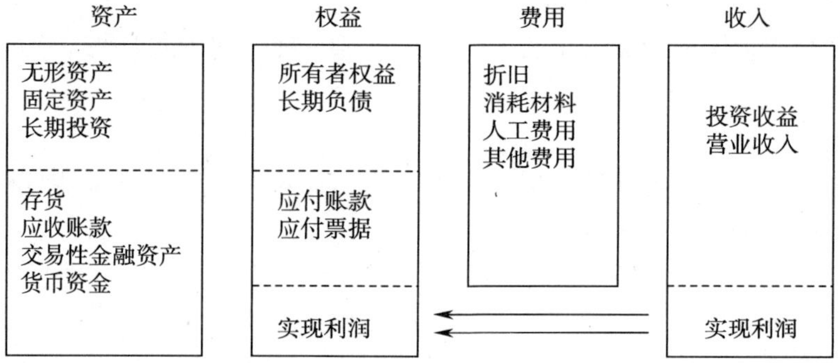

图5－1　盈利时经营成果与财务状况的关系

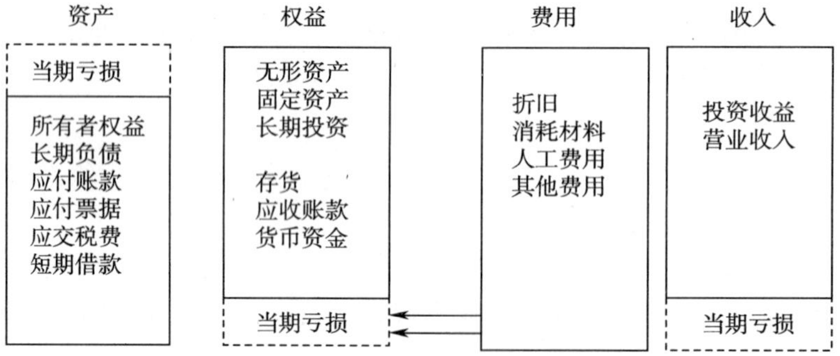

图5－2　亏损时经营成果与财务状况的关系

企业发生亏损时，企业费用大于收入，在损益表中表现为企业实现利润为负，在资产负债表中表现为企业资产的减少和所有者权益的减少（未分配利润为负数），企业财务状况因之恶化。

企业是以其所有者权益（或净资产）来担负盈亏责任的。企业盈利，企业已实现但未分配的利润增加，因而企业的净资产增加，企业总资产也相应地增加。当企业亏损时，则企业亏损掉上期未分配的利润。如果上期未分配利润小于当期亏损额，则未分配利润为负，将使所有者权益总额减少，企业总资产也减少等额部分。企业资产负债表和利润表之间所存在的数量关系，反映了财务状况和企业盈利能力之间存在的相互作用关系。企业在一个会计期间内，其财务状况也可能好转，也可能恶化，要进行具体分析。一般来讲，如果企业的资产和负债从图5－1的结构向图5－2的结构靠近，则说明企业的财务状况恶化；反之，如果从图5－2的结构向图5－1的结构转化，则说明企业的财务状况改善。

因此，企业的盈利能力与企业的财务状况是相互制约、相互促进的。一个资金结构极不合理，长、短期资金来源和使用极不平衡的企业，不可能有较高的获利能力。企业的资金结构和偿债能力等，在一定程度上决定了企业的盈利能力。比如，企业为了保证有充足的支付能力，就需要持有足够的货币资金，而货币资金滞留于支付环节过多或持有时间过长，就产生企业投入生产经营过程的资金不充足的问题；生产经营投入资金不足，企业的经济效益则会受到影响。因为资金投入生产经营活动，是资金循环和创造利润的前提。通过对企业财务状况的分析，在一定程度上可以揭示企业的经营获利能力。有关这几个方面的分析，可以总结如下：

(1) 企业资金结构合理，则企业的获利能力比较稳定。企业的资金结构不合理，则会给企业的生产经营带来困难，最终将降低企业的获利能力。

(2) 企业偿债能力过高，说明企业没有充分利用企业资金，企业创造利润的潜力没有全部发挥。企业偿债能力过低，有可能导致企业的被动破产，即在企业盈利情况下的破产。

(3) 企业的负债经营率高低对企业的创利能力有直接的影响。当企业自有资金利润率高于企业借款利率时，企业的负债经营可以提高企业的盈利能力；当企业自有资金利润率低于企业借款利率时，企业的负债经营降低企业的盈利能力。

(4) 企业的营运资金增加，增强了企业的经营实力，使企业所谓创利机会增加；营运资金减少，降低了企业的经营实力，使企业的生产经营受到限制。

(5) 企业各项资产周转速度加快，可使企业在相同时期内对营运资金的寻求降低，为企业节约出更多资金用于经营规模的扩大和创利水平的提高；企业生产经营各环节资金管理不善，会增加对营运资金的需求，与正常情况相比，企业需要更多的资金投入来获得相同的收益，资金成本上升，获利能力下降。

资料来源：张金昌：《现代企业财务分析》，北京，经济管理出版社，1997。

四、短期偿债能力分析步骤

【例 5-4】 根据附录中高乐公司的财务资料，分析该公司的短期偿债能力如下：

步骤一，计算 2009 年初、年末的短期偿债能力财务比率。

2009 年初：

1. 流动比率 = 3 830 ÷ 1 670 = 2.29
2. 速动比率 = (3 830 - 510) ÷ 1 670 = 1.99
3. 现金比率 = 1 130 ÷ 1 670 = 0.68
4. 营运资金 = 3 830 - 1 670 = 2 160（万元）

2009 年末：

1. 流动比率 = 5 010 ÷ 1 690 = 2.96
2. 速动比率 = (5 010 - 920) ÷ 1 690 = 2.42
3. 现金比率 = 1 380 ÷ 1 690 = 0.82
4. 营运资金 = 5 010 - 1 690 = 3 320（万元）

步骤二，分析评价高乐公司 2009 年的短期偿债能力。

高乐公司 2009 年的短期偿债能力指标变动如表 5-6 所示。

表 5 - 6　　高乐公司 2009 年短期偿债能力指标变动表

指标构成	年初	年末	差异	变动率（%）
流动比率	2. 29	2. 96	0. 67	29. 26
速动比率	1. 99	2. 42	0. 43	21. 61
现金比率	0. 68	0. 82	0. 14	20. 59
营运资金（万元）	2 160	3 320	1 160	53. 70

表 5 - 7　　高乐公司 2009 年短期偿债能力指标影响因素变动表　　单位：万元、%

项目	年初	年末	差额	差异率
货币资金	1 130	1 380	250	22. 12
应收账款	2 000	2 350	350	17. 50
预付款项	100	320	220	220
存货	510	920	410	80. 39
其他应收款	90	40	-50	55. 56
流动资产合计	3 830	5 010	1 180	30. 81
流动负债	1 670	1 690	20	1. 19
其中：短期借款	1 530	1 520	-10	0. 65
应付账款	160	60	-100	62. 50
应付职工薪酬	20	30	10	50. 00
应交税费	-50	60	110	220. 00
其他应付款	10	20	10	100. 00
非流动负债合计	10	10	0	0
营业收入	7 343	7 660	317	4. 32

根据表 5 - 6 可以看出，高乐公司 2009 年流动比率为 2. 96，较 2008 年的 2. 29 有所提高，公司 2009 年较上年的短期偿债能力提高了，流动资产保障程度提高，公司短期偿债能力较强。

2009 年公司的速动比率为 2. 42，比 2008 年的 1. 99 大有提高。考虑到公司经营特点及行业特性，再结合对同行业其他企业同期相同指标的考察，认为高乐公司 2009 年流动负债的速动资产保障程度较上年大有提高，公司的短期偿债能力提高了。现金比率同样较 2008 年大有提高。2009 年该指标为 0. 82，比上年 0. 68 提高了 14 个百分点，说明公司经营活动产生的现金净流量对流动负债的保障程度提高了，且反映了短期偿债能力的提高。

第二节　长期偿债能力分析

全面分析企业的偿债能力，除了分析短期偿债能力以外，商业银行还要对企业的长期偿债能力进行分析和评价，以便于作出正确的信贷决策和投资决策。对企业长期偿债能力进行分析通常采用比率分析的方法，涉及的主要财务指标有资产负债率、产权比率、有形净值债务比率和利息保障倍数。

企业对一笔债务要负两种责任：一是偿还债务本金的责任，二是支付债务利息的责任。因此，公司的长期偿债能力表现为还本能力和付息能力两个方面，可以分别从资产负债表和损益表的角度分析。损益表的分析侧重于反映公司的付息能力，主要指标是利息保障倍数；而资产负债表的分析则侧重于对资本结构的反映，主要包括资产负债率、产权比率等指标。

一、长期偿债能力的含义

长期偿债能力是指企业偿付长期债务的能力。对企业进行长期偿债能力的分析，主要考虑两个方面的因素：一是企业的资本结构，包括企业非流动负债的规模和结构、企业资产与负债及所有者权益各组成因素之间的比例关系等。二是企业的获利能力。从长远来看，企业获取的利润与长期偿债能力之间有密切的联系。

长期负债的偿还有以下几个特点：第一，保证长期负债得以偿还的基本前提是企业短期偿债能力较强，不至于破产清算。所以，短期偿债能力是长期偿债能力的基础。第二，长期负债因为数额较大，其本金的偿还必须有一种积累的过程。从长期来看，所有真实的报告收益应最终反映为企业的现金净流入，所以企业的长期偿债能力与企业的获利能力是密切相关的。第三，企业的长期负债数额大小关系到企业资本结构的合理性，所以对长期债务不仅要从偿债的角度考虑，还要从保持资本结构合理性的角度来考虑，保持良好的资本结构又能增强企业的偿债能力。

二、评价长期偿债能力的指标构成

（一）资产负债率

1. 资产负债率的含义。资产负债率是指全部负债与全部资产之比率，即

$$资产负债率 = \frac{负债总额}{资产总额} \times 100\%$$

资产负债率表明企业的全部资金来源中有多少是由债权人提供的，或者说在企业的全部资产中有多少属于债权人所有。站在债权人角度可以说明债权的保证程度；站在所有者角度既可以说明自身承担风险的程度，也能反映财务杠杆的利益；站在企业角度既可反映企业的实力，也能反映其偿债风险。资产负债率也可衡量企业在发生清算时对债权人权益的保障程度。如果债权人认为负债对总资产比例过高，将停止对企业发放贷款，企业也就无法获取贷款融资。资产负债率越低，所有者权益所占的比例就越大，说明企业的实力越强，债权的保障程度越高；资产负债率越低，则所有者权益所占比例就越小，说明企业的经济实力较弱，偿债风险越高，债权的保障程度相应越低，债权人的安全性越差，企业的潜在投资者越少。该比率对于债权人来说越低越好，因为公司的所有者（股东）一般只承担有限责任。而一旦公司破产清算时，资产变现所得很可能低于其账面价值。所以如果此指标过高，债权人可能遭受损失。当资产负债率大于100%时，

表明公司已经资不抵债，对于债权人来说风险非常大。

【例5－5】根据附录中高乐公司的有关资料，计算该公司资产负债率如表5－8所示。

表5－8　　高乐公司资产负债率计算表　　单位：万元、%

项目	2009年	2008年	2007年
资产总额	7 770	6 500	4 957
负债总额	1 700	1 680	1 700
资产负债率	21.88	25.85	34.29

2. 资产负债的影响因素及评价方法。各利益主体因不同的利益驱动而从不同的角度评价资产负债率。

第一，对企业债权人而言，他们最关心的就是所提供的信贷资金的安全性，期望能于约定时间收回本息。这必然决定了债权人总是要求资产负债率越低越好，希望企业的每一元债务有更多的资产作后盾。如果企业的主权资本较少，表明投资者投入的份额不足，经营过程中创造和留存收益的部分较少，债权人就会感到其债权风险较大，因此作出提前收回贷款、转移债权或不再提供信贷的决策。

第二，对企业所有者来说，资产负债率高有以下好处：一是当总资产报酬率高于负债利率时，由于财务杠杆的作用，可以提高股东的实际报酬率；二是可用较少的资本取得企业的控制权，且将企业的一部分风险转嫁给债权人，对企业来说还可以获得资金成本低的好处。但债务同时也会给投资者带来风险，因为债务的成本是固定的。如果企业经营不善或遭受意外打击而出现经营风险时，由于收益大幅度滑坡，贷款利息还需照常支付，损失必然由所有者负担，由此增加了投资风险。对此，投资者往往用预期资产报酬率与借款利率进行比较判断。若前者大于后者时，表明投资者投入企业的资本将获得双重利益，即在获得正常利润的同时，还能获得资产报酬率高于借款利率的差额，这时，资产负债率越大越好；若前者小于后者时，则表明借入资本利息的一部分，要用所有者投入资本而获得的利润数额来弥补，此时，投资者希望资产负债率越低越好。

第三，从企业经营者角度来看，资产负债率的高低在很大程度上取决于经营者对企业前景的信心和对风险所持的态度。如果企业经营者对企业前景充满信心，且经营风格较为激进，认为企业未来的总资产报酬率将高于负债利率，则应保持适当高的负债比率，这样企业可有足够的资金来扩展业务，把握更多的投资机会，以获取更多的利润；反之，经营者认为企业前景不容乐观，或者经营风格较为保守，那么必然倾向于尽量使用自有资本，避免因负债过多而冒较大的风险，此时则应当保持适当低的负债比率。尽管如此，即便较为激进的经营者，也不能使负债比率过高，应将其控制在适度水平上。由于债务成本可税前扣除，具有财务杠杆收益功能，任何企业均不可避免地要利用债务。但负债超出某个程度时，则不能为债权人所接受，企业的后续贷款难以为继。随着负债的增加，企业的财务风险不断加大，进而危及主权资本的安全和收益的稳定，也会动摇投资者对经营者的信任。

最佳资产负债比率的确定要结合企业的具体实际，企业资产负债率多少为佳，并没有一个公认的标准。在分析和评价时，通常要结合企业的盈利能力、银行利率、通货膨胀率、国民经济的景气程度、企业之间竞争的激烈程度等多种因素，还可以与同行业的平均水平、本企业的前期水平及其预算水平来进行。一般来讲，企业的盈利能力较强或者企业资金的周转速度较快，企业可承受的资产负债率也相对较高；银行利率提高通常迫使企业降低资产负债率，银行利率降低又会刺激企业提高资产负债率；通货膨胀率较高时期或者国民经济景气时期，企业也会倾向于维持较高的资产负债率；同行业之间竞争激烈则企业倾向于降低资产负债率，反之则相反。因此，在不同的国家、不同的宏观经济环境下，资产负债率的合理水平或适度水平也是有较大差别的。

经验表明，资产负债率的适当范围介于30%～70%之间。这一比率太高，意味着负债风险过大，从而面临着太大的偿债压力；比率太低，则负债风险固然很小，但负债的财务杠杆效应利用太少，不利于实现公司价值和股东财富最大化。经验也表明，资产负债率存在显著的行业差异。因此，分析该比率时应注重与行业平均数的比较。此外，该比率会受到资产计价特征的严重影响。若被比较的某一企业有大量的隐蔽性资产（如大量的按历史成本计价的早年获得的土地等），而另一企业没有类似的资产，则简单的比较就可能得出错误的结论。

该比率反映借款人的经营对负债的依赖程度，或说是举债经营的比率，即总资产应用外来资金的比率。该比率越大，说明借款人偿债能力越弱，贷款风险越大；反之，说明借款人偿债能力越强，贷款风险越小。

（二）产权比率

1. 产权比率的含义。产权比率是资产负债率的变形，是债务与权益的直接比较，即

$$产权比率=\frac{债务总额}{股东权益}\times 100\%$$

产权比率反映由债权人提供的资本与股东提供的资本的相对比率关系，这一比率反映企业基本财务结构是否稳定。产权比率高，是高风险、高报酬的财务结构；产权比率低，是低风险、低报酬的财务结构。

产权比率也反映债权人投入资本受到股东权益保障的程度，或者说是企业清算时对债权人利益的保障程度。

【例5－6】根据附录中高乐公司的有关资料，计算该公司产权比率如表5－9所示。

表5－9　　高乐公司产权比率计算表　　单位：万元、%

项目	2009年	2008年	2007年
股东权益	6 070	4 820	3 898
负债总额	1 700	1 680	1 700
产权比率	28.01	34.85	43.61

2. 产权比率的影响因素及评价方法。

产权比率与资产负债率的配合使用。产权比率与资产负债率都是用于衡量长期偿债

能力的指标，具有共同的经济意义，两者可以互相补充。因此，对产权比率的分析可以参考对资产负债率的分析。对资产负债率分析时应当注意的问题，在产权比率分析中也应引起注意。

产权比率与资产负债率是有区别的。产权比率侧重于揭示债务资本与权益资本的相互关系，说明企业财务结构的风险性，以及所有者权益对偿债风险的承受能力；资产负债率侧重于揭示总资本中有多少是靠负债取得的，说明债权人权益的保障程度。

所有者权益就是企业的净资产，产权比率所反映的偿债能力是以净资产为物质保障的。净资产中的某些项目，如无形资产等，其价值具有极大的不确定性，且不易形成支付能力。因此，在使用产权比率时，必须结合有形净值债务比率指标，作进一步分析。

（三）有形净值债务比率

有形净值债务比率是产权比率的改进形式，是企业负债总额与有形资产的比率。有形资产是将无形资产从股东权益中扣除后的净资产。其表达式为

$$有形净值债务比率=\frac{负债总额}{股东权益-无形资产}$$

有形净值债务比率实际上是产权比率的延伸，是更谨慎、保守地反映债权人利益的保障程度的指标。之所以要将无形资产从股东权益中扣除，是因为从保守的观点看，在企业处于破产状态时，无形资产往往会严重贬值，因而不会像有形资产那样为债权人提供保障。而长期待摊费用本身就是企业费用的资本化，它们往往不能用于偿债。因此，该比率可用于测量债权人在企业陷入财务危机或面临清算时的受保障程度。

【例5-7】根据附录中高乐公司的有关资料，计算该公司有形净值债务比率如表5-10所示。

表5-10　　高乐公司有形净值债务比率计算表　　单位：万元、%

项目	2009年	2008年	2007年
股东权益	6 070	4 820	3 898
无形资产	850	860	31
负债总额	1 700	1 680	1 700
有形净值债务比率	32.57	42.42	43.96

高乐公司三年来的有形净值债务比率呈下降趋势，尽管2007年的股东权益有所下降，但负债总额和无形资产的下降幅度更大，表明公司的长期偿债能力逐步加强。

（四）利息保障倍数

1. 利息保障倍数的含义。利息保障倍数是指公司年度获得的盈利对年度利息费用支出的倍数，即

$$利息保障倍数=\frac{利息费用+税前利润}{利息费用}$$

公式中的分子是运用企业全部资产所获得的收益，即没有扣除利息费用的税前利润。之所以不用净利润，是因为企业的利息费用在所得税之前就列支了，而所得税是在

减去利息费用后的利润中支付的，所得税的多少对利息费用的支付不会产生影响。

2. 利息保障倍数的影响因素及评价方法。利息保障倍数越大，企业偿还债务利息的能力必然越强，通常也有能力偿还到期的债务本金。根据经验，利息保障倍数为3倍或以上时，表示企业不能偿付其利息债务的可能性较小；该比率达到4倍时，意味着公司偿付其利息债务的能力“良好”；达到4.5倍或以上时，则为“优秀”。

使用利息保障倍数来衡量企业的长期偿债能力，是因为长期债务在到期前只需定期支付利息，不需支付本金。况且，对于一般企业来说，只要其资本结构基本上是稳定的，并且经营情况良好，就能够举借新的债务来偿还到期债务的本金。付息能力的重要性事实上不亚于还本能力。如果企业长期以来在偿付利息费用方面有着良好的信用表现，企业很可能永不需要偿还债务本金。这是因为，既然企业的付息能力很强，意味着当债务本金到期时，企业一般会有能力重新筹集到新的资金，或者原有的负债能够得以延展。

企业只要利息保障倍数越大，无力偿还债务的可能性就越小。在金融市场高度发达的情况下，由于企业负债经营，其对银行的依赖性越来越大。企业能否在经营中顺利地融资成为企业经营成败的关键，商业银行对企业偿债能力的判断很大程度上取决于企业利息保障倍数。如果企业在支付债务利息方面没有困难，通常也就可以再借款用于偿还到期的债务本金；通过举借新债来偿还旧债，这样就无须去偿还债务本金。在这种情况下，企业筹资就比较容易，筹资成本就会降低，企业就会有能力在资本结构中保持一个较高的债务比例。

利息保障倍数在时间上往往有着较显著的波动性，这是因为企业的盈利水平和利息费用都会受经济周期或产业周期的显著影响而发生波动。而无论是好年景，还是坏年景，利息都是必须支付的。所以，为了考察企业偿付利息能力的稳定性，一般应至少计算5年或以上的利息保障倍数。为了保守起见，甚至可以选择5年或更长时期中最低的利息保障倍数值作为基本的利息偿付能力指标值。

在计算利息保障倍数时，尚需注意以下几点：(1) 根据损益表对企业偿还债务的能力进行分析。作为利息支付保障的“分子”，只应该包括那些在以后期间里预计还会发生的收益，即经常性或永久性收益。所以，那些非经常发生的项目应该予以排除，诸如非常项目与特别项目、停止经营项目、会计方针变更的累计影响。(2) 利息费用不仅包括作为当期费用反映的利息费用，还应包括资本化的利息费用（即固定资产交付使用前发生的利息费用，这通常在财务报表附注中揭示），因为后者同样需要支付，是否反映到当期费用只是财务会计的确认规则问题。(3) 未收到现金红利的权益性收益，只是权益法下的一种账面收益，而没有相应的现金流入企业，故不能构成支付利息的保证，应予以扣除。(4) 在计算利息保障倍数时，如果直接从损益表上取得数据，所得到的是“财务费用”而非“利息费用”。前者除了包括利息费用外，还包括汇兑损益。那么，当汇兑损益数量相对于利息费用来讲足够大时，使用“财务费用”计算利息保障倍数事实上就不能真实地反映企业的付息能力。为此，应尽可能剔除汇兑损益，使用真正的利息费用。进一步讲，即便没有汇兑损益，“财务费用”也不仅仅是利息费用，而是“利息费用”与“利息收入”的代数和。那么，当企业有着较多的存款利息收入时，“财务费用”也可能是个负值。必须注意的是，从技术上讲，作为利息保障倍数这一比率的分母，“利息费用”如果小于零，该比率实际上就没有意义了。这时，要么放弃使用该比率，要么对分母进行适当调整以使其变成正数。(5) 利息费用的实际支付能力。由于债务利息是用现金支付的，而企业的当期利润是依据权责发生制原则计算出来的，这意味着企业当期利润可能很高，但不一定具有支付能力。所以，使用这一指标时，还应注意企业的现金流量与利息费用的数量关系。

从利润表角度的分析，只是反映了公司的利息偿付能力，而利息偿付能力毕竟只是长期偿债能力的一个方面。所以，还需要从资产负债表角度分析长期负债本金的偿还能力。用于分析长期负债本金偿还能力的基本财务比率主要包括资产负债率、产权比率以及有形净值债务比率。

三、影响长期偿债能力的其他因素

除了上述各种比率指标用于评价和分析企业的长期偿债能力以外，还有一些因素影响企业的长期偿债能力，在分析时必须引起足够的重视。

(一) 长期租赁

当企业急需某种设备或资产而又缺乏足够的资金时，可以通过租赁的方式解决。财产租赁有两种形式：融资租赁和经营租赁。

融资租赁是由租赁公司垫付资金购买设备租给承租人使用，承租人按合同规定支付租金（包括设备买价、利息、手续费等）。一般情况下，在承租方付清最后一笔租金后，设备所有权归承租方所有。因此，在融资租赁形式下，租入的固定资产作为企业的固定资产入账，进行管理，相应的租赁费用作为长期负债处理。这种资本化的租赁，在分析长期偿债能力时，已经包括在债务比率指标计算之中。

当企业的经营租赁量比较大、期限比较长或具有经常性时，则构成了一种长期性筹资。这种长期性筹资虽然不包括在长期负债之内，但到期时必须支付租金，会对企业的偿债能力产生影响。因此，如果企业经常发生经营租赁业务，应考虑租赁费用对偿债能力的影响。

(二) 担保责任

担保项目的时间长短不一，有的涉及企业的长期负债，有的涉及企业的短期负债。在分析企业的长期偿债能力时，应根据有关资料判断担保责任带来的潜在长期负债问题。

(三) 或有项目

或有项目是指在未来某个或几个事件发生或不发生的情况下，会带来收益或损失，但现在还无法肯定是否发生的项目。或有项目的特点是现存条件的最终结果不确定，对它的处理方法要取决于未来的发展。或有项目一旦发生便会影响企业的财务状况，因此企业不得不对它们予以足够的重视，在评价企业的长期偿债能力时也要考虑它们的潜在影响。

四、现行偿债能力分析指标的局限性

（一）未充分考虑企业综合属性

现在常用的短期偿债能力指标虽然在总体上揭示了企业的偿债能力，但在计算过程中并未充分考虑企业资产、负债的属性、质量和会计核算上的计量属性，也未考虑表外事项的影响。影响企业偿债能力的表外因素包括：企业的品质和偿债声誉、准备很快变现的长期资产、可动用的银行贷款指标、增发股票的政策、股利政策、或有负债情况、担保责任引起的负债、已贴现的商业汇票引起的负债等。因此这些指标对企业偿债能力的反映存在着一定的局限性。

1. 未充分考虑企业资产属性上的差异。按照流动资产的定义，流动资产是在一个年度或一个经营周期内逐渐消耗或变现的资产。但是目前对于超过一个年度或一个经营周期仍然未消耗或变现的资产，如逾期一年以上未收回的应收账款、积压的存货，依然作为流动资产核算并在资产负债表上列示，从而使得流动比率的计算缺乏客观的基础；同样，速动资产作为流动资产中变现能力较强的部分，也仍包括逾期应收账款，使得速动比率在一定程度上被夸大高估。至于预付账款、待处理流动资产净损失、待摊费用等，或者已不具备流动的性质，或者该资产事实上已毁损或不再存在，或者其受益递延到以后的一种费用支出，因此在计算流动比率时必须从流动资产中剔除。

2. 未充分考虑企业资产的质量。对于一个企业，如果其不良资产比率较高，则企业资产质量较差，相应的偿债能力将会受到很大的影响。而目前在计算流动比率时并未考虑不良资产对企业偿债能力的影响。实际上，不少企业存在着大量的不良资产，如3年以上尚未收回的应收账款、长期积压的商品物资，因其资产质量较差，资产的实际价值明显低于账面价值。

3. 未充分考虑企业资产计量属性的影响。根据会计核算的历史成本原则，企业的各项资产，除按国家有关规定允许的方法进行调整外，原则上均应按当时取得时的实际成本计价。然而一般来说，企业存货中的产成品的变现价值要高于其成本价，短期投资中的有价证券的可变现价值也经常背离其入账价值，而目前在计算流动比率、速动比率过程中并未考虑这种资产计量属性的影响。

4. 未充分考虑企业负债的属性。流动负债中的“预收账款”，一般用企业的产品来偿还，而不是用速动资产来偿还，所以在计算速动比率、流动比率和现金比率时理当从流动负债中剔除。

5. 未考虑或有负债对企业短期偿债能力的影响。或有负债有很大的不确定性，是否发生取决于未来相关因素的变化，如应付票据贴现、对外担保、未决诉讼事项。因此，在计算短期偿债能力指标时，必须对影响或有负债发生的相关因素进行分析和预测，估计或有负债发生的可能性，并根据或有负债发生的可能性，估算或有负债可能增加的流动负债。但目前在计算短期偿债能力指标时未考虑这种影响。

（二）未能反映企业实际现金周转情况

现行计算方法从税前利润出发，不能反映企业实际现金周转情况，应以现金流量作为衡量企业偿债能力的依据。企业实际偿债能力如何，能否及时偿还，关键并不在于账面利润，而要看其有无实际的现金，因为有利润的年份并不一定有多余的现金用于维持企业的发展和偿债。以经营活动现金流量分析企业偿债能力是一种十分稳健的偿债能力分析方法。因为企业以经营活动为主，投资活动和筹资活动作为不经常发生的辅助理财活动，其产生的现金流量在总现金流量中所占比例较低。而如果企业从经营活动所取得的现金在维持经营活动正常运转所必需的支出后，无力偿还债务，还需向外筹措资金的话，表明企业已陷入财务困境。

【复习思考题】

1. 企业的利益相关各方为何重视短期偿债能力？
2. 企业长期偿债能力分析常用的财务比率有哪些？应如何应用它们来评价企业的长期偿债能力？
3. 产权比率与资产负债率两个指标有何区别？
4. 分析企业短期偿债能力的指标有哪些？

【案例选读】

巨人集团失败的财务分析①

1989 年 8 月，从深圳大学软件科学管理系硕士毕业的史玉柱和 3 个伙伴，用借来的 4 000 元钱承包了天津大学深圳科技工贸发展公司电脑部，并用手头仅有的 4 000 元钱在《计算机世界》利用先打广告后付款的方式做了 8 400 元的广告，将其开发的 M－6401 桌面排版印刷系统推向市场。广告打出 13 天后，史玉柱的银行账户第一次收到三笔汇款共 15 820 元，巨人事业由此起步。4 个月后，M－6401 的销售额一举突破百万元大关，从而奠定了巨人集团创业的基石。

1991 年 4 月，珠海巨人新技术公司注册成立，史玉柱任总经理。11 月，M－6401 汉卡销售量跃居全国同类产品之首，获纯利达 1 000 万元。1992 年，巨人公司实行战略转移，将管理机构和开发基地由深圳迁往珠海。巨人集团主推的 M－6401 汉卡年销售量 2.8 万套，实现纯利 3 500 万元。巨人集团年发展速度达 500%。

1993 年，巨人集团在全国各地成立了 38 家全资子公司。集团在一年之内推出中文手写电脑、中文笔记本电脑、巨人传真卡、巨人中文电子收款机、巨人钻石财务软件、巨人防病毒卡、巨人加密卡等产品。同年，巨人实现销售额 300 亿元，利税 4 600 万元，成为中国极具实力的计算机企业。

由于国际电脑公司的进入，电脑业于 1993 年步入低谷，巨人集团也受到重创。1993 年、1994 年，全国兴起房地产和生物保健品热。为寻找新的产业支柱，巨人集团开始迈向多元化经营之路——计算机、生物工程和房地产。在 1993 年，巨人集团毅然向房地产

① 资料来源：百度文库/高等教育/管理学，http：//wenku. baidu. com/view/55d2392a3169a4517723a38b. html。

这一完全陌生的领域进军。拟建的巨人科技大厦设计一变再变，楼层节节拔高，从最初的年初18层一直涨到70层，投资也从2亿元涨到12亿元。1994年2月破土动工。对于当时仅有1亿元资产规模的巨人集团来说，单凭巨人集团的实力，根本无法承受这项浩大的工程。对此，史玉柱想的是：1/3靠卖楼花，1/3靠银行贷款，1/3靠自有资金。但令人惊奇的是，巨人集团未申请过一分钱的银行贷款，全凭自有资金和卖楼花的钱支撑。

1995年2月，巨人集团隆重召开表彰大会，对在巨人脑黄金战役第一阶段作出重大贡献的一批“销售功臣”予以重奖。5月，巨人集团在全国发动促销电脑、保健品、药品的“两大战役”。霎时间，巨人集团以集中轰炸的方式，一次性推出电脑、保健品、药品三大系列的30个产品。巨人产品广告同时以整版篇幅跃然于全国各大报刊。

1995年9月，巨人的发展形势急转直下，步入低潮。伴随着10月发动的“秋季战役”的黯然落幕，1995年底，巨人集团面临着前所未有的严峻形势，财务状况进一步恶化。

1996年初，史玉柱为挽回局面，将公司重点转向减肥食品“巨不肥”。3月份，“巨不肥”营销计划顺利展开，销售大幅上升，公司情况有所好转。可是，一种产品销售得不错并不代表公司整体状况好转，公司旧的制度的弊端、管理缺陷并没有得到解决。相反，“巨不肥”带来的利润还被一些人私分了。集团公司内各种违规违纪、挪用贪污事件层出不穷。而此时更让史玉柱焦急的是预计投资12亿元的巨人大厦，他决定将生物工程的流动资金抽出投入大厦的建设，而不是停工。进入7月份，全国保健品市场普遍下滑，巨人保健品的销量也急剧下滑，维持生物工程正常运作的基本费用和广告费用不足，生物产业的发展受到了极大的影响。

按原合同，大厦施工3年盖到20层，1996年底兑现。但由于施工不顺利没有完工。大厦动工时为了筹措资金，巨人集团在香港卖楼花拿到了6 000万港元，国内卖了4 000万元。其中在国内签订的楼花买卖协议规定，3年大楼一期工程（盖20层）完工后履约，如未能如期完工，应退还定金并给予经济补偿。而当1996年底大楼一期工程未能完成时，建大厦时卖给国内的4 000万元楼花就成了巨人集团财务危机的导火索。巨人集团终因财务状况不良而陷入了破产的危机之中。

第六章　盈利能力分析

【本章概要】

通过本章学习，了解企业盈利能力分析常用的财务指标，掌握各种指标的计算方法、内涵、作用、影响因素、评价方法以及如何利用多个盈利能力指标综合分析评价企业的获利能力。

【要点提示】

净资产收益率分析，总资产收益率分析，销售净利率分析，销售毛利率分析，销售收入现金含量分析，净利润现金含量分析。

【内容架构图】

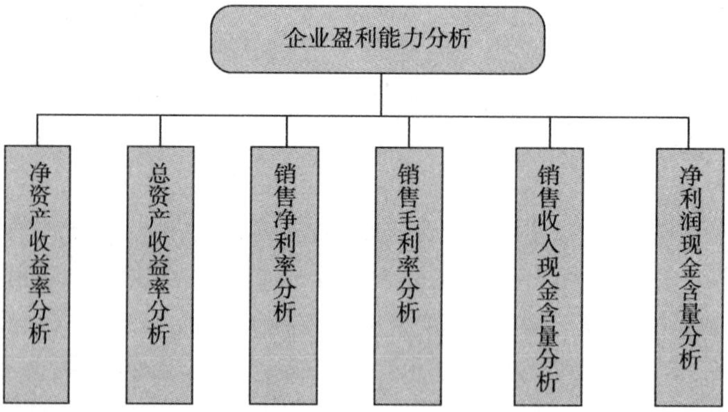

盈利能力又称为获利能力，是指企业赚取利润的能力，它是企业持续经营和发展的保证。盈利能力是决定企业最终盈利状况的根本因素，受到企业管理者的高度关注。对于企业的投资人和潜在投资者、债权人以及政府来说，企业盈利能力的高低也是他们关注的焦点。商业银行受理借款人的借款申请后，分析借款人的偿债能力主要依据是企业的盈利能力情况。

第一节　净资产收益率分析

一、净资产收益率

（一）净资产收益率含义

净资产收益率表明所有者每一元钱的投资能够获得多少净收益，它衡量了一个公司股东资本的使用效率，即股东投资企业的收益率。净资产是股东投入企业的股本、公积金和留存收益等的总和，这里的收益指税后净利润。

（二）净资产收益率指标构成

1. 全面摊薄净资产收益率。该指标强调年末状况，是一个静态指标，说明期末单位净资产对经营净利润的分享。计算公式如下：

$$全面摊薄净资产收益率=净利润/期末净资产\times 100\%$$

2. 加权平均净资产收益率。该指标强调经营期间净资产赚取利润的结果，是一个动态的指标，说明经营者在经营期间利用企业净资产为企业新创造利润的多少，是一个说明企业利用单位净资产创造利润能力大小的平均指标，有助于企业相关利益人对公司未来的盈利能力作出正确的判断。计算公式如下：

$$加权平均净资产收益率=净利润/净资产平均额\times 100\%$$

$$净资产平均额=（期初净资产+期末净资产）/2$$

从经营者使用会计信息的角度看，应使用加权平均净资产收益率。该指标反映了过去一年的综合管理水平，对于经营者总结过去、制定经营决策意义重大。

从企业外部相关利益人所有者角度看，应使用全面摊薄净资产收益率。

在现行公司制度下，投资者投入企业的资本委托给经营者经营，经营者就要确保给投资者带来收益，而且收益率至少应高于同期的市场利率。如果一份资产的收益率与市场利率一样，那并没有什么附加价值。正是因为这份资产的盈利能力高于市场的平均水平，投资者才愿意为它支付溢价。

二、净资产收益率的影响因素及评价方法

（一）净资产收益率的影响因素

为更明确分析净资产收益率的影响因素，可以将其分解成以下三个指标：

$$净资产收益率=\frac{净利润}{营业收入}\times\frac{营业收入}{平均总资产}\times\frac{平均总资产}{平均股东权益}$$

分解后的三个指标分别为销售净利率、总资产周转率以及权益乘数，因此，净资产收益率可改写为

$$净资产收益率=销售净利率\times 总资产周转率\times 权益乘数$$

即有三个因素影响净资产收益率：（1）每一元营业收入带来的净利润；（2）已动用的每一元总资产所产出的营业收入；（3）总资产与股东权益的比值。

这与前面阅读的财务会计报表是相互对应的。销售净利率概括了利润表的情况，同时，权益乘数反映了资产负债表右边的信息，而总资产周转率则将资产负债表左边的内容与利润表联系起来。

（二）净资产收益率的评价方法

1. 净资产收益率的指标计算。

【例 6－1】 根据附录中高乐公司的有关资料，计算该公司净资产收益率分解指标如表 6－1 所示。

表 6－1　　高乐公司净资产收益率分解指标计算表　　单位：万元

项目	2009 年	2008 年
净利润	1 810	1 191
营业收入	7 660	7 343
期初资产总额	6 500	4 957
期末资产总额	7 770	6 500
平均资产总额	7 135	5 728.5
平均股东权益	5 445	4 359
销售净利率（%）	23.63	16.22
总资产周转率（倍）	1.07	1.28
权益乘数	1.31	1.31

从表 6－1 中可以得出 2009 年与 2008 年的净资产收益率分解如下：

2009 年：33.12 % ＝22.63% ×1.07 ×1.31

2008 年：27.20% ＝16.22% ×1.28 ×1.31

采用因素分析法对高乐公司净资产收益率的变动分析如下：

销售净利率的变动影响额＝（23.63% －16.22%） ×1.28 ×1.31 ＝12.43%

总资产周转率的变动影响额＝23.63% ×（1.07 －1.28） ×1.31 ＝ －6.50%

权益乘数的变动影响额＝23.6% ×1.07 ×（1.31 －1.31） ＝0

33.12% －27.20% ≈12.43% －6.50% ＋0

从以上分析过程中可以看出：高乐公司 2009 年净资产收益率上升的主要原因是销售净利率上升造成的，总资产周转率虽然略有下降，但其下降幅度低于销售净利率上升的幅度。

净资产收益率受当期净利润与公司净资产规模的影响。净资产规模基本稳定的情况下，净利润越高，净资产收益率越高。若公司有增资扩股行为，当期会出现净资产收益率下降的现象，因为新融进资金不能马上发挥效用。但这种现象若长期持续的话，说明公司盈利能力下降。

所得税税率的变动也会影响净资产收益率。通常，所得税税率提高，净资产收益率下降；反之，净资产收益率上升。

净资产收益率是从股东角度考核其盈利能力，其比值一般越高越好。但当公司净资产规模很小时，就不能单纯依净资产收益率的高低来判断公司的盈利能力。

2. 净资产收益率的缺陷。

（1）净资产收益率不便于进行横向比较。不同企业负债率是有差别的，某些微利企业净资产收益率偏高，而某些效益不错的企业净资产收益率却很低。净资产收益率不一定能全面反映企业资金的利用效果。从净资产收益率的分解看出，在总资产收益率不变的情况下，负债比率越高，权益乘数越大，净资产收益率越高，这会导致很多企业通过提高负债比率来提高净资产收益率。

（2）净资产收益率不利于进行纵向比较。企业可通过诸如负债回购股权的方式来提高每股收益和净资产收益率，而实际上，该企业经济效益和资金利用效果并未提高。

第二节 总资产收益率分析

一、总资产收益率

（一）总资产收益率的含义

总资产收益率反映企业总资产能够获得净利润的能力，是反映企业资产综合利用效果的指标。该指标越高，表明资产利用效果越好，整个企业的盈利能力越强，经营管理水平越高。该指标越高越好。

若总资产收益率大于借入资金成本率，则净资产收益率大于总资产收益率，说明企业充分利用了财务杠杆的正效应，不但投资者从中受益，而且债权人的债权也是比较安全的。

若总资产收益率小于借入资金成本率，则净资产收益率小于总资产收益率，说明企业遭受杠杆负效应所带来的损失，不但投资者遭受损失，而且债权人的债权也不安全。

不论投资者还是债权人都希望总资产收益率高于借入资金成本率。

（二）总资产收益率指标构成

$$总资产收益率 = \frac{净利润}{平均总资产}$$

$$平均总资产 = \frac{期初资产总额 + 期末资产总额}{2}$$

总资产收益率反映了企业利用资产获取利润的有效性，它表明资产负债表上的每一元的资产能产生的净利润。

总资产收益率是站在企业总体资产利用效率的角度上来衡量企业的盈利能力的，是对企业分配和管理资源效益的基本衡量。它与净资产收益率的区别在于：前者反映股东和债权人共同提供的资金的利润率，后者仅反映股东投入资金的利润率。

【例6－2】根据附录中高乐公司的有关资料，计算该公司总资产收益率如表6－2所示。

表6－2　　高乐公司总资产收益率计算表　　单位：万元、%

项目	2009年	2008年
净利润	1 810	1 191
期初资产总额	6 500	4 957
期末资产总额	7 770	6 500
平均资产总额	7 135	5 728.5
总资产收益率	25.37	20.79

高乐公司2009年的总资产收益率比2008年上升近5个百分点，但要结合具体行业数据来分析公司的总资产收益率。

二、总资产收益率的影响因素及评价方法

1. 总资产收益率的影响因素。总资产收益率是一个综合指标，企业的资产是由投资者投入或举债形成的。净利的多少与企业资产的多少、资产的结构、经营管理水平有着密切的关系。为了正确评价企业经济效益的高低、挖掘提高利润水平的潜力，可以用该指标与本企业前期、与计划、与本行业平均水平和本行业内先进企业进行对比，分析形成差异的原因。总资产收益率主要取决于总资产周转速度的快慢以及销售净利率的大小。如果企业销售净利率越大，资产周转速度越快，总资产收益率就越高。因此，影响总资产收益率高低的因素主要有产品的价格、单位成本的高低、产品的产量和销售的数量、资金占用量的大小、资金来源结构等。

2. 总资产收益率的评价方法。评价总资产收益率指标，要结合行业的经营特点来进行。企业处于不同时期和属于不同行业，提高总资产收益率的突破口也有不同。

（1）若企业产品处于市场竞争非常激烈的时期，可选择通过提高总资产周转率来提高总资产收益率。

（2）若企业处于扩大规模时期，可选择通过降低成本费用提高销售净利率来达到提高总资产收益率的目的。

（3）固定资产比例较高的重工业，主要通过提高销售净利率来提高总资产收益率。

（4）固定资产比例较低的零售企业，主要通过加强总资产周转率来提高总资产收益率。

知识链接：净资产收益率与总资产收益率

长期以来，我国上市公司对净资产收益率指标非常重视，因为它是决定企业配股资格的唯一硬指标。围绕净资产收益率的达标问题（以前是连续三年平均10%，现在是连续三年平均6%），衍生出不少问题。有人曾作过研究，发现上市公司净资产收益率分布于10%～11%的企业比重明显偏大，将配股资格线降低为6%以后，这种局面同样存在。当然，企业为了得到再融资资格，在合理的范围内进行资产重组或资金运筹，倒也无可非议，关键是指标本身应科学合理，能恰当地评价和反映企业资金使用效果。

近年来，上市公司配完股就“变脸”的情况越来越多，有的配完股当年就亏损，这个问题不能不引起我们的重视。不少专业人士认为，以单项指标作为认定配股资格的依据并不合适，企业可通过“数字游戏”来达到资格线。不难发现，配股后“变脸”的公司，大部分前几年净资产收益率平均处于10%～11%，现在则往往正好是在6%以上。由此可以看出，对企业配股的考核依据需要完善。仅从单项指标的考核来看，净资产收益率并不是最优的选择。因为净资产收益率作为一项财务指标，虽然有一定的考核作用，但也有着明显的缺陷。

第一，净资产收益率的计算，分子是净利润，分母是净资产。由于企业的净利润并

非仅是净资产所产生的，因而分子分母的计算口径并不一致，从逻辑上是不合理的。

第二，净资产收益率可以反映企业净资产（股权资金）的收益水平，但并不能全面反映一个企业的资金运用能力。

道理十分明显，全面反映一个企业资金运作的整体效果的指标，应当是总资产收益率，而非净资产收益率。所谓总资产收益率，计算公式是

$$净利润 \div 平均资产总额 \times 100\%$$

比较一下它与净资产收益率的差别，仅在于分母的计算范围上。净资产收益率的计算分母是净资产，总资产收益率的计算分母是全部资产，这样分子与分母才具有可比性，在计算口径上才是一致的。

第三，运用净资产收益率考核企业资金利用效果，存在很多局限性。

(1) 每股收益与净资产收益率指标互补性不强。由于各个上市公司的资产规模不相等，因而不能以各企业的收益绝对值指标来考核其效益和管理水平。目前，考核标准主要是每股收益和净资产收益率两项相对数指标。然而，每股收益主要是考核企业股权资金的使用情况。净资产收益率虽然考核范围略大（净资产包括股本、资本公积、盈余公积、未分配利润），但也只是反映了企业权益性资金的使用情况，显然在考核企业效益指标体系的设计上，需要调整和完善。

(2) 以净资产收益率作为考核指标不利于企业的横向比较。由于企业负债率的差别，如某些企业负债畸高，导致某些微利企业净资产收益率却偏高，甚至达到了配股要求；而有些企业尽管效益不错，但由于财务结构合理，负债较低，净资产收益率却较低，反而有可能达不到配股要求。

比较典型的例子是陕西的一家上市公司ST黄河科技（现已更名为广电网络），1997年时总股本1.1亿元，总资产5.2亿元。由于前两年连续亏损，每股净资产仅为0.51元，净资产总额0.57亿元，资产负债率高达近90%。当年实现利润仅为0.0582亿元，每股收益仅0.052元，净资产收益率却达10.18%。1998年实现利润仅为0.06亿元，每股收益仅为0.06元，然而净资产收益率却达11.19%。到了1999年则更离谱，实现净利润不足0.04亿元，净资产收益率更是达到了34.34%。显然，该公司从配股资格上看是无问题的。虽然该公司后来并没有获得管理层的配股许可，但至少说明我们的考核依据是值得商榷的。

配股作为一项再筹资活动，目的是形成社会资源的优化配置，使社会资金向优势企业流动。然而以黄河科技为例，连续三年0.0582亿元、0.06亿元和0.04亿元的利润额，相对于每年5.2亿元、6.6亿元和4.6亿元的总资产，总资产收益率分别只有1.12%、0.91%和0.87%，资金使用效果是十分低下的，还远不及银行存款利率。假如该企业获准配股，虽然我们并不怀疑该企业今后配股募入资金也可能会产生良好的效果，但从考核依据来说，相对于总资产收益率较之高得多而净资产收益率并未达到配股资格线的企业，显然是不公平的。

产生这一问题的原因，就在于净资产收益率不一定能全面反映企业资金利用效果。这一点可从净资产收益率与负债比率的关系上看出来。

因为，　　总资产收益率 = 净资产收益率 × 净资产占总资产的比重

　　　　　　　　= 净资产收益率 ×（1 − 负债比重）

所以，　　净资产收益率 = 总资产收益率 ÷（1 − 负债比重）

从公式可以看出，在总资产收益率一定的情况下，负债比重越高的企业，净资产收益率会越高。这虽然给上市公司以启示，即要提高净资产收益率，必须相对提高负债比率，但同时也会带来一些负作用，即企业想方设法提高负债率，使企业产生借款冲动。例如，很多企业在发行新股或配股后，不得不立即考虑“配套”借款，巨额筹资往往找不到投向，便大量地委托理财，使我国股市“资金推动市”的效应明显。如果以总资产收益率指标来考核，无论是企业的权益性资金，还是借入资金，均纳入资金利用效果的考核范围，企业不可能通过调节负债率来提升指标。这样既有利于企业的横向比较，也能比较真实地反映企业资金利用效果，避免净资产收益率指标的片面性。

（3）考核净资产收益率指标也不利于对企业进行纵向比较分析。企业可通过诸如以负债回购股权的方式来提高每股收益和净资产收益率，而实际上，该企业经济效益和资金利用效果并未提高。以2000年度实施国有股回购的上市公司“云天化”为例，该公司2000年的利润总额和净利润分别比1999年下降了33.66%和36.58%，但由于当年回购国有股2亿股，每股收益和净资产收益率分别只下降了0.01元和2.33%，下降幅度分别只是2%和13%。这种考核结果无疑会对投资者的决策产生不良影响。

由上可以看出，以净资产收益率指标作为企业再筹资的考核标准，弊病较多，而改用总资产收益率考核，较之要合理得多。一方面可以恰当地反映企业资金利用效果，帮助投资者作出正确的投资决策；另一方面可以在一定程度上避免企业玩“数字游戏”以达标。因此笔者认为，为全面地考核企业资金利用效用，引导社会资源的合理流动，真正使资金流向经济效益高的企业，抑制企业筹资冲动，应改用总资产收益率作为配股和增发的考核标准。

资料来源：http：//comment. stock888. net。

第三节　销售净利率分析

一、销售净利率

（一）销售净利率含义

销售净利率反映营业收入带来净利润的能力。这个指标越高，说明企业每销售一元的产品所创造的净利润越高。这个指标通常越高越好。销售净利率可以从总体上考察企业能够从其销售业务上获得的主营业务盈利，计算公式如下：

$$销售净利率 = \frac{净利润}{营业收入}$$

（二）销售净利率指标构成

该比率表示每一元销售收入可实现的净利润是多少。销售净利率越高，说明企业通

过扩大销售获取收益的能力越强。通过分析销售净利率的变化，不仅可以促使企业扩大销售，还可以让企业注意改善经营管理，控制期间费用，提高盈利水平。

同时，销售净利率的分子是企业的净利润，也即企业的收入在扣除了成本和费用以及税收之后的净值，是企业最终为自身创造的收益，反映了企业能够自行分配的利润额。之后的提取公积金、发放股利等行为，都是建立在这个净利润的基础上。因此，用它与销售收入相比，能够从企业生产经营最终目的的角度，看待销售收入的贡献。

销售净利率越高，说明企业在正常经营的情况下由盈转亏的可能性越小，并且通过扩大主营业务规模获取利润的能力越强。

对销售净利率也可以进行横向和纵向的比较。从横向来说，将企业的销售净利率与同行业平均水平或竞争对手比较，可以了解企业销售业务的盈利空间在整个行业中的地位以及与竞争对手相比的优劣，并通过进一步的分析，如企业规模、产品结构、营销方式等具体方面的比较，找出差距，发现不足，提高企业利用销售业务盈利的能力。通过纵向比较，可以发现企业销售净利率的变动情况，即与以往的水平相比，是上升还是下降。如果企业的销售净利率有所降低，则应进一步查找原因，分析究竟是收入水平降低还是成本提高造成的，在此基础上及时找出改善的对策。

【例 6－3】根据附录中高乐公司的有关资料，计算该公司销售净利率如表 6－3 所示。

表 6－3　　**公司销售净利率计算表**　　单位：万元、%

项目	2009 年	2008 年
净利润	1 810	1 191
营业收入	7 660	7 343
销售净利率	23.63	16.22

高乐公司 2009 年的销售净利率和 2008 年销售净利率与历史数据比，都呈现上升的趋势。销售净利率对管理人员特别重要，反映了企业的价格策略以及控制管理成本的能力。

二、销售净利率的影响因素及评价方法

（一）销售净利率的影响因素

销售净利率的大小主要受营业收入和净利润的影响，这两个项目分别是利润表中的第一项和最后一项。从利润的源泉到最终的净利润，中间要经过营业成本、营业税金及附加、三项期间费用、资产减值损失、公允价值变动损益、投资收益及所得税多个环节才能形成企业的净利润。因此，这些项目的增减变化都会影响到销售净利率的大小。

（二）销售净利率的评价方法

销售净利率与净利润成正比关系，与销售收入成反比关系。企业在增加销售收入的同时，必须相应地获得更多的净利润，才能使销售净利率保持不变或有所提高。要想提高销售净利率：一是要扩大销售收入，二是降低成本费用。而降低各项成本费用开支是

企业财务管理的一项重要内容。通过各项成本费用开支的列示，有利于企业进行成本费用的结构分析，加强成本控制，以便为寻求降低成本费用的途径提供依据。通过分析销售净利率的升降变动，可以促使企业在扩大销售的同时，注意改进经营管理，提高盈利水平。

销售净利率是企业销售的最终获利能力指标。比率越高，说明企业的获利能力越强。但是它受行业特点影响较大。通常说来，越是资本密集型企业，其销售净利率就越高；反之，资本密集程度较低的行业，其销售净利率也较低。

新会计准则的实施会给该指标带来直接的影响。按新会计准则规定，利润表中的收入项目不再区分主营和其他，而是合并为营业收入。但原来指标的分母是主营业务收入，口径要比新准则下的营业收入小。因此，不考虑其他因素，该指标在按新报告的数据计算时会偏小。

第四节　销售毛利率分析

一、销售毛利率

（一）销售毛利率的含义

销售毛利率用于评价企业经营业务的获利能力，通常，这个指标越高越好。该指标的优点在于可以对企业某一主要产品或主要业务的盈利状况进行分析，这对于判断企业核心竞争力的变化趋势极有帮助。

（二）销售毛利率指标构成

销售毛利率的计算公式为

$$销售毛利率 = \frac{营业收入 - 营业成本}{营业收入}$$

销售毛利率的值越大，说明在主营业务收入中主营业务成本占的比重越小，企业通过销售获得利润的能力越强。正是因为销售毛利率的以上特点，它能够更为直观地反映企业主营业务对于利润创造的贡献。

【例 6－4】根据附录中高乐公司的有关资料，计算该公司销售毛利率如表 6－4 所示。

表 6－4　　高乐公司销售毛利率计算表　　单位：万元、%

项目	2009 年	2008 年
营业收入	7 660	7 343
营业成本	4 930	5 259
销售毛利率	35.64	28.38

高乐公司 2009 年的销售毛利率比 2008 年略有上升，但低于行业平均值，说明公司产品的盈利空间不如同行业公司。

二、销售毛利率的影响因素及评价方法

（一）销售毛利率的影响因素

销售毛利率反映了企业产品销售的初始获利能力，是企业净利润的起点，没有足够高的销售毛利率便不能形成较大的盈利。以企业营销策略来看，没有足够大的销售毛利率是不能形成较大的盈利空间的。与同行业比较，如果公司的销售毛利率显著高于同业水平，说明公司产品附加值高，产品定价高，或与同行比较公司存在成本上的优势，有竞争力。与历史数值比较，如果公司的销售毛利率显著提高，则可能是公司所在行业处于复苏时期，产品价格大幅上升。在这种情况下分析者需考虑这种价格的上升是否能持续，公司将来的盈利能力是否有保证。相反，如果公司销售毛利率显著降低，则可能是公司所在行业竞争激烈，在发生价格战的情况下往往是两败俱伤的结局。这时分析者就要警觉了，我国20世纪90年代的彩电业就是这样的例子。

通常来说，销售毛利率随行业的不同而高低各异，但同一行业的销售毛利率一般相差不大。与同期行业的平均销售毛利率相比，可以揭示企业在定价政策、产品或商品推销及生产成本控制方面存在的问题。同时，企业之间的存货计价和固定资产的折旧方法等会计处理的差异也会影响营业成本，进而影响销售毛利率的计算。这一点应在企业间的横向比较时加以注意。

销售毛利率是公司产品经过市场竞争后的结果，很难单方面主观地左右销售毛利率变化，因此销售毛利率是一个十分可信的指标。如果销售毛利率连续不断提升，就说明公司产品市场需求强烈，产品竞争力不断增加；反之，如果销售毛利率连续下跌，则说明公司在走下坡路。

（二）销售毛利率的评价方法

销售毛利率反映了企业产品销售的初始获利能力，是企业净利润的起点，没有足够高的销售毛利率便不能形成较多的盈利。销售毛利率是公司产品经历市场竞争后的结果，是一个十分可信的指标。

与同行业比较，如果公司的销售毛利率显著高于同业水平，说明公司产品附加值高，产品定价高，或与同行业比较公司存在成本上的优势，有竞争力。通过与同行业平均水平或竞争对手的比较，可以洞悉企业主营业务的利润空间在整个行业中的地位以及与竞争对手相比的优劣。如果通过横向比较，发现企业的销售毛利率过低，则应进一步查找原因，并采取措施及时调整。

与历史数值比较，如果公司的销售毛利率显著提高，则可能是公司所在行业处于复苏时期，产品价格大幅上升。在这种情况下分析者需考虑这种价格的上升是否能持续，公司将来的盈利能力是否有保证。相反，如果公司销售毛利率显著降低，则可能是公司所在行业竞争激烈。通过与企业以往各期的销售毛利率进行比较，可以看出企业主营业务盈利空间的变动趋势。如果在某一期间内销售毛利率突然恶化，作为内部分析则应进一步查找原因，看看是由于降价引起的，还是由于成本上升所致，并及时找出改善的对策。

需要注意的是，通常来说，销售毛利率随行业的不同而高低各异，但同一行业的销售毛利率一般相差不大。企业之间的存货计价和固定资产的折旧方法等会计处理的差异会影响营业成本。进而影响销售毛利率的计算。这一点应在企业间的横向比较时加以注意。

知识链接：从销售毛利率分析上市公司的投资价值

宝钢股份、韶钢松山、南钢股份虽然同属于钢铁行业，但销售毛利率却差别很大——南钢股份销售毛利率为14.43%，而韶钢松山却达到了21.85%，宝钢股份更是达到了30.67%。同质企业为何销售毛利率不同？

宝钢股份、韶钢松山、南钢股份虽然同属于钢铁行业，有着一定的同质性，但由于行业内有不同产品因素的存在，导致了它们不同的销售毛利率。因为不同产品往往有着不同的销售价格，有着不同的含金量，所以，销售毛利率也不同。以宝钢股份为例，该公司主导产品是供汽车用的钢板，科技含量高，销售毛利率也就相对较高。而南钢股份、韶钢松山的主导产品是建筑用钢材，科技含量低，从而竞争也相对激烈，销售毛利率也就相对较低。由此可见，同质企业因为不同质的产品导致了销售毛利率的不同。

但这仅仅是一个方面，因为同质企业同质产品也存在着销售毛利率不同的问题。比如说同是从事电解铝生产的焦作万方、云铝股份的销售毛利率就不同。焦作万方的铝锭销售毛利率是19.75%，而同样从事铝锭生产的云铝股份的该产品销售毛利率只有15.64%。

出现如此现象，并不是产品的不同，而是因为它们的成本不同。因为电解铝与氧化铝的成本虽然都是人工成本和电力成本，但氧化铝一般都是人工成本占40%，电解铝中电力成本与人工成本各占40%。二者的人工成本对于不同企业而言，差别并不是太大，差别大的在于电力。正是由于此，本身拥有发电优势的焦作万方的成本自然就下来了，销售毛利率也就上去了。类似个股尚有中孚实业、南山实业。焦作万方的电解铝是含在建材里统一核算的，其销售毛利率高达28.89%，就是因为该公司拥有电力成本优势。

销售毛利率高低要动态地看

销售毛利率其实处在变化过程中，因为产品的价格是变化的。比如说钢铁行业，在2003年上涨幅度较大的是冷轧板，而2004年上涨幅度较大的则是中厚板与H型钢，从而导致了同质企业在不同阶段有着不同的销售毛利率和盈利能力，从而在不同阶段会出现不同个股的领涨特性。2003年是高销售毛利率的宝钢股份领涨，但到了2004年第一季度，由于中厚板与H型钢的上涨，马钢股份、南钢股份等产品价格上涨，销售毛利率提升，所以其股价跟着往上涨。

同时，我们对于部分上市公司的销售毛利率降低也要理性对待，要综合考虑。比如说长电科技，该公司的销售毛利率虽然从2002年的25.34%下降至2003年的21.01%，但并不代表该公司的前景不乐观。仔细研读年报，不难发现，该公司销售毛利率的下降主要是因为部分募集资金投入项目，形成在建工程，人工成本也就上去了，但尚未产生效益。所以，一方面是成本提升，但另一方面却是营业收入未形成相对应的配比，这样，销售毛利率下降。不过，随着一些募集资金项目在2004年上半年的竣工投资产生效益，销售毛利率还会回升。

销售毛利率变化带来机会

销售毛利率的变化可能会带来一定的投资机会，同时，销售毛利率的变化也显示出成本的优势带来的投资价值。2004 年 3 月漳泽电力等有着成本优势的港口电力股大涨就印证了此点。因为据业内人士分析，煤炭从山西运到上海，运费成本几乎等同于煤炭价格。如此来看，地处山西等煤炭资源地的电力上市公司就拥有一定的成本优势，通宝能源、漳泽电力、龙电股份等个股都可以关注。对于产业链条延伸的个股也可以关注，比如说拥有电力、电解铝、铝锭一体化的南山实业以及拥有电力优势的中孚实业、焦作万方等。

资料来源：http：//comment. stock888. net。

第五节 销售收入现金含量分析

一、销售收入现金含量

（一）销售收入现金含量的含义

虽然现金流量与利润数据在单个会计期间一般是不一致的，但从长期来看，两者之间应该保持某种相对稳定的比例关系，其差别则反映了非现金支出与收入的变动趋势。目前，现金流量表和利润表的结合分析日益受到人们的重视，销售收入现金含量便是其中最常用的指标之一。该指标把现金流量表与利润表分析有机结合起来，使我们可以估计每单位营业收入所能带来的现金流入量，并由此把握企业流动性风险及商业信用等方面的状况及重要变化。

（二）销售收入现金含量指标构成

销售收入现金含量指标反映企业经营业务获得的现金与营业收入的比例关系，表明营业收入的现金保障程度，可以用来判断企业营业收入的质量。该指标的计算公式为

销售收入现金含量 = 销售商品或提供劳务收到的现金 ÷ 营业收入

销售商品或提供劳务收到的现金 = 销售收入 − 应收账款增加额 − 应收票据增加额 + 预收账款增加额

由于营业收入是企业净利润的来源，营业收入质量越高，企业当期净利润的质量也就越高，同时表明企业的产品、劳务畅销受欢迎，市场占有率高、回款能力强。一般说来，离普通百姓较近的食品和商业类公司的该项指标应该较高。

【例 6－5】 根据附录中高乐公司的有关资料，计算该公司销售收入现金含量如表 6－5所示。

表 6－5　　高乐公司销售收入现金含量计算表　　单位：万元、%

项目	2009 年	2008 年
销售商品或提供劳务收到的现金	7 321	6 675
营业收入	7 660	7 343
销售收入现金含量	95. 57	90. 90

高乐公司2009年销售收入现金含量比2008年有所提高。

二、销售收入现金含量的影响因素及评价方法

（一）销售收入现金含量的影响因素

在赊销政策无重大变化、应收账款正常回收时，由于销售商品或提供劳务收到的现金涵盖了主营业务收入和其他业务收入项目，因此该指标的正常值水平应当大于1。这一标准对于我们分析企业当期营业收入的现金含量很有帮助。

正常情况下，营业收入现金含量越高，意味着企业的货款回收越快，流动资金的使用效率越高。反之，营业收入含金量低，则企业的营运周期就会相应被拉长，积压在应收账款、其他应收款或预付账款上的资金无法回笼，则必然会加大企业的短期融资需求和资金调度压力。

（二）销售收入现金含量的评价方法

【例6-6】根据以下A、B、C三家公司的财务数据，编制销售收入现金含量表如表6-6所示，说明销售收入现金含量指标的分析与评价方法。

表6-6　　三家公司的历年销售收入现金含量表

	2006年	2007年	2008年	2009年
A公司	0.68	0.96	1.26	1.10
B公司	1.16	1.01	1.14	1.12
C公司	0.99	1.03	1.12	1.11

从表6-6中的数据可以看出，B、C公司的销售现金流量状况较好，最近四年的销售收入现金含量基本上都大于1，而且波动幅度较小；相形之下，A公司2006年的销售收入现金含量显著低于正常水平，的确值得关注。通过对A公司2006年及前后年度比较财务报告的分析，我们发现：A公司当年经营情况比较正常，应收账款政策及规模增长也无重大变化，显然不足以导致销货现金流入量14 862万元与当期主营收入净额21 756万元之间出现如此巨大的差距，而我们根据其财务资料计算的当期销货现金流量大致数据却在2亿元以上。唯一合理的解释是，该公司对当年预付账款巨额增长6 640万元的项目处理可能存在问题，即把应计入“购买商品、接受劳务支付的现金”的预付账款增加额列入了销货现金流入量的计算过程。这样虽然“经营现金流量净额”不受影响，但却虚减了当期销货现金流入量。如果这一判断属实，那么A公司当年的实际销售收入现金含量应为0.99，非常接近正常水平。

这一案例虽然可能只是反映了报表编制过程中的失误，但也从侧面说明销售收入现金含量在判断企业销货现金流量是否异常时所具有的显著效用。不过在实际运用时，我们还应注意：该指标只着重反映特定期间销售收入所对应的现金含量信息，而不能说明整体经营情况的变动趋势。我们可以结合销售现金流量及主营收入绝对额的趋势分析来弥补该指标的不足。

知识链接：上市公司盈利能力与现金流量能力比较分析

公司盈利能力主要反映企业经营业务创造利润的能力，它一方面直接表现为企业实现利润的多少和利润的稳定程度，另一方面也通过企业投入资金的收益能力或企业资产周转和消耗的盈利能力等经济效益指标反映出来。我们主要利用成本费用净利率、主营业务利润率、销售净利率、总资产净利率、每股盈余、净资产收益率等经济效益指标来分析。成本费用净利率反映企业每付出单位成本费用所取得利润的大小，也可判断企业对成本费用的控制能力。主营业务利润率指标剔除了其他业务、投资和营业外收支的影响，反映企业主营业务本身的获利能力和竞争能力。只有主营业务发展稳健，企业才能实现净利润的可持续增长，才能在激烈的市场竞争中取胜。每股收益反映发行在外的普通股每股获取收益的能力，它是上市公司的年报指标。净资产收益率，也称为股东权益报酬率，即资本金净利率，主要反映企业经营业务创造利润的能力，是衡量投资者（股东）资本金收益能力的重要指标，一直是投资者和管理者关注的重点，同时也是杜邦分析体系的核心指标，可以将其分解为权益乘数、销售净利率、资产周转率等分别反映偿债能力、盈利能力和营运能力方面的指标具体分析。

尽管以盈利为核心的评估指标能在一定程度上反映公司的经营状况，具有较大作用，但它也容易受公司高层管理者利润粉饰或操纵的影响，从而对投资者正确评估公司价值以作出正确的投资决策产生干扰，给投资者的利益造成损失。

现金流量能力分析

公司的现金流量能力主要反映企业经营业务利润带来经营活动现金流量的能力，能从另一个角度反映上市公司盈利能力以及盈利质量高低。由于现金流量同盈利能力指标相比受会计估算和分摊的影响较小，因此公司的现金流量能力分析可以在一定程度上检验上市公司是否有盈余粉饰和操纵现象，识别盈利能力强弱的真伪。这也是近些年来，现金流量表以及现金流量能力分析日益备受关注的原因之一。盈利能力指标是以权责发生制为基础的，而现金流量分析则是以现金收付实现制为基础的。一般而言，收入增加迟早会带来现金的流入，费用的增加迟早会带来现金的流出。因此，如果公司盈利较好，应该也有较好的现金流入，特别是较好的营业现金流量。我们主要利用营业现金流量、主营业务收入现金含量和自由现金流量等指标来分析，并将其与盈利能力指标对比分析。如果盈利能力和现金流量能力都较好，说明盈利能力有其营业现金流量作为保障，其盈利质量较好。如果通过利润操纵而显示较高的盈利水平，一般是没有营业现金流入作保障的。

营业现金流量是指公司正常经营活动所发生的现金流入和现金流出之间的净额。主营业务收入现金含量反映主营业务收入带来营业活动现金流量的多少，其指标越高，表明主营业务收入盈利能力、现金能力和盈利质量越好。

自由现金流量是指从客户处获得的现金净额减去用以维持公司目前增长所需的现金支出，其公式为

$$自由现金流量 = 经营现金净流量 - 资本支出$$

自由现金流量是企业在不影响其成长前景的前提下，可以分配给股东的最大现金流

量，或可以留用以便将来增值的最大自由现金流量。企业的自由现金流量越大，企业的市场价越高。

上述现金流量能力指标共同的优点是：不受存货估价、费用摊销、折旧计提等方面不同会计方法的影响，也不受公司经理的操纵，它们的计算没有随意主观性，是客观性强的指标；按照收付实现制的原则计算，是企业在一定时期内实际收到的现金收入，它们不存在未实际收到的现金收入的风险，是确定性很强的指标。而自由现金流量与营业现金流量及主营业务收入现金含量相比的一大优势是：自由现金流量考虑了资本性支出对现金流量的影响，是在不影响企业当前增长的情况下可供自由使用的超额现金流量，是投资者进行投资决策的重要依据。

资料来源：http：//www. zhzl. net。

第六节　净利润现金含量分析

一、净利润现金含量

（一）净利润现金含量的含义

净利润现金含量指标表明企业本期经营活动产生的现金净流量与利润之间的比例关系，可以用来衡量净利润质量的高低。

（二）净利润现金含量指标构成

净利润现金含量指标的计算公式为

$$净利润现金含量=\frac{经营活动产生的现金流量净额}{净利润}$$

一般情况下，如果该指标的比率大于1，说明企业净利润与经营活动产生的现金流量净额协调较好，净利润现金实现程度高，企业净利润质量也高。反之，若该指标的比率小于1，则说明企业本期净利润中存在尚未实现的收入，企业净利润的质量欠佳。如果企业当期投资收益、筹资费用数额较大，应当在分母“净利润”中剔除。

【例6－7】根据附录中高乐公司的有关资料，计算该公司净利润现金含量如表6－7所示。

表6－7　　高乐公司净利润现金含量计算表　　单位：万元

项目	2009年	2008年
经营活动产生的现金流量净额	1 449	1 146
净利润	1 810	1 191
净利润现金含量	0. 80	0. 96

高乐公司2009年的净利润现金含量比2008年略有下降。但综合多年的历史数据分析，近两年公司的净利润质量是不断提高的，说明虽然从公司其他盈利能力指标上看，盈利能力略有下降，但公司的盈利质量有所提高。

二、净利润现金含量的影响因素及评价方法

（一）净利润现金含量的影响因素

由于净利润容易变化和操纵，该指标稳定性没有销售收入现金含量好，所以往往需要具体企业具体分析。与销售收入现金含量一样，这一指标对于发现企业操纵利润的嫌疑也具有重要的作用。企业操纵账面利润，一般是没有相应的现金流量的。这一指标过低，就有虚盈实亏的可能性，应进一步分析会计政策、会计估计和会计差错变更的影响以及应收款项及存货的变现能力。若该指标大于1，反映的是公司经营活动所产生的现金流量净值高于当期净利润，企业的净利润有足够的现金保障。反之，现金利润比低于正常水平，甚至企业的净利润极高但经营活动净现金流量为负，说明企业的账面利润没有实实在在的现金流入作为保证，或者说企业的利润来源于非正常生产经营性活动。企业的经营成果缺乏现金流入作保障，则企业生产在未来的可持续发展将受到怀疑。

（二）净利润现金含量的评价方法

利润表中的净利润是建立在权责发生制基础上的，对应计收入、应计费用等项目存在着估计成分，对有关资产、损益项目的确认和分配也因存在不同方法而产生不同的结果。这样就可能出现账面反映有较高利润，但资金周转却发生困难，缺乏足够的现金支付能力。而现金流量表是以收付实现制为基础，通过分析调整利润表中各项目对现金流量的影响计算编制的，它能揭示经营活动所得现金和净利润的关系。该指标有助于解释为什么有的企业有盈利却没有足够的现金支付工资、股利和偿还债务，有的企业没有盈利却有足够的现金支付能力。如果企业的净利润大大高于经营活动产生的现金流量净额，则说明企业利润的含金量不高，存在大量的赊销行为及未来的应收账款收账风险，同时某种程度上存在着利润操纵之嫌。在了解该指标的过程中，我们还可以了解到企业相关税费的缴纳情况。

知识链接：上市公司收益质量分析

所谓收益质量，是指财务报告收益的可信程度或现金的保障程度以及公司持续获得收益的能力。一般情况下，报告收益与公司业绩之间的相关性可以反映出公司收益质量的好坏。如果报告收益能如实地反映公司业绩，则认为收益质量好；如果报告收益不能如实地反映公司业绩，则认为收益质量不好。

公司的收益能力影响到社会公众对公司的正常评价，影响到公司的价值、股票的价格等。因此，公司管理当局常用各种手段粉饰会计报表，由此引发了人们对会计报表反映的收益质量的高度关注。

（一）影响上市公司收益质量的因素

影响收益质量的因素很多，大体上可以分为三个方面：（1）会计政策的选择。公司在选择可接受的会计政策时，有一定的自由决定权利。赋予公司一定的自由决定权利，是任何国家的会计规范都存在的，只不过程度有区别。公司在选择会计政策时，可以采

取稳健的态度，也可以采取乐观的态度。采取稳健的会计政策，通常认为比采取乐观的会计政策收益质量高。稳健主义减少了高估收益的可能性，如固定资产的加速折旧等。(2) 会计政策的运用。在选定会计政策之后，如何运用会计政策，公司仍然有一定的自由决定权利。例如，在选定提取资产减值准备的会计政策之后，提取多少数额，公司仍有自由决定权。公司在广告费、营销费、修理费、研发费等酌量性费用的发生时间上有一定的自由决定权。利用这种自由决定权，公司可以操纵报告利润的水平。例如，任意收缩在短期内不易察觉具有不良影响的支出（如研究开发费、资产维护费、广告费及员工训练费)。经营欠佳时，有意减少这类开支，可以提高收益。这种操纵使报告收益与实际业绩的相关性减少，降低了收益质量。(3) 收益与经营风险的关系。经营风险的高低与公司的管理战略有关，也与环境有关。经营风险大，收益不稳定，会降低收益的质量。影响经营风险的因素包括经营周期的长短、收益水平对外部环境变化的敏感程度、收益的稳定性、收益的可变性、收益来源的构成等。另外，还有其他一些影响因素，如收入与费用的确认原则、资产的质量、财务结构和汇率波动性等。

（二）如何分析上市公司收益质量

1. 利用相关的财务比率指标分析。公司的生存与发展取决于有没有足够的现金用于各种支付，有没有现金进行再投资。众所周知，有的收益有现金流入，有的收益没有现金流入，只有伴随着现金流入的收益才有较高的质量。因此，从公司收益是否有足够的现金保障来看，经营现金净流量越大，收益的现金保障程度越高，收益质量越好；反之，经营现金净流量越小，收益的现金保障程度越低，收益质量越差。

长期以来对上市公司收益质量的评价主要是用销售利润率、净资产收益率、投资报酬率和每股收益等指标。这些以应计制为基础的收益指标仅仅反映上市公司的获利能力，但无法反映公司获取收益的同时能否带来相应的现金流入。因此，对上市公司收益质量的分析必须关注其现金流量信息。因此，判断上市公司的收益质量还应关注如下指标：

(1) 现金支付能力指标。现金支付能力的算术表达式为：（公司现金流入－债权性现金流入）／（经营现金流出＋偿还债务本息付现＋现金股利支付＋资本支出）。它用于分析公司经营活动、投资活动等运用资金产生现金流量的能力以及付现的承受能力。通常情况下该比率越大越好。比率越大，说明有足够的现金支付能力，公司的收益质量好。上述分母中的经营性现金流出和偿还债务本息付现属于公司的强制性支出，公司通过经营及投资活动所得到的现金流量必须满足公司在经营和偿还本息方面的需要。如果公司连续几个会计期间不能满足这种资金需求，就有可能面临难以为继的困境。分母中的现金股利支付是投资者取得回报的现金支付。在相同的股利分配政策下，该比率越大表明公司有足够的资金支付股利。分母中第四项资本支出是公司扩大经营规模、创造未来现金流量或利润的能力支付，该比率越大表明公司创造未来收益的能力越强。

(2) 净收益营运指数。有关收益质量的信息列示在现金流量补充资料的第二部分，见表6－8。

表 6-8　　D 公司现金流量补充资料　　单位：万元

将净利润调整为经营现金流量	金额	说明
净利润	2 379	
加：计提的坏账准备或转销的坏账	9	没有支付现金的费用，共 2 609 万元。提取这类费用，减少收益却不减少现金，应将其加入。
提取折旧	2 000	
无形资产摊销	600	
处置固定资产收益	-500	非经营净收益 403 万元，不代表正常的收益能力。计算经营现金时应将其扣除。
固定资产报废损失	197	
财务费用	215	
投资收益	-315	
存货减少	53	经营资产净增加 437 万元，收益不变而现金减少，收益质量下降。
经营性应收项目减少（减增加）	-490	
经营性应付项目增加（减减少）	-337	负债减少 337 万元，收益不变而现金减少，收益质量下降。
经营活动现金流量净额	3 811	

净收益营运指数是指经营净收益与全部净收益的比值。

净收益营运指数 = 经营净收益 ÷ 净收益 = （净收益 - 非经营收益） ÷ 净收益

D 公司净收益为 2 379 万元，非经营收益 403 万元，计算的净收益营运指数为

净收益营运指数 = （2 379 - 403） ÷ 2 379 = 1 976 ÷ 2 379 = 0.8306

通过净收益营运指数的历史比较和行业比较，可以评价一个公司的收益质量。例如，2001 年 12 月申请破产的安然公司，从 1997 年开始净利润逐年大幅上升，而经营净收益逐年下降，净收益营运指数越来越低。这是净收益质量越来越差的明显标志。在 2001 年 5 月 6 日，波士顿一家证券分析公司曾建议投资者卖掉安然公司股票，其理由之一就是其越来越低的营业利润率。该公司 1996 年的营业利润率是 21.15%，到 2000 年已经跌至 6.22%，2001 年第一季度只有 1.59%。该公司的收益越来越多依靠证券交易和资产处置。

为什么非经营收益越多，收益质量越差呢？与经营收益相比，非经营收益的可持续性低。非经营收益的来源主要是资产处置和证券交易。资产处置不是公司的主要业务，不反映公司的核心能力。许多公司正是利用资产置换达到操纵利润的目的。通过短期证券交易获利是靠运气。由于资本市场的有效性比商品市场高得多，取得正的净现值只是偶然的，不能依靠短期证券交易增加股东财富。一般企业进行的短期证券买卖只是现金管理的一部分，目的是减少持有现金的损失。企业长期对外投资的主要目的是控制子公司，通过控制权取得额外的好处，而不是直接获利。通过证券交易增加股东财富，主要靠运气。一个人的运气不会总是那么好，如同买彩票不会每次都中奖一样。如果公司靠证券交易获利，不如把钱还给股东，让他们自己去直接进行交易，还可以节约一部分交易费用。因此，非经营收益虽然也是收益，但不能代表企业收益能力。

（3）现金营运指数。现金营运指数是经营现金净流量与经营应得现金的比值。经营

应得现金是经营活动净收益与非付现费用之和。

经营应得现金 = 经营活动净收益 + 非付现费用
= 净收益 - 非经营收益 + 非付现费用
= 1 976 + 2 609
= 4 585 万元

现金营运指数 = 经营现金净流量 ÷ 经营应得现金
= 3 811 ÷ 4 585
= 0.8312

小于1的营运指数，说明收益质量不够好。D公司每一元的经营活动现金收益只收回约0.83元，另外的0.17元到哪里去了？它们被投入营运资金了，应收款增加、应付款减少、存货增加等使实际得到的经营现金减少。这种情况不是一个好兆头。首先现金营运指数小于1，说明一部分收益尚没有取得现金，停留在实物或债权形态，而实物或债权资产的风险大于现金。应收账款能否足额变现是有疑问的，存货也有贬值的风险，所以未实现的收益质量低于已实现的收益。其次，现金营运指数小于1，说明营运资金增加了，反映企业为取得同样的收益占用了更多的营运资金，取得收益的代价增加了，同样的收益代表着较差的业绩。

无论是净收益营运指数还是现金营运指数的分析，通常都需要使用连续若干年的数据，仅仅靠一年的数据未必能说明问题。

2. 公司会计政策分析。投资者在分析公司会计政策过程中应特别重视会计政策的变更。一般情况下，收益质量高的公司，其会计政策应该是持续、稳健的，该政策对公司财务状况和净收益的计量是谨慎的。企业会计准则规定企业只有在下列两种情况下才可以更改会计政策：(1) 法律或会计准则等行政法规、规章要求变更；(2) 变更会计政策以后，能使所提供的企业财务状况、经营成果、现金流量信息更为可靠、更为相关。实际上上市公司为了调节利润，往往以各种理由变更会计政策。投资者要依靠自己的分析，判断公司会计政策的变更是否满足上述两项条件，是否会对收益质量造成影响。

(三) 进行收益质量分析应该注意的问题

收益质量分析是一个主观判断过程，其判断的正确性与分析者的经验、能力和风险偏好密切相关，分析者必须努力提高自己的专业素质并在实践中积累丰富的经验才能胜任这项工作。目前还没有一种比较客观、可以量化的统一评价方法。另外，收益质量分析仅仅是对一个上市公司整体投资质量进行评价的过程中要考虑的因素之一，并非全部。因此，在对公司整体进行评价时，分析者应该将财务报表分析和公司的整体环境结合起来，根据各个公司的具体情况，灵活运用各种分析指标，不要生搬硬套各种指标和公式，只有这样才能得出恰当的评价。

资料来源：谭利云：《上市公司收益质量分析方法刍议》，载《集团经济研究》，2007 (1)。

【复习思考题】

1. 企业的盈利能力从哪几个方面评价，各自的侧重点是什么？

2. 列举能影响企业盈利能力的各种因素。
3. 如何利用销售净利率分析企业的盈利能力？

【案例选读】

企业盈利五种模式

一只猴子在四处寻找食物。它从一个岩石的间隙中看到在岩石那边有一棵结满果子的果树，于是拼命想从岩石狭小的间隙中钻过去。如果对于猴子来说，岩石那边的果实是它渴求的利润，猴子会怎么做呢？它选择的是意志坚定地一直使劲钻，身体都被岩石磨破了好多处。因为劳累和饥饿，猴子瘦了。就这样，在第三天时，它竟然很轻松地钻了过去，并美美地吃上了果子。等树上的果子全部吃完后，猴子准备继续寻找食物，这时他才发现，因为太饱了，它又钻不出来了。这只可怜的猴子因为没有找到盈利模式，所以结局一定是很悲惨的。因为，当它终于饥饿、疲惫地从岩石的间隙中钻出来后，它甚至已经无力再去寻找新的食物了。其实它可以选择这样的盈利模式：在自己辛苦钻过去后，把果子先搬到岩石的那一边，然后再钻出来，边吃边寻找下一棵果树；它也可以叫一个小一点的猴子钻过间隙，把果子运出来一起分享。显然，寻找到了盈利模式，结果就会天壤之别。

企业盈利有没有规律？有！《科学投资》经过对大量案例的研究和对众多成功创业者的走访，发现在企业战略与企业运营之间存在一个容易被人忽视的规律。这个规律就是企业的盈利模式。寻找到这个模式，并根据企业自身的情况进行改造，企业就可以找到自己的盈利点，摆脱不死不活的局面。

创业盈利模式之一：鲫鱼模式

关键提醒：找到与大行业或者大企业的共同利益，主动结盟，将强大竞争对手转化为依存伙伴，借船出海，借梯登高，以达到争取利润的第一目标并使企业快速壮大。

温州临海，据说温州人对鱼类的生长极为熟悉。在大海之中，鲨鱼是一个十分凶狠的家伙，非常不好相处，许多鱼类都是它们的攻击目标。但有一种小鱼却能与鲨鱼共游，鲨鱼非但不吃它，相反倒为它供食，这种鱼就是鲫鱼。鲫鱼的生存方式就是依附于鲨鱼，鲨鱼到哪儿它就跟到哪儿。当鲨鱼猎食时，它就跟着吃一些残羹冷炙。同时，因为它还会为鲨鱼驱除身体上的寄生虫，所以鲨鱼不但不反感它，反而十分感激它。因为有鲨鱼的保护，所以鲫鱼的处境十分安全，没有鱼类敢攻击它或能够攻击它。这种生存方法和生存哲学，说起来让人十分泄气，但却十分有效。

正是基于这种“适者生存”的自然启示，聪明的温州人从中悟出许多道理，这就是：弱者借助强者生存，不但是智慧的，而且是有效的。

温州立峰摩托车集团的前身只是一个生产摩托车把闸的小厂。但这家企业最初开发的产品具有独特性，其表面防腐性能超过了日本企业标准，填补了国内空白，从而成为摩托车生产企业用来替代日本进口原件的替代品。企业最初通过推销争取到中国一家著名摩托车企业的产品配套，之后又与这家大型企业进一步合作。1992 年，双方共同出资在瑞安建立了一家摩托车配件有限公司，注册资金600万元，立峰占股70%，这家企业占股30%。立峰专为这家企业生产摩托车把闸等零配件。由此立峰成为依附于“大鲨鱼”的“鲫鱼”，几年时间产值就翻了3番，规模与效益较之与该企业合作前扩大了10多倍。

随后，立峰利用赚到的钱，不断进行外延扩张。产品由把闸到轮毂、到油箱……最后发展为整车生产。开始为贴牌，后来发展到独立运作，并获得了国家颁发的摩托车生产许可证。时机成熟后，立峰脱离了与大企业的合作关系，成为一个独立的摩托车整车生产企业，“鲫鱼战术”大告成功。

鲫鱼模式的本质在于，大企业有通畅的产品流通渠道，有广大的客户群体，就像一条庞大凶猛的鲨鱼，而中小企业无论在资金、技术，还是在人才等方面，都存在着诸多先天不足。如果中小企业能找到与大企业的利益结合点，与大企业结成联盟，就可以有效弥补自身的短板，自然也就可以分享大企业的利润大餐。

创业盈利模式之二：配套与贴牌生产

经济全球化时代，社会分工会越来越细，一件商品的生产和营销往往被细分为众多的环节，由此给配套生产者提供了机会。大的、复杂的整机——汽车、摩托车、家用电器固然有众多的配套厂家，就连小型的商品如桌椅、香烟、白酒、望远镜等，也有许多是分工合作的产物。如山东的白酒很多就是采用四川的原浆，当年的秦池为此还掀起了一场偌大的风波。不要小瞧配套这一角色，它的起点虽然低，利润虽然薄，但投资也少(很多项目往往只需要数十万元投资即能操作)，因此恰恰适合了资金不足、经验缺乏的创业者。只要你和上游厂家搞好关系，勤恳工作，保证质量，那么你就可以借助这个平台，在不太长的时间内完成你的创业过渡期和危险期。

替品牌厂家贴牌加工生产，是一种较为新型的合作关系。品牌厂商为了降低生产成本，或者为了腾出手来开辟新的经营领域，往往会将热销中的商品托付给信得过的加工厂商生产。贴牌生产目前不仅在跨国公司之间流行，一些国内驰名品牌或是区域性品牌也提供贴牌生产。这就是那句话：一流的企业卖品牌，二流的企业卖技术，三流的企业卖产品，当然，还有超一流的企业，它们卖的是标准。在这样一个品牌争先的时代，一个品牌的建立需要大量人力、物力的投入。但品牌一旦建立，即可以产生所谓的品牌效应，品牌本身就可以用来赚钱。加工商进行贴牌生产，要的就是品牌的声誉和消费者的认同。贴牌也分两种，一种是贴牌后自产自销，这叫借牌，需要交付贴牌费，一般只在区域市场销售；另一种就是产品生产出来后，交给原品牌所有者销售，也叫做代工。前者风险大于后者，投入也大于后者，但贴牌资格比较容易取得，一般仅限于国内品牌，国际性大品牌甚少采用此方式，创业者可酌情选择。

创业盈利模式之三：代理

代理商是生产商的经营延伸，举凡影响大一点的商品都有它的代理商。做代理商虽然是为他人作嫁衣裳，但与此同时也是在为自己积累经验。做代理商可以借助厂家有形的商品，为自己完成资本原始积累。与此同时，还能学习营销知识，建立渠道网络，可谓一举两得。寻找那些品牌信誉好或者发展潜力大的产品做其代理，是一桩本小利大、事半功倍的买卖。初始创业者在规模上可考虑只开一家门店，从一个县或者一个地级市做起。

小企业之于大企业、创业企业之于成熟企业，最理想的状态是既有经营上的联系，又有资本纽带关系，但不是被人控股，不是挂靠或下属关系。小企业在托庇大企业的时候，它仍旧保持独立，需要拥有较大的经营自主权。有可能的话，尽量同时托庇于多家大企业或成熟企业，则可以收到“东方不亮西方亮”之效果，大大提高企业的生命值。

创业盈利模式之四：专业化模式

关键提醒：专业化的意思就是专精一门，也就是俗话说的“一招鲜，吃遍天”。在这样一个诱惑多多的年代，要静下心来，专精一门是不容易的，要不然就不会有几年来“多元化”在国内企业界的甚嚣尘上了。

也许你认为指甲钳太“小器”了吧。指甲钳是很小，但你想过没有，只要有1/5的中国人使用你生产的指甲钳，你的利润会有多大？要是全世界1/5的人都用你生产的指甲钳呢？如果这样的利润空间还不算大的话，你不妨再想想，普通档次的指甲钳利润空间的确有限，但是如果是高档产品呢？如果是专业化生产的全套指甲修护工具呢？

梁伯强就是紧紧抓住指甲钳这个主业不放，在指甲钳上做精做强，所以他顺利进入了利润区。借助“非常小器”的指甲钳，使得圣雅伦牌成了中国第一、世界第三的指甲钳品牌，梁伯强也成为亿万富翁。

当然，真正成就了“非常小器”在中国指甲钳制造业专家地位的，并非是这一纸证书。做品牌必须增加产品的附加值，梁伯强就在产品的细节和文化含量上下工夫，强调产品的个性化和环保概念。仅仅一个小小指甲钳，就开发出了200多个品种。这奠定了圣雅伦在指甲钳的专业地位。梁伯强始终循着专业化模式发展，不但让圣雅伦成为全世界的名牌，最关键的是让“小器”终成“大器”，凭借小小指甲钳获得了巨大的财富。

专业化为什么可以成为你的盈利模式？一个最简单的解释是，因为它精，所以它深，深就提高了门槛，别人不容易进来竞争。而专业化的生产，其组织形式比复合式生产要简单得多，管理也相对容易。在市场营销方式上，一旦市场打开，后期几乎不需要有更多的投入。成本降低的另一面，就是利润的大幅度提高。而在通常情况下，专业化生产一般最后都会形成独占性生产，至多是几个行业寡头同台竞争，行业间比较容易协调，从业者较易形成相互保护默契，有利于保持较高的行业平均利润。这是一个封闭或半封闭式市场，不像开放市场上的产品，一旦见到有利可图，大家便蜂拥而入，利润迅速摊薄，成本迅速攀升，本来有利可图的产品很快变成鸡肋，人人都觉得食之无味，同时又觉得弃之可惜。

创业盈利模式之五：利润乘数模式

关键提醒：借助已经广为市场认同的形象或概念进行包装生产，可以产生良好的效益，这种方式类似于做乘法。利润乘数模式是一种强有力的盈利机器。关键是你如何对你所选择的形象或概念的商业价值进行正确的判断。你需要寻找的是这样一种东西，它的商业价值是个正数，而且大于1。否则，这种东西就不但对你毫无意义，反而会对你造成伤害。

美国迪斯尼公司是这一模式的缔造者和忠实实践者。它将同一形象以不同方式包装起来，米老鼠、美妮、小美人鱼等卡通形象出现在电影、电视、书刊、服装、背包、手表、午餐盒上，以及主题公园和专卖店里。每一种形式都为迪斯尼带来了丰厚的利润。

实际上，这种做法在出版界更为盛行，如随着成君忆《水煮三国》的走红而出现的“水煮”系列，随着《把信送给加西亚》而出现的“加西亚”系列，还有以前随着《谁动了我的奶酪》出现的“谁动了我的……”系列，所卖的都是一种已为人们所熟知的概念，甚至为人们已经习惯认知的几个简单文字。这种模式的风险来自于形象或概念拥有者不加区别的广泛授权。对于一些难定归属的形象或概念，如上述的“水煮”之类，则风险更大，其利润乘数很可能小于1，甚至为负值。也就是说，对于这类形象或概念，你不用比用更好。你不用，还有可能赚到钱，你用了，就只能干等着赔钱。

利润乘数模式的利润来源十分广泛，可以是一个卡通形象，可以是一个伟大的故事，也可以是一个有价值的信息，或者是一种技巧，甚至是其他任何一种资产。而利润化的方式，则是不断地重复叙述它们，使用它们，同时还可以赋予它们种种不同的外部形象。如世界上最昂贵的一只猫——Hello Kitty（凯蒂猫）、世界上最著名的一只狗——SNOOPY（史努比）、世界上最受欢迎的一只熊——Winnie Pooh（维尼熊）等卡通形象，都是利润乘数模式最经典的案例。

这是创业成功的一条捷径，但也存在种种问题。正如我们前面所言，此类形象或概念授权一般范围都比较广，产品线往往拉得很长。这需要注意以下几点：第一，要清楚容易接受该形象或概念的人群集中在哪些地方，并关注这些人的喜好。如果当初东利行把QQ产品定位于中年消费者，或是做成一个实用而非时尚的产品，肯定是死路一条。第二，由于同质产品的泛滥或将来可能的泛滥，你需要将你的产品极度个性化，并保持这种个性化。要不你就要有能力创造出一种别具一格、别人难以模仿的经营方式。此外，你还可以有一个选择，就是将产品迅速铺满某一个细分化的市场，不给后来者提供机会，但前提是需要有相当大的投入。第三，借助于某一流行形象或概念进行产品生产和市场营销。它需要有一些很专门的人才，同时还要有一些专门的或独属的手法。如果你打算在这方面发展，那么，最好寻找到这样一些专门人才来帮助你。第四，流行形象或概念大多属于易碎品，你需要对它们精心呵护，尽量避免将其应用到可能威胁其形象或概念的产品中去。

资料来源：《科学投资》，2004（6）。

第七章　营运能力分析

【本章概要】

通过本章学习，了解企业营运能力分析的常用指标，掌握各种指标的计算方法、内涵、作用、影响因素、评价方法以及如何利用多个营运能力指标综合分析评价企业的营运能力。

【要点提示】

流动资产周转情况分析，固定资产周转情况分析，总资产周转情况分析。

【内容架构图】

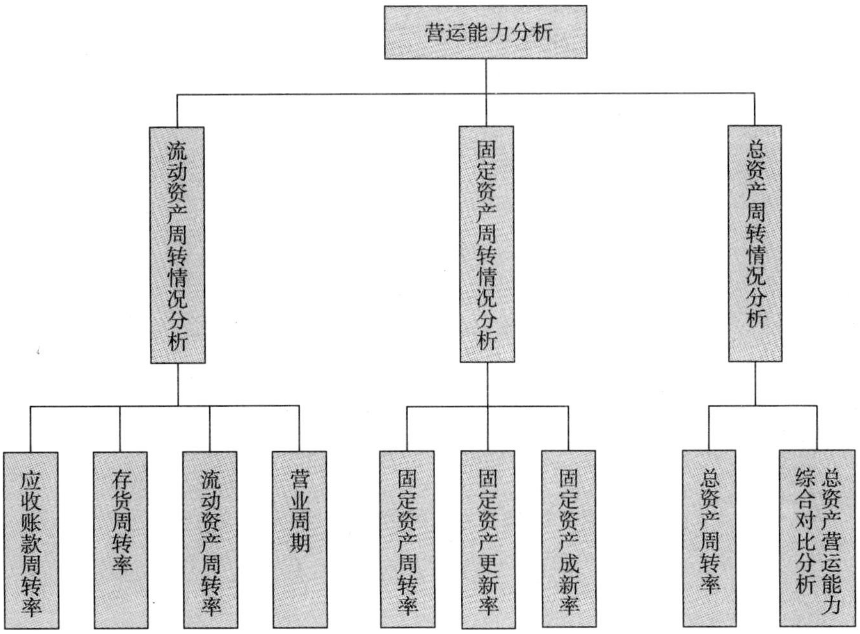

第一节 营运能力分析的内涵

企业营运资产的主体是流动资产和固定资产。尽管无形资产是企业资产的重要组成部分，并随着从工业经济时代向知识经济时代转化，在企业资产中所占比重越来越高，而且在提高企业经济效益方面发挥巨大的作用，但无形资产的作用必须通过或依附于有形资产才能发挥出来。从这个意义上说，企业营运资产的利用及其能力如何，从根本上决定了企业的经营状况和经济效益。

一、企业营运能力分析的目的

企业营运能力主要指企业营运资产的效率与效益。营运资产的效率通常指资产的周转速度；营运资产的效益则指营运资产的利用效果，即通过资产的投入与其产出相比来体现。

进行企业营运能力分析的目的主要有以下几个方面：

1. 评价企业资产的流动性。企业的两大基本特征是收益性和流动性。企业经营的基本动机就是获取预期的收益。从一定意义上讲，流动性是比收益性更重要的概念。当企业的资产处在静止状态时，根本就谈不上什么收益，当企业运用这些资产进行经营时，才可能有收益的产生。企业的营运能力越强，资产的流动性越高，企业获得预期收益的可能性就越大。流动性是企业营运能力的具体体现。通过对企业营运能力的分析，就可以对企业资产的流动性作出评价。

2. 评价企业资产利用的效益。提高企业资产流动性是企业利用资产进行经营活动的手段，其目的在于提高企业资产利用的效益。企业资产营运能力的实质，就是以尽可能少的资产占用，尽可能短的时间周转，生产出尽可能多的产品，实现尽可能多的营业收入，创造出尽可能多的纯收入。通过企业产出额与资产占用额的对比分析，可以评价企业资产利用的效益，为提高企业经济效益指明方向。

3. 挖掘企业资产利用的潜力。企业营运能力的高低，取决于多种因素。通过企业营运能力分析，可以了解企业资产利用方面存在哪些问题，尚有多大的潜力，进而采取有效措施，提高企业资产营运能力。

二、企业营运能力分析的内容

根据营运能力分析的含义与目的，企业营运能力分析主要包括总资产周转情况分析、流动资产周转情况分析和固定资产周转情况分析三方面。企业营运能力财务分析的比率主要包括存货周转率、存货周转天数、应收账款周转率、应收账款周转天数（平均收现期）、营业周期、流动资产周转率、固定资产周转率和总资产周转率等。这些比率揭示了企业资金运营周转的情况，反映了企业对经济资源管理、运用的效率高低。企业资产周转越快，流动性越高，企业的偿债能力越强，资产获取利润的速度就越快。

第二节　流动资产周转情况分析

一、应收账款周转率的计算与分析

应收账款周转率是指企业一定时期赊销收入净额与应收账款平均余额的比率，用于反映应收账款的周转速度，一般以周转次数来表示。其计算公式是

$$应收账款周转率 = \frac{赊销收入净额}{应收账款平均余额}$$

应收账款周转率说明年度内应收账款转化为现金的平均次数，体现了应收账款的变现速度和企业的收账效率。一般认为，周转率越高越好。因为它表明：（1）收款迅速，可节约营运资金；（2）可减少坏账损失和收账费用，从而相对增加流动资产的投资收益；（3）资产流动性高，短期偿债能力强，流动比率和速动比率等指标具有较高的可信度。因此，应收账款周转正常，对企业偿债能力是一种重要的保障。

反映应收账款周转速度的另一个指标是应收账款周转天数，也称应收账款账龄或应收账款平均收账期。其计算公式是

$$应收账款周转天数 = \frac{计算期天数}{应收账款周转率}$$

计算期天数，从理论上说应使用计算期间的实际天数，但为了计算方便，全年按360天计算，季度按90天计算，月度按30天计算。

【例7－1】根据附录中高乐公司的有关资料，计算该公司的应收账款周转率如表7－1所示。

表7－1　　应收账款周转率计算表　　单位：万元、次、天

项目	2006年	2007年	2008年
营业收入	4 720	5 969	7 343
应收账款年末余额	998	1 442	2 000
应收账款平均余额		1 220	1 721
应收账款周转率		4.89	4.27
应收账款周转期		73.62	84.31

根据表7－1中的数据，该公司2007年应收账款周转率为

$$\begin{aligned}应收账款平均余额 &= （应收账款期初余额 + 应收账款期末余额）\div 2\\&= (998 + 1\ 442) \div 2\\&= 1\ 220（万元）\end{aligned}$$

$$\begin{aligned}应收账款周转率 &= 赊销收入净额（用营业收入代替）\div 应收账款平均余额\\&= 5\ 969 \div 1\ 220\\&= 4.89（次）\end{aligned}$$

应收账款周转一次所需时间为

$$应收账款周转期 = 360 \div 4.89 = 73.62\text{（天）}$$

同理，该公司2008年应收账款周转率为4.27次，应收账款周转一次所需时间为84.31天。

表7-1的计算结果表明，高乐公司2007年应收账款在一年内可周转4.89次。按当前资金回笼速度，需要73.62天可将应收账款周转一次，并且2008年的应收账款周转速度要慢于2007年，说明高乐公司的应收账款管理工作需要进一步加强。

分析时，通过以上指标本期数与前期数、计划数、同类企业先进水平的比较，可以了解应收账款周转率的变动情况、计划完成情况以及与先进水平的差距等。

在分析计算应收账款周转率时，还应注意以下两个问题：

1. 计算公式中所采用的周转额从理论上说应是赊销净额，不包括现销收入。但赊销净额作为企业的商业秘密并不对外公布，所以，外部分析者难以取得赊销收入的资料，因此一般用营业收入代替，即

$$应收账款周转率 = \frac{营业收入}{应收账款平均余额}$$

$$应收账款周转期 = \frac{应收账款平均余额 \times 计算期天数}{营业收入}$$

2. 为了平衡各期应收账款的波动，计算应收账款周转率时应采用应收账款平均余额。"应收账款平均余额"是"应收账款期初余额"和"应收账款期末余额"的平均数。这里的应收账款是指扣除减值准备后的金额。

3. 应收账款是因商品购销关系所产生的债权资产，而不是单指会计核算上的应收账款科目，一般包括应收账款和应收票据。应收票据应纳入应收账款周转率计算。

4. 应收账款是由赊销引起的，如果赊销比现销对企业更有利，应收账款周转天数就不是越少越好。收现时间的长短通常与信用政策有关，改变信用政策就会改变应收账款周转天数。信用政策的分析评价涉及诸多方面，不能仅仅考虑应收账款周转天数的缩短。

5. 我国部分行业应收账款周转天数参考数值如表7-2所示。

表7-2　　部分行业应收账款周转天数参考数值　　单位：天

行业	汽车	化工	家电	食品	服装
应收账款周转期	24	61	91	50	36

二、存货周转率的计算与分析

在流动资产中，存货所占的比重越大，存货的流动性就越直接影响企业的流动比率，因此，必须特别重视对存货的分析。存货的流动性一般用存货的周转速度指标来反映，即存货周转率或存货周转天数。

存货周转率是一定时期内产品营业成本与存货平均余额间的比率。它是反映企业销售能力和流动资产流动性的一个指标，也是衡量企业生产经营各个环节中存货运营效率

的一个综合性指标。用时间表示的存货周转率就是存货周转天数。其计算公式为

$$存货周转率=\frac{营业成本}{存货平均余额}$$

$$存货周转天数=\frac{计算期天数}{存货周转率}$$

公式中的营业成本数据来自利润表，存货平均余额是资产负债表中的“存货期初余额”与“存货期末余额”的平均数。

【例 7－2】高乐公司有关资料见表 7－3，计算该公司的存货周转率。

表 7－3　　存货周转率计算表　　单位：万元、次、天

项目	2006 年	2007 年	2008 年
营业成本	3 916	4 565	5 259
存货年末余额	341	542	510
存货平均余额		441. 5	526
存货周转率		10. 34	10
存货周转期		34. 82	36

根据表 7－3 中的数据，该公司 2007 年存货周转率为

$$\begin{aligned}存货周转率&=营业成本\div存货平均余额\\&=4\ 565\div[(542+341)\div2]\\&=10.34（次）\end{aligned}$$

$$\begin{aligned}存货周转天数&=360\div10.34\\&=34.82（天）\end{aligned}$$

同理，该公司 2008 年存货周转率为 10 次，存货周转一次所需时间为 36 天。

表 7－3 的计算结果表明，高乐公司 2007 年存货周转率为 10. 34 次，2008 年存货周转率为 10 次。2008 年与 2007 年相比，周转速度稍微加快，反映出企业的销售能力稳中有升。

存货周转速度的快慢，不仅反映出企业在采购、生产、营销等环节工作的好坏，而且对企业的盈利能力和偿债能力产生决定性影响。一般来讲，存货周转率越高，说明存货的占用水平越低，存货转换为现金、应收账款等的速度越快，存货的变现能力越强；反之，则存货的变现能力越差。

存货周转率还可以衡量存货的储存是否适当，是否能保证生产不间断地进行和产品有秩序地销售。存货既不能过少，造成生产中断或销售紧张，又不能过多形成呆滞、积压。存货周转率也反映存货结构合理与质量合格的状况。因为只有结构合理，才能保证生产和销售任务正常、顺利地进行；只有质量合格，才能有效地流动，从而达到存货周转率提高的目的。存货是流动资产中最重要的组成部分，往往达到流动资产总额的一半以上。因此，存货的质量和流动性对企业的流动比率具有举足轻重的影响，并进而影响企业的短期偿债能力。存货周转率的这些重要作用，使其成为综合评价企业营运能力的一项重要的财务比率。

存货周转率与存货周转天数指标的好坏反映存货管理水平，它不仅影响企业的短期偿债能力，也是整个企业管理的重要内容。企业管理者和有条件的外部报表使用者，除了分析批量因素、季节性生产的变化情况外，还应对存货的结构以及影响存货周转速度的重要项目进行分析。存货按其性质可以分为材料存货、在产品存货和产成品存货。所以，存货周转率又可以分为材料周转率、在产品周转率和产成品周转率三项分指标。其计算公式分别为

$$材料周转率=\frac{当期材料消耗额}{材料平均库存}$$

$$在产品周转率=\frac{当期完工产品成本}{在产品平均成本}$$

$$产成品周转率=\frac{销售成本}{产成品平均库存}$$

这三个周转率的评价标准与存货评价标准相同，都是周转次数越多越好，周转天数越少越好。通过不同时期存货周转率的比较，可评价存货管理水平，查找出影响存货利用效果变动的原因，不断提高存货管理水平。

在企业生产均衡和产销平衡情况下，存货周转率与三个阶段周转率之间的关系可用下式表示：

$$\begin{aligned}存货周转天数 = & 材料周转天数\times 材料消耗额/总产值生产费用 + 在产品周转天数\\ & + 产成品周转天数\end{aligned}$$

存货周转速度分析的目的是从不同的角度和环节找出存货管理中的问题，使存货管理在保证生产经营连续性的同时，尽可能少地占用经营资金，提高资金的使用效率和企业管理水平，增强企业短期偿债能力。

在计算和使用存货周转率时，应注意以下问题：

1. 存货计价方法对存货周转率有较大影响。在分析企业不同时期或不同企业的存货周转率时，应注意存货计价方法是否一致。

2. 存货周转天数不是越短越好。存货过多会浪费资金，存货过少不能满足周转需要。在一定经营条件下，企业应确定一个合理的存货水平，以使存货成本最低。

3. 不同行业的存货周转率不同。我国部分行业存货周转天数参考数值如表 7－4 所示。

表 7－4　我国部分行业存货周转天数参考数值　　单位：天

行业	汽车	化工	家电	制药	建材	日用品	商业
存货周转天数	131	101	151	356	100	62	30

三、流动资产周转率的计算与分析

企业的营运过程实质上是资产的转换过程。流动资产和非流动资产的不同性质和特点，使它们在这一过程中的作用不同。由于非流动资产的价值实现过程很长，企业经营成果的取得主要依赖于流动资产形态的不断转化。因此，流动资产营运能力是企业营运

能力的核心。衡量流动资产营运能力的指标主要是流动资产周转率与流动资产周转天数。

（一）流动资产周转率分析

流动资产周转率是企业营业收入与流动资产平均余额的比率。它是衡量企业一定时期内（通常是一年）流动资产周转速度的快慢及利用效率的综合性指标。其计算公式为

$$流动资产周转率 = \frac{营业收入}{流动资产平均余额}$$

$$流动资产周转期 = \frac{计算期天数}{流动资产周转率}$$

式中：$流动资产平均余额 = \frac{流动资产期初余额 + 流动资产期末余额}{2}$。它是反映企业一定时期资产占用的动态指标，从理论上说，应是计算期间内每日资产余额的平均数，但为了计算方便，通常按资产负债表上的期初余额和期末余额的平均数计算。

【例 7－3】 高乐公司有关资料如表 7－5 所示，计算该公司的流动资产周转率如下：

表 7－5 **流动资产周转率计算表** 单位：万元、次、天

项目	2006 年	2007 年	2008 年
营业收入	4 720	5 969	7 343
流动资产年末余额	2 868	3 253	3 830
流动资产平均余额		3 060. 5	3 541. 5
流动资产周转率		1. 95	2. 07
流动资产周转期		184. 62	173. 91

根据表 7－5 中的数据，该公司 2007 年流动资产周转率为

流动资产周转率＝营业收入÷［（流动资产期初余额＋流动资产期末余额）÷2］

＝5 969÷［（3 253＋2 868）÷2］

＝1. 95（次）

流动资产周转天数＝360÷1. 95

＝184. 62（天）

同理，该公司 2008 年流动资产周转率为 2. 07 次，流动资产周转天数是 173. 91 天。

从表 7－5 可看出，该公司 2008 年企业流动资产周转比 2007 年快，说明企业流动资产的经营利用效果更好，流动资产的流动性有所提高，进而使其偿债能力和盈利能力得到加强。

流动资产周转情况的分析要依据企业的历史水平或同行业水平来判断，同时还要结合应收账款周转率和存货周转率、营业周期进行分析，以进一步揭示影响流动资产周转的因素。

流动资产周转率和周转天数从两个不同的方面表示资产的周转速度。资产周转率表示在一定时期内完成几个从资产投入到资产收回的循环，而周转天数则表示完成一个从

资产投入到资产收回的循环需要多长时间。流动资产周转率和周转天数呈相反方向变动，在一定时期内，资产周转次数越多，周转天数越少，周转速度就越快，营运效率就越高；反之，则周转速度就越慢，营运效率就越低。

虽然以上两种形式均可以表示资产周转速度，但在实务上则更多地使用周转天数这一形式。这是因为，当企业提高生产技术水平、改善生产组织等使资产周转速度加快时，明显地表现为资产占用时间的缩短，用周转天数来表示，易于看出资产周转对生产技术和生产组织的依存关系。此外，如果采用周转次数，不同时期（如年度、季度和月度）的周转速度不能直接加以比较。而采用周转天数则可以消除期限长短对周转速度的影响，可以使不同计算期间的周转速度直接进行比较。

（二）流动资产周转率影响因素分析

将流动资产周转区分为不同的阶段，能够更清楚地看到内部的影响因素。为此引入营业成本因素，则有

$$流动资产周转率=\frac{营业成本}{流动资产平均余额}\times\frac{营业收入}{营业成本}$$

$$流动资产周转率=流动资产垫支周转率\times成本收入率$$

式中：$流动资产垫支周转率=\frac{营业成本}{流动资产平均余额}$，$成本收入率=\frac{营业收入}{营业成本}$。

流动资产垫支周转率是从成本角度考察投入生产领域的资源运作效率。投入一定资源经过企业生产活动，产出越大，效率越高。成本收入率则考察企业生产的产品能否在市场上实现销售并创造足够的利润。它实质上反映了企业的盈利能力。只有生产适销对路的商品，才可能实现最大的利润。

以上分解式表明，影响流动资产周转率的因素，一是流动资产垫支周转率，二是成本收入率。流动资产垫支周转率反映了流动资产的真正周转速度；成本收入率说明了所费与所得之间的关系，反映出流动资产的利用效益。加速流动资产垫支周转速度是手段，提高流动资产利用效益才是目的。因此，加速流动资产垫支周转速度必须以提高成本收入率为前提。当成本收入率大于1时，流动资产垫支周转速度越快，流动资产营运能力越强。反之，如果成本收入率小于1，企业所得补偿不了所费，流动资产垫支周转速度越快，企业亏损越多。

根据上面的分解式，采用连环替代法，可以分别确定这两个因素变动对流动资产周转率的影响程度。其分析公式是

$$\begin{aligned}流动资产垫支周转率的影响=&（报告期流动资产垫支周转率\\&-基期流动资产垫支周转率）\times基期成本收入率\end{aligned}$$

$$\begin{aligned}成本收入率的影响=&报告期流动资产垫支周转率\\&\times（报告期成本收入率-基期成本收入率）\end{aligned}$$

【例7－4】高乐公司2007年、2008年与流动资产周转相关的资料如表7－6所示，运用连环替代法具体分析各因素变动对流动资产周转率的影响。

表 7－6　流动资产周转率分析信息表　单位：万元、次、%

项目	2007 年	2008 年
营业收入	5 969	7 343
流动资产平均余额	3 060. 5	3 541. 5
其中：存货平均余额	441. 5	526
营业成本	5 259	4 565
流动资产周转率	1. 95	2. 07
流动资产垫支周转率	1. 72	1. 29
成本收入率	113. 5	160. 9

根据表 7－6，对流动资产周转率分析如下：

$$\text{流动资产周转率变动} = 2.07 - 1.95 = 0.12\ (\text{次})$$

因素分析：

$$\text{流动资产垫支周转率的影响} = (1.29 - 1.72) \times 113.5\% = -0.49(\text{次})$$

$$\text{成本收入率的影响} = 1.29 \times (160.9\% - 113.5\%) = 0.61(\text{次})$$

$$\text{总的影响}: -0.49 + 0.61 = 0.12(\text{次})$$

由以上计算结果可知，流动资产周转率在 2007 年 1.95 的水平上，由于生产环节效率降低，造成 2008 年流动资产周转率降低了 0.49 次；受到企业盈利能力提高的影响，流动资产周转率上升了 0.61 次。

可以引入多种因素进一步分析究竟是什么因素造成流动资产垫支周转率降低。下面引入存货因素，其计算公式为

$$\text{流动资产周转率} = \frac{\text{存货平均余额}}{\text{流动资产平均余额}} \times \frac{\text{营业成本}}{\text{存货平均余额}} \times \frac{\text{营业收入}}{\text{营业成本}}$$

从存货周转的角度，可以运用连环替代法分析判断，是否为存货周转速度的改变造成企业流动资产运营效率的变化。同样的道理，也可以从应收账款的角度进行分析判断。

（三）流动资产周转效果分析

流动资产周转加速的效果体现在：（1）一定的产出需要的流动资产减少；（2）一定的流动资产取得更多的收入。

1. 加速流动资产周转所节约的资金。加速资产周转所节约的资金就是指企业在销售收入一定的情况下，由于加速流动资产周转所节约的资金。其计算公式为

$$\text{流动资产节约额} = \text{报告期营业收入} \times \left(\frac{1}{\text{基期流动资产周转次数}} - \frac{1}{\text{报告期流动资产周转次数}}\right)$$

上式计算结果为正数时，表示流动资产占用额减少；当其计算结果为负数时，说明企业流动资产占用额增加。

流动资产周转速度加快所形成的节约额，可以分为绝对节约额和相对节约额两种形式。流动资产绝对节约额是指企业由于流动资产周转加速，可以减少流动资产占用额，因而可能腾出一部分资金。流动资金相对节约额是指企业由于流动资产周转加速，在不增资或少增资的条件下扩大企业的生产规模。流动资金绝对节约额和相对节约额的区别只在于运用情况的不同，前者是在生产规模不变的情况下减少资产占用额，后者是将其节约额用于自身的扩大再生产。

区别与计算流动资产绝对节约额和相对节约额可分三种情况进行。

(1) 加速周转所形成的节约额都是绝对节约额。如果企业流动资产周转加快而销售收入不变，这种情况下形成的节约额就是绝对节约额。

(2) 加速周转所形成的节约额都是相对节约额。当企业流动资产周转加快，而流动资产实际存量大于或等于流动资产基期存量，这种情况下形成的节约额就是相对节约额。

(3) 加速周转所形成的节约额既包括绝对节约额，又包括相对节约额。当企业流动资产周转加快，同时营业收入增加，流动资产占用量减少，这种情况下形成的节约额就是既包括绝对节约额，又包括相对节约额。可以按下式将二者加以区分：

$$相对节约额 = 流动资产总节约额 - 绝对节约额$$

$$绝对节约额 = 报告期流动资产占用额 - 基期流动资产占用额$$

如果以上条件相反，则为资金浪费额。

根据表 7-6 可以计算流动资产周转加速的效果如下：

$$\begin{aligned} 流动资产节约额 &= 7\ 343 \times (1/1.95 - 1/2.07) \\ &= 218.298(万元) \end{aligned}$$

计算结果表明，由于高乐公司本年流动资产加速周转，形成流动资产节约额 218.298 万元。

2. 加速流动资产周转所增加的收入。加速流动资产周转所增加的收入是指在企业流动资产占用额一定情况下，由于加速流动资产周转速度所增加的营业收入。其计算公式是

$$\begin{aligned} 营业收入增加额 = {} & 基期流动资产平均余额 \times \\ & (报告期流动资产周转次数 - 基期流动资产周转次数) \end{aligned}$$

上式计算结果为正数时，说明加速流动资产周转增加了营业收入；计算结果为负数时，说明流动资产周转速度缓慢减少了营业收入。

根据表 7-6 可计算出：

$$\begin{aligned} 销售收入增加额 &= 3\ 060.5 \times (2.07 - 1.95) \\ &= 367.26(万元) \end{aligned}$$

加速流动资产周转形成的资产节约额或营业收入增加额是从两个不同侧面对流动资产周转加快的效果所作的分析，具有相同的经济意义。

四、营业周期分析

营业周期是指从取得存货开始到销售存货并收回现金为止的这段时间。营业周期的

长短取决于存货周转天数和应收账款周转天数。营业周期的计算公式如下：

营业周期 = 存货周转天数 + 应收账款周转天数

把存货周转天数和应收账款周转天数加在一起计算出来的营业周期，指的是需要多长时间能将期末存货全部变为现金。一般情况下，营业周期短，说明资金周转速度快，管理效率高，资产的流动性强，资产的风险降低；营业周期长，说明资金周转速度慢，管理效率低，风险上升。因此，分析研究企业的营业周期，并想方设法缩短营业周期，对于增强企业资产的管理效果具有重要意义。

根据以上资料，高乐公司2007年营业周期为108.47（即73.62 + 34.85）天；2008年营业周期为120.31（即84.31 + 36）天。

知识链接：应收账款信用政策的确定①

应收账款赊销的效果好坏，依赖于企业的信用政策。信用政策包括：信用期间、信用标准和现金折扣政策。

（一）信用期间

信用期间是企业允许顾客从购货到付款之间的时间，或者说是企业给予顾客的付款期间。例如，若某企业允许顾客在购货后的50天内付款，则信用期为50天。信用期过短，不足以吸引顾客，在竞争中会使销售额下降；信用期过长，对销售额增加固然有利，但只顾及销售额增长而盲目放宽信用期，所得的收益有时会被增长的费用抵消，甚至造成利润减少。因此，企业必须慎重研究，确定出恰当的信用期。

信用期的确定，主要是分析改变现行信用期对收入和成本的影响。延长信用期，会使销售额增加，产生有利影响；与此同时，应收账款、收账费用和坏账损失增加，会产生不利影响。当前者大于后者时，可以延长信用期，否则不宜延长。如果缩短信用期，情况与此相反。

在分析时，先计算放宽信用期得到的收益，然后计算增加的成本，最后根据两者比较的结果作出判断。

（二）信用标准

信用标准是指顾客获得企业的交易信用所应具备的条件。如果顾客达不到信用标准，便不能享受企业的信用或只能享受较低的信用优惠。企业在设定某一顾客的信用标准时，往往先要评估他赖账的可能性。这可以通过“5C”系统来进行。所谓“5C”系统，是评估顾客信用品质的五个方面，即品质（Character）、能力（Capacity）、资本（Capital）、抵押（Collateral）和条件（Conditions）。

1. 品质。品质指顾客的信誉，即履行偿债义务的可能性。企业必须设法了解顾客过去的付款记录，看其是否有按期如数付款的一贯做法，及与其他供货企业的关系是否良好。这一点经常被视为评价顾客信用的首要因素。

---

① 资料来源：中国财税专业顾问网，http：//www.cnnsr.com.cn/jtym/manager/20060815/2006081515242827936.shtml。

2. 能力。能力指顾客的偿债能力，即其流动资产的数量和质量以及与流动负债的比例。顾客的流动资产越多，其转换为现金支付款项的能力越强。同时，还应注意顾客流动资产的质量，看是否有存货过多、过时或质量下降，影响其变现能力和支付能力的情况。

3. 资本。资本指顾客的财务实力和财务状况，表明顾客可能偿还债务的背景。

4. 抵押。抵押指顾客拒付款项或无力支付款项时能被用做抵押的资产。这对于不知底细或信用状况有争议的顾客尤为重要。一旦收不到这些顾客的款项便以抵押品抵补。如果这些顾客提供足够的抵押，就可以考虑向他们提供相应的信用。

5. 条件。条件指可能影响顾客付款能力的经济环境。比如，万一出现经济不景气，会对顾客的付款产生什么影响，顾客会如何做，等等，这需要了解顾客在过去困难时期的付款历史。

（三）现金折扣政策

现金折扣是企业对顾客在商品价格上所做的扣减。向顾客提供这种价格上的优惠，主要目的在于吸引顾客为享受优惠而提前付款，缩短企业的平均收款期。另外，现金折扣也能招徕一些视折扣为减价出售的顾客前来购货，借此扩大销售量。折扣的表示常采用如5/10、3/20、n/30这样一些符号形式。这三种符号的含义为：5/10表示10天内付款，可享受5%的价格优惠，即只需支付原价的95%。如原价为10 000元，只支付9 500元。3/20表示20天内付款，可享受3%的价格优惠，即只需支付原价的97%。若原价为10 000元，只支付9 700元。n/30表示付款的最后期限为30天，此时付款无优惠。

企业采用什么程度的现金折扣，要与信用期间结合起来考虑。比如，要求顾客最迟不超过30天付款。若希望顾客20天、10天付款，能给予多大折扣？或者给予5%、3%的折扣，能吸引顾客在多少天内付款？不论是信用期间还是现金折扣，都可能给企业带来收益，但也会增加成本。现金折扣带给企业的好处前面已讲过，它使企业增加的成本，则指的是价格折扣损失。当企业给予顾客某种现金折扣时，应当考虑折扣所能带来的收益与成本孰高孰低，权衡利弊，抉择决断。

因为现金折扣是与信用期间结合使用的，所以确定折扣程度的方法与程序实际上与前述确定信用期间的方法与程序一致，只不过要把所提供的延期付款时间和折扣综合起来，看各方案的延期与折扣能取得多大的收益增量，再计算各方案带来的成本变化，最终确定最佳方案。

第三节　固定资产周转情况分析

一、固定资产周转率的计算与分析

固定资产周转率是指企业一定时期内营业收入与固定资产平均净值之间的比率，它是反映固定资产利用效率的重要指标。其计算公式为

$$固定资产周转率=\frac{营业收入}{固定资产平均净值}$$

$$固定资产周转期=\frac{计算期天数}{固定资产周转率}=\frac{计算期天数\times 固定资产平均净值}{营业收入}$$

一般情况下，固定资产周转率高，表明企业固定资产利用充分，同时也能表明企业固定资产投资得当，固定资产结构合理，固定资产利用效果好，能够充分发挥效率。反之，则说明固定资产利用效率不高，提供的生产成果不多，企业的营运能力不强。

【例7－5】 高乐公司有关资料见表7－7，计算该公司的固定资产周转率。

表7－7 **固定资产周转率计算表** 单位：万元、次、天

项目	2006年	2007年	2008年
营业收入	4 720	5 969	7 343
固定资产年末净值	1 533	1 642	1 560
固定资产平均净值		1 587.5	1 601
固定资产周转率		3.76	4.59
固定资产周转期		95.74	78.43

根据表7－7中的数据，该公司2007年固定资产周转率为

$$\begin{aligned}固定资产周转率&=营业收入\div 固定资产平均净值\\&=5\ 969\div[(1\ 533+1\ 642)\div 2]\\&=3.76(次)\end{aligned}$$

$$\begin{aligned}固定资产周转期&=360\div 3.76\\&=95.74(天)\end{aligned}$$

同理，2008年固定资产周转率为4.59次，周转期为78.43天。

从表7－7计算结果表明，高乐公司2008年的固定资产周转率比2007年有所加快，其主要原因应是固定资产增加幅度低于营业收入的增长幅度，表明公司的营运能力有所提高。

在实际分析和评价该项指标时，应当注意：

1. 该分式的分母是固定资产平均净值，而非固定资产原价或固定资产净额。固定资产原价是指固定资产的历史成本，固定资产净值为固定资产原价扣除已计提的累计折旧后的金额（固定资产净值＝固定资产原价－累计折旧），固定资产净额为固定资产原价扣除已计提的累计折旧以及已计提的减值准备后的余额（固定资产净额＝固定资产原价－累计折旧－已计提的减值准备）。固定资产平均净值一般以固定资产净值的期初数与期末数之和除以2来计算。

2. 固定资产折旧方法的影响。企业固定资产所采用的折旧方法和折旧年限的不同，会导致不同的固定资产账面净值，从而会对固定资产周转率的计算产生重要影响，造成指标的人为差异。在分析过程中，需要剔除这些不可比因素。

3. 固定资产更新改造活动的影响。频繁或者大幅度的固定资产更新改造活动，会显著增加固定资产平均净值，在其他因素不变时，将降低固定资产周转率。因此，要注意协调更新改造固定资产的需要和追求高固定资产周转率的要求。应当结合固定资产更新

改造水平来判断固定资产周转率实际水平的高低。因为固定资产周转率较低，就简单地认为固定资产运营无效率，是不科学的。

4. 不同行业的影响。行业性质不同，企业所需投入固定资产的规模迥异，会对固定资产周转率产生显著影响。例如，2006 年半年报统计数字显示，在固定资产周转率排名前十强的企业当中，房地产业五家上市公司榜上有名，占据半壁江山。另外，零售贸易类企业表现也很突出。这与上述两个行业的经营特点相符合：房地产开发企业、贸易类企业并不需要太多的固定资产投入。

5. 产品生命周期的影响。在产品的成长期，该指标会随着产能发挥而逐步提升，直至追加投资使得其下降，这个过程周而复始。而产品进入成熟阶段后，产销量双双下滑。如果企业此前在固定资产的投入上并未有所预见，或者由于技术更新太快而来不及跟随，那么企业的固定资产周转率将下降到一个较低的水平。

6. 企业的固定资产一般采用历史成本入账。在企业的固定资产、销售情况都并未发生变化的条件下，也可能由于通货膨胀导致物价上涨等因素而使营业收入虚增，导致固定资产周转率的提高，而实际上企业的固定资产效能并未增加。

进行固定资产周转率分析时，应以企业历史水平和同行业平均水平为标准进行对比分析，从中找出差距，努力提高固定资产周转速度。周转率越高，说明固定资产的利用效率越高；周转率越低，说明固定资产数量过多或设备闲置。

二、固定资产更新率的计算与分析

固定资产更新率是指一定时期内新增加的固定资产总值与期初固定资产总值的比率。它反映固定资产在计算期内更新的规模和速度，是考核固定资产动态状况的指标。其计算公式为

$$\text{固定资产更新率}=\frac{\text{本期新增固定资产（总额）原值}}{\text{固定资产（总额）期初原值}}$$

从这一公式可以看出，固定资产更新率受两个方面因素的影响。第一，受到固定资产期初总额的影响。固定资产期初总额体现着原有固定资产的规模，这一数值越大，在其他条件不变的情况下，其固定资产更新的速度越缓慢。第二，受到新增固定资产数额的影响。新增固定资产数额越大，说明固定资产更新的速度越快。在一定时期内，期初的固定资产数额通常是常量，固定资产的更新率直接受本期新增固定资产数额的影响。本期新增的固定资产越多，其固定资产的更新率越高，固定资产更新的规模越大，速度越快。

由于固定资产更新率是新增固定资产总额和期初固定资产总额的比较，而期初固定资产的新旧程度和原有固定资产的使用周期都是不确定因素。如果期初的固定资产均为新的资产，且使用周期较长，那么，计算期内新增固定资产并不一定替代退废的固定资产，其固定资产更新率的提高反映的是固定资产规模的扩大；如果期初的固定资产系使用多年而且必须被新的固定资产替代，其新增的固定资产与被替代的固定资产相适应，则仅仅实现了固定资产相适应，如果新增固定资产的数额不足以补偿被替代的退废的固

定资产数额，即便固定资产更新率越高，其固定资产的更新程度仍未得以全部实现，其固定资产的再生产也只能是萎缩的再生产。因此，考虑固定资产的更新程度，必须将固定资产更新率和固定资产成新率相结合进行分析才更有价值。

三、固定资产成新率的计算与分析

$$固定资产成新率 = \frac{固定资产平均净值}{固定资产平均原值}$$

该比率反映了固定资产的新旧程度。该比率越小，则说明企业的固定资产老化程度越高，近期重置固定资产的可能性越大，固定资产支出也越大。该比率与企业的成立时间有关，应结合企业成立时间一并考虑。

知识链接：固定资产利用效率与变动情况分析

一、固定资产利用效率分析

（一）固定资产产值率分析

固定资产产值率是指一定时期内总产值与固定资产平均总值之间的比率，或每百元固定资产提供的总产值。其计算公式是

$$固定资产产值率 = 总产值/固定资产平均总值$$

公式中的分母项目是采用固定资产原值还是采用固定资产净值，目前有两种观点。一种观点主张采用固定资产原值计算。理由是：固定资产生产能力并非随着其价值的逐步转移而相应降低。比如，一种设备在其全新时期和半新时期往往具有同样的生产能力；再则，用原值，便于企业不同时间或不同企业进行比较，如果采用净值计算，则失去可比性。另一种观点主张采用固定资产净值计算。理由是：固定资产原值并非一直全部都被企业占用着，其磨损部分已逐步通过折旧收回，只有采用净值计算，才能真正反映一定时期内企业实际占用的固定资金。实际上，单纯地采用哪一种计价方法都难免偏颇：为了既从生产能力又从资金占用两个方面来考核企业的固定资产利用水平，必须同时采用原值和净值两种计价标准，才能从不同角度全面地反映企业固定资产利用的经济效益。

公式表示每百元固定资产提供多少产值。提供的产值多，表明固定资产利用效果好，反之则不好。反映总产值与固定资产关系的还可用另一指标表示，即百元产值固定资产占用。其计算公式为

$$百元产值固定资产占用 = 固定资产平均总值/总产值 \times 100\%$$

公式表示每百元产值占用多少固定资产，占用少，固定资产利用效果就好，反之则不好。

固定资产产值率是一个综合性指标，受多种因素的影响，在众多的因素中固定资产本身的因素最为重要。全部固定资产原值平均余额中生产用固定资产占多少，在生产用固定资产中生产设备占多少，都会影响到固定资产的利用效果。将固定资产产值率进行如下分解：

$$
\begin{aligned}
\text{固定资产产值率} &= \frac{\text{总产值}}{\text{固定资产平均总值}} \\
&= \frac{\text{总产值}}{\text{生产设备平均总值}} \times \frac{\text{生产设备平均总值}}{\text{生产用固定资产平均总值}} \\
&\quad \times \frac{\text{生产用固定资产平均总值}}{\text{固定资产平均总值}} \\
&= \text{生产设备产值率} \times \text{生产设备占生产用固定资产的构成率} \\
&\quad \times \text{生产用固定资产构成率}
\end{aligned}
$$

从分解后的公式中可以看出：生产设备产值率是反映生产设备能力和时间利用效果的指标，它的数值大小直接影响着生产用固定资产的利用效果，进而影响全部固定资产的产值率。生产设备占生产用固定资产比重和生产用固定资产占全部固定资产平均总值比重，反映了企业固定资产的结构状况和配置的合理程度，其比重越大，则全部固定资产产值率就越高。因此，在分析固定资产产值率时应从固定资产的配置和利用两个方面进行。要提高生产设备的利用效果，不断提高其单位时间的产量，才能提高固定资产产值率。

固定资产产值率的分析是以实际数与计划数、上期实际数或历史最好水平进行比较，从中找出影响该指标的不利因素，由此对企业固定资产利用效果作出评价。

必须说明，固定资产产值率是一个比较综合的指标，容易计算，在考核固定资金利用效果中具有一定的作用。但是，也应该看到这个指标的局限性。由于按工厂法计算的总产值在有些情况下，不能真实地反映企业的生产成果，这也就连锁影响了固定资产产值率指标的正确性。

（二）固定资产收入率分析

固定资产收入率也称固定资产周转率或每百元固定资产提供的收入，是一定时期所实现的收入同固定资产平均占用总值之间的比率。其计算公式如下：

固定资产收入率＝销售收入/固定资产平均占用总值（或固定资产平均占用净值）

固定资产收入率指标的数值越高，就表示一定时期内固定资产提供的收入越多，说明固定资产利用效果越好。这因为收入率指标比总产值和销售收入更能准确地反映经济效益，因此固定资产收入率能更好地反映固定资产的利用效果。

固定资产收入率的分析可根据下列因素分解式进行：

$$
\begin{aligned}
\text{固定资产收入率} &= \frac{\text{总产值}}{\text{固定资产平均总值}} \times \frac{\text{销售收入}}{\text{总产值}} \\
&= \text{固定资产产值率} \times \text{产品销售率}
\end{aligned}
$$

可见，企业要取得较高的固定资产收入率，一方面要提高全部固定资产产值率，另一方面要提高产品销售率。

二、固定资产变动情况分析

固定资产变动分析主要是对固定资产的更新、退废及增长情况进行分析，分析时主要通过以下几个指标进行：

（一）固定资产增长率

固定资产增长率是指一定时期内增加的固定资产原值对原有固定资产数额的比率。计算公式为

$$固定资产增长率=\frac{固定资产期末总值-固定资产期初总值}{固定资产期初总值}\times 100\%$$

对固定资产的增长应结合具体原因进行分析，看其增长是否合理。一般来说，企业增加生产设备，生产也应相应增长，这样才能保证固定资产使用的经济效益。如果是非生产用固定资产，应考虑企业的经济承受能力。

（二）固定资产退废率

固定资产退废率是指企业一定时期内退废清理的固定资产与固定资产期初原值的比率。计算公式为

$$固定资产退废率=\frac{本期退废的固定资产原值}{固定资产期初原值}\times 100\%$$

企业固定资产的退废应与更新相适应，这样才能维持再生产。退废数额中不包括固定资产盘亏和损坏的数额。

（三）固定资产损失率

固定资产损失率是指企业一定时期内盘亏、毁损的固定资产所造成的损失数与固定资产期初原值的比率，计算公式为

$$固定资产损失率=\frac{本期盘亏、毁损固定资产价值}{固定资产期初原值}\times 100\%$$

固定资产损失率反映企业固定资产盘亏及毁损而造成的固定资产损失程度。在分析时，应查清原因，分清责任，并根据分析结果采取相应的改进措施，以减少、杜绝盘亏毁损现象。

（四）固定资产净值率

固定资产净值率是指一定时期内固定资产净值与固定资产原值的比率。计算公式为

$$固定资产净值率（成新率）=\frac{固定资产净值}{固定资产原值}\times 100\%$$

固定资产净值率高，说明企业技术设备的更新较快。固定资产净值率低说明企业技术设备陈旧。

第四节　总资产周转情况分析

一、总资产周转率的计算与分析

总资产周转率是指企业一定时期营业收入净额与总资产平均余额的比值。它说明企业的总资产在一定时期内周转的次数。总资产周转率是综合评价资产管理或资本利用效率的重要指标。衡量总资产营运能力的指标主要有两个：总资产周转率和总资产周转天数（周转期）。

$$总资产周转率=\frac{营业收入净额}{总资产平均余额}$$

$$总资产周转期=\frac{计算期天数}{总资产周转率}=\frac{总资产平均余额\times计算期天数}{营业收入净额}$$

总资产周转率综合反映了企业整体资产的营运能力。一般来说，总资产周转次数越多，周转速度越快，表明企业全部资产的利用效率越高，营运能力越强，进而使企业的偿债能力和盈利能力得到增强；反之，则说明全部资产的利用效率较低，最终将影响到企业的盈利能力。如果企业总资产周转率长期处于较低状态，则企业应采取适当措施扩大营业收入、提高各项资产的利用效率，对那些确实无法提高利用率的多余、闲置资产应及时进行处理以提高总资产周转率。

为更加深入地分析企业总资产的周转快慢及其影响因素，企业应在此基础上，进一步从各个构成要素进行分析，以便查明总资产周转率升降的原因及各要素对其的影响。企业资金循环包括短期资金循环和长期资金循环，长期资金循环必须依赖短期资金循环。因此，流动资产周转速度的快慢是决定企业总资产周转速度快慢的关键性因素。

$$\begin{aligned}总资产周转率&=\frac{流动资产平均余额}{总资产平均余额}\times\frac{营业收入净额}{流动资产平均余额}\\&=流动资产占总资产比重\times流动资产周转率\end{aligned}$$

该公式表明，总资产周转率受到流动资产周转效率和流动资产所占比重的影响。流动资产在企业资产构成当中属于流动性最强的部分。这部分所占的比重越高，则总资产的周转速度越快；相反，如果流动资产营运能力差，筹集的流动资产大量闲置，则可能适得其反，会降低总资产的营运能力。

【例7-6】高乐公司有关资料见表7-8，计算该公司的总资产周转率。

表7-8　　总资产周转率计算表　　单位：万元、次、天

项目	2006年	2007年	2008年
营业收入净额	4 720	5 969	7 343
总资产年末余额	4 454	4 957	6 500
总资产平均余额		4 705.5	5 728.5
总资产周转率		1.27	1.28
总资产周转期		283.46	281.25

根据表7-8中的数据，该公司2007年总资产周转率为

$$\begin{aligned}总资产周转率&=营业收入净额\div总资产平均余额\\&=5\ 969\div4\ 705.5\\&=1.27(次)\\总资产周转期&=计算期天数\div总资产周转率\\&=360\div1.27\\&=283.46(天)\end{aligned}$$

同理，该公司2008年总资产周转率为1.28次，总资产周转期为281.25天。

表7－8的计算结果表明，高乐公司2008年的资产可产生1.28元的营业收入，按当前的销售规模，仅281.25天就可将公司资产周转一次。至于这是否意味着企业的资产管理效果是好还是坏，则要结合该指标的变动情况，或与同行业平均水平比较才能作出判断。该指标与2007年相比呈上升趋势，说明企业的资产利用效率、周转能力有所提高。

二、总资产营运能力综合对比分析

总资产营运能力综合对比分析，就是将反映总资产营运能力的指标与反映企业流动资产和固定资产营运能力的指标结合起来，依据各类指标之间的相互关系进行分析。综合对比分析主要包括以下几方面的内容：

1. 综合对比分析反映资产占用与收入之间的关系。反映资产占用与收入之间关系的指标有三个，即固定资产周转率、流动资产周转率、总资产周转率，它们可正确评价各项资产营运效益的大小和资产周转速度的快慢。从静态上对比，可反映各项资产周转率的水平及差距；从动态上对比，可反映固定资产、流动资产及全部资产与营业收入增长的关系。

2. 将总资产营运能力与总资产盈利能力结合起来分析。从这个角度分析可说明企业资产经营盈利能力的高低，既取决于产品经营盈利能力，又受资产营运能力的影响。用一般关系式表示为

$$资产经营盈利能力 = 资产营运能力 \times 产品经营盈利能力$$

其具体计算公式为

$$总资产报酬率 = \frac{总收入}{总资产平均余额} \times \frac{息税前利润}{总收入}$$

$$= 总资产收入率 \times 销售的息税前利润率 \times 100\%$$

运用上式可全面地分析企业资产的营运情况及效果。

知识链接：总资产利用效率分析

总资产产值率和总资产收入率可以反映出企业总资产的效益，即投入或使用总资产所取得的产出的能力。

一、总资产产值率的计算与分析

总资产产值率反映了企业总资产与总产值之间的对比关系。其计算公式是

$$总资产产值率 = 总产值/总资产平均余额 \times 100\%$$

该指标数值越高，说明企业资产的投入产出率越高，企业总资产运营状况越好。在利用该指标评价企业总资产利用效果时应该注意到，企业总产值在按不变价格计算时，可以把它理解为企业在一定时期内生产的按价值计算的全部产品产量，是企业利用全部资产为社会创造的物质产品。但由于总产值中既包括完工产品，又包括在产品，所以总产值仅仅表示出本期生产了多少产品，并不表明是否得到了社会的承认。企业生产出来的产品如果得不到社会的承认，那么，生产出来的产品再多，也没有任何价值。分析时，只有将该指标与总资产收入率结合起来，才能作出正确的评价。

企业产出与总资产之间的关系，还可以从另一角度来反映，即百元产值占用资金。该指标本质上是总资产产值率的倒数，反映每百元产值占用的资产。其计算公式是

百元产值占用资金＝总资产平均余额/总产值×100%

该指标越低，说明每一单位产出所占用的资产越少，表明企业资产营运能力越高。对该指标具体变动原因的分析可依据以下分解式进行：

百元产值占用资金＝总资产平均余额／总产值×100%

＝流动资产／总产值＋固定资产／总产值＋其他资产／总产值

从以上分解式中可以看出，百元产值占用资金受各类资产营运效率的影响。分析时可采用连环替代法，分别说明各类资产营运效率变动对百元产值占用资金的影响。

二、总资产收入率的计算与分析

总资产收入率反映了企业总资产与营业收入之间的对比关系。其计算公式是

总资产收入率＝总收入/总资产平均余额×100%

该指标越高，说明企业总资产营运能力越强。如果说总资产产值率仅仅反映了企业生产过程中资产的利用效果，总资产收入率则反映出企业整个经营过程中资产的利用效率。收入的实现，表明企业的产品得到了社会的承认，满足了社会的某种需要，是企业资产的真正有效利用。因而，该指标比总资产产值率更准确、更真实地反映出企业总资产的营运能力。下面的分解式可以反映出这两个指标之间的关系。

总资产收入率＝总收入／总资产平均余额×100%

＝（总产值／总资产平均余额）×（总收入／总产值）×100%

＝总资产产值率×产品销售率

从以上分解式可以看出，提高总资产收入率取决于两大方面：一方面是要提高产品的生产效率，这是提高企业资产营运能力的基础，没有产品，就谈不上销售，更谈不上效益；另一方面是提高产品销售率，把生产出来的产品尽快、尽可能多地销售出去。

【复习思考题】

1. 什么是应收账款周转率？在对其分析时应注意哪些问题？
2. 应收账款周转天数是否越短越好？
3. 影响企业存货周转率的主要因素是什么？
4. 为什么存货周转率、应收账款周转率会影响企业的短期偿债能力？
5. 分析评价企业的资产管理效率主要包括哪些指标？计算公式如何表示？
6. 固定资产周转率总是越高越好吗？固定资产周转率低说明了什么问题？
7. 影响固定资产周转率的因素有哪些？
8. 影响总资产周转率的因素有哪些？
9. 影响流动资产周转率的因素有哪些？
10. 总资产营运能力与各类资产营运能力之间的关系如何？
11. 如何评价固定资产更新率指标？在分析时为何要结合固定资产成新率一起考虑？

第八章　发展能力分析

【本章概要】

通过本章学习，了解评价企业发展能力的主要财务指标，掌握各种指标的计算方法、内涵、作用、影响因素、评价方法以及如何利用发展能力指标分析评价企业的发展能力，了解影响企业可持续发展的因素、提高可持续发展能力的主要途径以及为达到可持续发展目标应选择的发展战略。

【要点提示】

资本增长指标分析，资产增长指标分析，销售增长率指标分析，净利润增长率指标分析。

【内容架构图】

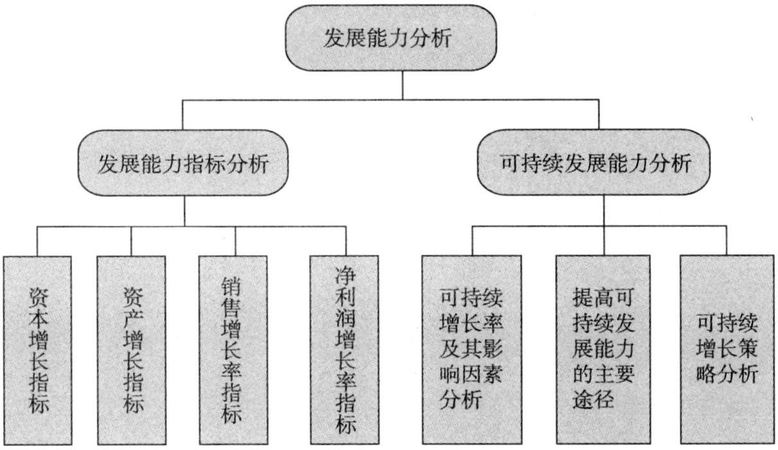

发展能力分析主要分析企业未来生产经营的发展趋势和发展水平，包括资本、资产、销售和收益等方面的增长趋势和增长速度。分析的内容有两个方面：一方面分析有关发展能力的财务指标，评价企业到目前为止的已取得的实际发展水平与速度；另一方面分析企业所处的经济环境、经营策略与财务策略，进一步分析企业可持续增长率，分析解释企业未来取得发展的能力。

企业发展能力又称为增长能力，通常是指企业未来生产经营活动的发展趋势和发展潜能。企业的发展能力对投资者、债权人及其他相关利益团体非常重要。从形式看，企业的发展能力主要是通过自身的生产经营活动，不断扩大积累而形成的，主要依托于不断增长的营业收入、不断增加的资金投入和不断创造的利润等。从结果看，一个发展能力强的企业，能够不断为股东创造财富，能够不断增加企业价值。

与盈利能力、营运能力、偿债能力分析相比，企业发展能力分析更全面，是从动态的角度评价企业的成长性。传统的财务分析仅仅从静态的角度出发分析企业的财务状况，在越来越激烈的市场竞争中显然不够全面、不够充分。原因是：

其一，企业的价值很大程度上取决于未来的获利能力，取决于企业营业收入、收益和股利的未来增长，而不是企业过去或者目前所获得的收益情况。对于上市公司而言，股票价格固然受多种因素的影响，但是从长远看，剩余收益的增加才是导致公司股票未来价格上升的根本因素。

其二，发展能力是企业盈利能力、营运能力、偿债能力的综合体现。无论是增强企业的盈利能力、偿债能力还是提高企业的资产运营效率，都是为了企业未来的生存和发展需要，都是为了提高企业的增长能力。因此，要全面衡量一个企业的价值，就不应该仅仅从静态的角度分析其经营能力，更应该着眼于从动态的角度出发分析和预测企业的发展能力。

企业发展能力分析的目的如下：

第一，对于债权人而言，可以通过发展能力分析判断企业未来盈利能力，从而作出正确的信贷决策。

第二，对于股东而言，可以通过发展能力分析衡量企业创造股东价值的程度，从而为采取下一步战略行动提供依据。

第三，对于潜在的投资者而言，可以通过发展能力分析评价企业的成长性，从而选择合适的目标企业作出正确的投资决策。

第四，对于经营者而言，可以通过发展能力分析发现影响企业未来发展的关键因素，从而采取正确的经营策略和财务策略促进企业可持续发展。

第一节　发展能力指标分析

一、资本增长指标

（一）股东权益增长率

股东权益增长率是指本年所有者权益的增长额与年初所有者权益之比，也叫做资本积累率。它反映企业经过一年的生产经营后所有者权益的增长幅度，是评价企业发展潜力的重要指标。其计算公式是

$$股东权益增长率=\frac{本年所有者权益增长额}{年初所有者权益}\times 100\%$$

本年所有者权益增长额是指企业本年所有者权益与上年所有者权益的差额，即本年所有者权益增长额 = 所有者权益年末数 − 所有者权益年初数。

【例 8－1】根据附录中高乐公司的有关资料，该公司 2009 年 12 月 31 日所有者权益为 6 070 万元，2008 年 12 月 31 日所有者权益为 4 820 万元，则该公司 2009 年度股东权益增长率计算如下：

$$\text{股东权益增长率} = \frac{6\ 070 - 4\ 820}{4\ 820} \times 100\% = 25.93\%$$

通过计算可知，高乐公司 2009 年的股东权益比 2008 年增长了 25.93%。

股东权益增长率越高，表明企业本期所有者权益增加得越多，对企业未来的发展越有利；反之，股东权益增长率越低，表明企业本年度所有者权益增加得越少，企业未来的发展机会就越少。

在进行股东权益增长率分析时，应注意以下几点：

1. 股东权益的增长来源有两个，其中一个来源是生产经营活动产生的净利润，另一个来源是筹资活动产生的股东净支付。所谓股东净支付，就是股东对企业当年的新增投资扣除当年发放股利后的余额。因此，股东权益增长率还可以表示为

$$\begin{aligned}\text{股东权益增长率} &= \frac{\text{本年所有者权益增长额}}{\text{年初所有者权益}} \times 100\% \\ &= \frac{\text{净利润} + (\text{股东新增投资} - \text{支付股东股利})}{\text{年初所有者权益}} \times 100\% \\ &= \frac{\text{净利润} + \text{对股东的净支付}}{\text{年初所有者权益}} \times 100\% \\ &= \text{净资产收益率} + \text{股东净投资率}\end{aligned}$$

公式中的净资产收益率和股东净投资率都是以所有者权益期初余额作为分母计算的。从公式中我们也可以看出，股东权益增长率的变化受净资产收益率和股东净投资率这两个因素的影响。其中，净资产收益率反映了企业运用股东投入资本创造收益的能力，而股东净投资率反映了企业利用股东新投资的程度。这两个比率的大小都会影响股东权益增长的情况。

2. 股东权益增长率反映了投资者投入企业资本的保全性和增长性。该指标越高，表明企业的资本积累越多，企业资本保全性越强，应付风险、持续发展的能力越强。

3. 股东权益增长率如为负值，表明企业资本受到侵蚀，所有者利益受到损害，应予以充分重视。

4. 股东权益增长趋势分析。为了正确判断和预测企业股东权益规模的发展期趋势和发展水平，应将企业不同时期的股东权益增长率加以比较。因为一个持续增长的企业，其股东权益增长率是不断增长的。如果时增时减，则反映企业发展不稳定，同时也说明企业并不具备良好的发展能力。因此仅仅计算和分析某个时期的股东权益增长率是不全面的，应利用趋势分析法将一个企业不同时期的股东权益增长率加以比较，才能正确全面地评价企业发展能力。

（二）三年股东权益平均增长率

股东权益增长率指标有一定的滞后性，仅反映当期情况。为反映企业资本保全增值

的历史发展情况，了解企业的发展趋势，需要计算连续几年的股东权益增长率，从而客观地评价企业的股东权益发展能力状况。

$$三年股东权益平均增长率=\left(\sqrt[3]{\frac{年末所有者权益总额}{三年前年末所有者权益总额}}-1\right)\times100\%$$

该指标越高，表明企业所有者权益的保障程度越高，企业可长期使用的资金越多，抗风险的持续发展的能力越强。

利用该指标分析时应注意所有者权益各类别的增长情况。实收资本的增长一般源于外部资金的进入，表明企业具备了进一步发展的基础，但并不表明企业过去具有很强的发展和积累能力；留存收益的增长反映企业通过自身经营积累了发展后备资金，既反映了企业在过去经营中的发展能力，也反映了企业进一步发展的后劲。

【例8-2】根据附录中高乐公司资产负债表与利润表的资料，分别计算该公司2007年、2008年、2009年的股东权益增长率、净资产收益率和股东净投资率等指标，计算结果如表8-1所示。

表8-1　　高乐公司股东权益增长率、净资产收益率和股东净投资率计算表

单位：万元、%

项目	2006年	2007年	2008年	2009年
所有者权益总额	3 756	3 898	4 820	6 070
本年所有者权益增长额	—	142	922	1 250
股东权益增长率	—	3.78	23.65	25.93
净资产收益率	—	19.88	30.55	37.55
股东净投资率	—	-16.1	-6.9	-11.6

注：表中的净资产收益率和股东净投资率都是以所有者权益期初余额作为分母计算的。

从表8-1可以看出，高乐公司自2007年以来，其所有者权益总额不断增加，从2007年的3 898万元增加到2009年的6 070万元；该公司2007年以来的股东权益增长率也不断增加，这说明高乐公司近几年企业的资本积累不断增加，应付风险、持续发展的能力不断增大。

进一步分析该公司股东权益增长的原因，可以发现，2007—2009年的净资产收益率不断增加，且在股东权益增长率中都占有较大比重，这说明该公司股东权益的增长主要来自净利润的增加，而不是来源于股东的新增投资。净资产收益率反映企业运用股东投入资本创造收益的能力，这表明高乐公司股东权益的增长主要是依靠企业运用股东投入资本所创造的收益，而不是依靠股东新投入的资本。根据以上分析可以判断该公司在股东权益方面具有较强的发展能力。

二、资产增长指标

（一）资产增长率

企业要增加销售收入，就需要通过增加资产投入来实现。资产是企业用于取得收入的资源，也是企业偿还债务的保障。资产增长是企业发展的一个重要方面，发展性高的企业一般能保持资产的稳定增长。

资产增长率就是本年度资产增加额与资产年初总额之比，用来反映企业总资产的增长速度的快慢。其计算公式如下：

$$资产增长率=\frac{资产年末总额-资产年初总额}{资产年初总额}\times 100\%$$

资产增长率大于零，则说明企业本年度资产规模增大。资产增长率越大，说明资产规模扩大得越快。资产增长率小于零，则说明企业本年度资产规模缩减，资产出现负增长。

【例8-3】根据附录中高乐公司的有关资料，该公司2009年12月31日总资产为7 770万元，2008年12月31日总资产为6 500万元，则该公司2009年度资产增长率计算如下：

$$资产增长率=\frac{7\ 770-6\ 500}{6\ 500}\times 100\%$$

$$=19.54\%$$

通过计算可知该公司2009年的资产规模比2008年增长了19.54%。

在进行资产增长率指标分析时，应注意以下几点：

1. 分析资产增长的规模是不是合理。企业资产增长率高并不意味着企业的资产规模增长就一定合理。评价一个企业资产规模是否合理，必须与销售收入增长、利润增长等情况结合起来分析。只有在一个企业的销售收入增长、利润增长超过资产规模增长的情况下，这种资产规模增长才属于效益型增长，才是合理的、适当的。

2. 正确分析企业资产增长的来源。企业的资产来源于负债和所有者权益。在其他条件不变的情况下，无论是增加负债规模还是增加所有者权益规模，都能够提高资产增长率。增加负债规模，说明企业增加负债筹资；而增加所有者权益规模，则可能是企业吸收了新的股东或者是实现了盈利。从企业发展的角度看，企业资产的增长应该主要来自所有者权益的增长，而不是负债的增长。相反，如果一个企业资产的增长完全依赖于负债的增长，而所有者权益在本年度内没有发生变动或者变动不大，说明企业不具备良好的发展潜力。

3. 分析资产增长的趋势是否稳定。为了全面地认识企业资产规模的增长趋势和增长水平，应将企业不同时期的资产增长率加以比较。对于一个健康的处于成长期的企业，其发展规模应该是不断增长的。如果时增时减，则反映企业的经营业务不稳定，同时也说明企业并不具备良好的发展能力。

4. 资产增长率是考核企业发展的重要指标。在对我国上市公司业绩综合排序时，该指标位居第二。

（二）固定资产成新率

固定资产成新率是企业当期平均固定资产净值同平均固定资产原值的比率，反映了企业所拥有的固定资产的新旧程度，体现了企业固定资产更新的快慢和持续发展的能力。

$$固定资产成新率=\frac{固定资产平均净值}{固定资产平均原值}\times 100\%$$

该指标值高表明企业的固定资产比较新，可以为企业服务较长时间，企业对扩大再生产的准备比较充足，发展的可能性较大。

在进行固定资产成新率指标分析时，应注意以下几点：

1. 应剔除企业应提未提折旧对固定资产真实情况的影响。
2. 进行企业间比较时，注意不同折旧方法对指标的影响。
3. 该指标受周期影响大，评价时应注意企业所处周期阶段这一因素。

【例 8-4】从附录中高乐公司的资产负债表的资料为基础，分别计算该公司 2007 年、2008 年、2009 年的资产增长率、股东权益增加额及其占资产增加额的比重。其资产增长率指标计算如表 8-2 所示。

表 8-2　　高乐公司资产增长率指标计算表　　单位：万元、%

项目	2006 年	2007 年	2008 年	2009 年
资产总额	4 454	4 957	6 500	7 770
本年资产增长额	—	503	1 543	1 270
资产增长率	—	11. 30	31. 13	19. 54
股东权益增长额	—	142	922	1 250
股东权益增长额占资产增加额的比重	—	28. 23	59. 75	98. 43

从表 8-2 可以看出，自 2007 年以来，高乐公司资产规模不断增加，从 2007 年的 4 957万元增加到 2009 年的 7 770 万元。但是，2007 年以来的资产增长率时增时减，从 2007 年的 11. 30% 提高到 2008 年的 31. 13%，又从 2008 年的 31. 13% 降低到 2009 年的 19. 54%。这说明高乐公司近几年反映公司的经营业务不稳定，资产规模呈现出不稳定发展趋势。

但是仅仅从这一点，我们还不能断定高乐公司不具有较强的资产增长能力，我们还必须分析该公司资产增长的效益性和资产增长的来源。资产增长的效益性将在下面的销售增长分析和利润增长分析中结合相关数据进行分析，在此我们主要分析资产增长的来源。如表 8-2 所示，2007 年、2008 年和 2009 年这三年的股东权益增加额占资产增加额的比重分别为 28. 23%、59. 75%、98. 43%，可看出该公司这三年来股东权益增加额在资产增加额中所占的比重很大，尤其是 2009 年股东权益增长额占资产增加额的比重达到了 98. 43%。资产增长的绝大部分来自股东权益的增加，说明这三年资产增长的来源比较理想。如果公司能够调整好资产规模，使其稳定发展，则该公司的资产增长能力还是很强的。

三、销售增长率指标

（一）销售增长率

该指标是衡量企业经营状况和市场占有能力、预测企业经营业务拓展趋势的重要指标。不断增长的销售收入，是企业生存的基础和发展的条件。

销售增长率是指某一年度营业收入增加额与上年营业收入之比。它是评价企业发展能力的重要指标。其计算公式如下：

$$销售增长率=\frac{本年营业收入-上年营业收入}{上年营业收入}\times 100\%$$

销售增长率是反映企业营业收入在一年之内增长幅度的比率。销售增长率大于零，说明企业本年的营业收入有所增加，本期销售规模扩大。销售增长率越高，说明企业营业收入增长得越快，销售情况越好，企业市场前景越好；反之，销售增长率小于零，则说明企业销售收入有所减少，销售规模减小，销售出现负增长，也就是企业的产品或者服务不适销对路，质次价高，或者是售后服务等方面存在问题，市场份额萎缩。

附录中高乐公司的利润表显示，其2009 年度营业收入为7 660 万元，2008 年度营业收入为7 343 万元。由此可见

$$2009\ 年度企业销售增长率=\frac{7\ 660-7\ 343}{7\ 343}\times 100\%$$

$$=4.32\%$$

该指标大于零表示企业本年的产品适销对路，企业市场前景好，销售收入有所增长。

分析企业的销售增长率时，应该注意以下几个方面：

1. 销售增长率是衡量企业经营状况和市场占有能力的重要指标。不断增加的销售收入，是企业生存的基础和发展的条件。世界500 强就主要以销售收入的多少进行排序。分析销售增长率时要分析销售增长的效益，也就是要看一个企业的销售增长率与资产增长率哪个大。一般情况下，一个企业的销售增长率应高于其资产增长率。只有在这种情况下，才能说明企业在销售方面具有良好的成长性。如果营业收入的增加主要是通过资产的增加来实现的，也就是销售增长率低于资产增长率，说明企业的销售增长不具有效益性，同时也反映企业在销售方面可持续发展能力不强。

2. 可以利用某种产品销售增长率指标，来观察企业该种产品处于产品生命周期中的哪个时期。根据产品生命周期理论，每种产品的生命周期一般可以划分为四个阶段，产品在不同阶段反映出的销售情况也不同：在投入期，由于产品刚刚投入生产，产品销售规模较小，增长比较缓慢，这时这种产品的销售增长率较低；在成长期，由于产品市场不断扩大，生产规模不断扩大，销售迅速增加，产品销售增长较快，这时这种产品销售增长率较高；在成熟期，由于市场已经饱和，销售量趋于稳定，产品销售将不再有大幅度地增长，这时这种产品销售增长率与上一期相比变化不大；在衰退期，由于市场开始萎缩，产品销售增长速度放慢甚至出现负增长，即这种产品销售增长率较上期变动非常小，甚至表现为负数。企业的产品结构是由处在不同生命周期的产品系列组成。对一个具有良好发展前景的企业来说，较为理想的产品结构是“成熟一代，生产一代，储备一代，开发一代”。对于一个所有产品都处于成熟期或者衰退期的企业来说，其发展前景令人担忧。

3. 要全面、正确地分析企业销售收入的增长趋势和增长水平。由于某个时期的销售

增长率可能会受到一些偶然因素影响，仅仅就某个时期的情况而言，这些比率分析并不全面。因此，应结合企业历年的销售水平、企业市场占有情况、行业未来发展及其他影响企业发展的潜在因素，进行前瞻性预测，或者结合企业前三年的销售收入增长率作出趋势性分析判断。

（二）三年销售平均增长率

该指标表明企业主营业务收入连续三年增长的情况，体现了企业的持续发展态势和市场扩张能力。

$$三年销售平均增长率=\left(\sqrt[3]{\frac{当年主营业务收入总额}{三年前主营业务收入总额}}-1\right)\times 100\%$$

该指标越高，表明企业销售收入持续增长势头越好，企业积累和发展的基础越稳固，市场扩张能力越强。若指标低，则情况相反。

【例8-5】根据附录中高乐公司的利润表，分别计算该公司2007年、2008年和2009年的销售增长率指标。其销售增长率指标计算如表8-3所示。

表8-3　　高乐公司销售增长率指标计算表　　单位：万元、%

项目	2006年	2007年	2008年	2009年
营业收入	4 720	5 969	7 343	7 660
本年营业收入增加额	—	1 249	1 374	317
销售增长率	—	26.46	23.02	4.32

首先，分析高乐公司销售收入的发展趋势和发展水平。从表8-3可以看出，该公司自2007年以来，其销售规模不断增大，营业收入从2007年的5 969万元增加到2009年的7 660万元。但从增长幅度来看，这三年来的销售增长率却一直呈下降的趋势，尤其是2009年的下降幅度很大，这说明该公司的销售增长速度已经开始放慢，逐渐趋于稳定的水平。

其次，利用表8-2的资产增长率指标，结合表8-3分析公司各年销售增长是否具有效益性。2007年、2008年、2009年这三年的资产增长率分别为11.30%、31.13%、19.54%。可见这三年的销售增长率均低于当年的资产增长率，这说明高乐公司这三年的销售增长主要是依靠资产的相应增加取得。因此，该公司销售增长不具有效益性。

四、净利润增长率指标

由于净利润增长率是企业经营业绩的结果，所以净利润的增长是企业成长性的基本表现。净利润增长率是某一年度内税后净利润增加额与上年税后净利润之比。其计算公式是

$$净利润增长率=\frac{本年税后净利润-上年税后净利润}{上年税后净利润}\times 100\%$$

净利润增长率是反映企业税后净利润在一年内增长幅度的比率。一般情况下，净利润增长率大于零时，说明企业本期净利润增加，企业的发展前景较好；净利润增长率小

于零时，说明企业本期的净利润减少，企业的发展前景不好。

【例 8－6】附录中高乐公司的有关资料显示，该公司 2009 年度税后净利润为 1 810 万元，2008 年度税后净利润为 1 191 万元，则该公司 2009 年度净利润增长率计算如下：

$$净利润增长率=\frac{1\ 810-1\ 191}{1\ 191}\times 100\%$$
$$=51.97\%$$

通过计算可知，该公司的净利润增长率大于零，说明 2009 年该公司的净利润增加。

在分析企业净利润增长率时，应注意以下几点：

1. 分析净利润增长率时应该结合企业的营业利润增长率来进行。企业的净利润除了来自主营业务收入之外，还包括公允价值变动损益、资产减值损失、营业外收入等这些非主营业务收入。要全面地认识企业的发展能力，需要结合企业的营业利润增长率进行分析。一个企业如果销售收入增长，但是利润并没有增长，则从长远看，它并没有创造经济价值。同样，一个企业如果利润增长，但是销售收入并未增长，也就是说利润的增长不是来自其正常经营业务，这样的增长是不能持续的，随着时间的推移就会消失。所以，利用营业利润增长率可以较好地考察企业的成长性。营业利润增长率是某一年度内营业利润增加额与上年营业利润之比，其计算公式为

$$营业利润增长率=\frac{本年营业利润-上年营业利润}{上年营业利润}\times 100\%$$

该公式反映的是营业利润增长情况。

【例 8－7】附录中高乐公司的有关资料显示，该公司 2009 年度营业利润为 2 070 万元，2008 年度营业利润为 1 366 万元，则该公司 2009 年度营业利润增长率如下：

$$营业利润增长率=\frac{2\ 070-1\ 366}{1\ 366}\times 100\%$$
$$=51.54\%$$

通过计算可知，该公司 2009 年度的营业利润与 2008 年度相比增长了 51.54%。营业利润增长率大于零，说明企业本期营业利润增加；营业利润增长率越大，则说明企业收益增长得越多。营业利润增长率小于零，说明企业本期营业利润减少，收益降低。

2. 为了正确地反映企业净利润的增长趋势，应将企业连续多期的净利润增长额、净利润增长率、营业利润增长率进行对比分析，这样可以排除个别时期偶然性或者特殊性因素的影响，从而全面、真实地揭示企业净利润的增长情况，反映企业发展能力的稳定性。

【例 8－8】以附录中高乐公司的有关资料为基础，分析该公司的净利润发展能力。

首先，利用相关数据分别计算该公司 2007 年、2008 年、2009 年的营业利润增长率和净利润增长率等指标。计算结果如表 8－4 所示。

表 8－4　高乐公司净利润增长率指标计算表　单位：万元、%

项目	2006 年	2007 年	2008 年	2009 年
营业利润	595	855	1 366	2 070
本年营业利润增加额	—	260	511	704
营业利润增长率	—	43. 70	59. 77	51. 54
净利润	510	747	1 191	1 810
本年净利润增加额	—	237	444	619
净利润增长率	—	46. 47	59. 44	51. 97

其次，根据表 8－4 分析高乐公司的营业利润增长率。从表中可以看出，该公司自 2007 年以来，其营业利润不断增加，营业利润从 2007 年的 855 万元增加到 2009 年的 2 070万元。结合表 8－3，该公司 2007 年、2008 年、2009 年三年的销售增长率分别是 26. 46%、23. 02%、4. 32%，而该公司这三年的营业利润增长率分别为 43. 70%、59. 77%、51. 54%。公司的营业利润增长率高于销售增长率，说明该公司这三年的营业收入和投资净收益的增长超过了营业成本、营业税费、期间费用等成本的增加，说明公司正处于成长期，业务不断拓展，其盈利能力较强。

再次，分析该公司的净利润增长率。结合公司的营业利润增长率来看，该公司 2007 年、2008 年、2009 年营业利润增长率分别是 43. 70%、59. 77%、51. 54%，而该公司 2007 年、2008 年、2009 年净利润增长率分别是 46. 47%、59. 44%、51. 97%。除了 2008 年净利润的增长幅度稍稍低于营业利润的增长幅度以外，2007 年、2009 年净利润的增长幅度都超过营业利润的增长幅度，说明这两年净利润的增长主要来源于营业利润的增长，企业具有良好的发展能力。

最后，综合以上分析，高乐公司在营业利润方面具有较强的发展能力，在净利润方面也具有一定的增长能力。

知识链接：衡量一个公司质量和素质的重要指标——股东权益收益率

一家能持续创造高股东权益收益率的公司，表示管理者不仅能在本企业经营上屡创佳绩，同时又能善加运用保留盈余，为股东创造更多财富，而非偶尔有个好成绩。股东权益收益率是衡量公司管理优劣、效益高低的重要指标。

衡量股东权益收益率高低的一个方法，便是将它与同期的国债利率进行比较。我国的现行国债利率是5%，那么，任何一家企业的净资产收益率低于5%，便是管理层无能的表现。

过去 40 年，美国一般公司只能获取 5%～10% 的股东权益收益率，标普 500 的股东权益收益率为 10%～15%。由于存在某些缺陷和股权文化不足，我国大多数上市公司的股东权益收益率低于无风险的国债利率 5%。我国上市公司的盈利能力存在着极大的提升潜力，随着全流通的推出和一系列措施的完善，上市公司的股东权益收益率将会提高。

当一家公司获得高股东权益收益率时，表明它在运用股东资产时富有效率，因此，公司就会以很快的速度提高股本价值，由此也使股价获得一个相同速度的增长。

随着公司的不断成长，股本不断扩张，维持高股东权益收益率是较为困难的，要维持一个稳定的股东权益收益率，就必须使净利润增长率超过股东权益收益率，也就是说，要维持26%的股东权益收益率，就必须使净利润增长率超过26%。

可以保持20%的股东权益收益率的公司，不仅可以为你带来两倍于普通股股票和债券的收益，而且还通过再投资，为你获得20%的长久收益率的机会。那些再投资回报率可以在将来持续达到这一水平的优质公司，最终会为你的投资提供20%的复利回报。

在我们的A股市场，少数高股东权益收益率的公司也为投资者提供了不俗的回报，如云南白药、伊利股份、万科地产等。

在分析股东权益收益率时，还应考虑以下因素。

1. 用少量负债或零负债取得高股东权益收益率的公司，强于高负债下获得近似股东权益收益率的公司。合理举债的公司能够大大改善股东权益收益率，但是过高的负债是不可取的，尤其是盈利周期性变动的公司，高负债不但增加了利息支出，更有可能使当年现金流出现问题的可能性增加，从而增加企业破产的风险。

2. 只要平均的可持续的股东权益收益率维持在较高的水平，较时的收益波动无伤大雅。但太高的债务比率却会产生企业停止运营的可能，50%的债务比率是我们可以容忍的一个底线，超过这个水平，我们就应该保持高度警惕。金融业和房地产业由于其特殊的行业特性，可以适当放宽条件。

3. 高水平的股东权益收益率因行业而异。医药和消费品公司通常有较高的股东权益收益率，它们能够承受较高的债务水平，因为与那些周期性公司相比，其销售收入和利润来源更加稳定，更具有可预见性，因此，它们可以放心运用债务扩大经营，不用担心经济衰退。

4. 股票回购可以导致高股东权益收益率。20世纪90年代中期，美国数10家顶级公司开始回购股票，目的是提高每股收益和股东权益收益率。SP——一家制药公司，在90年代后期，股东权益收益率超过50%，因为其回购股票的数量超过了115亿股，如果没有回购，其股东权益收益率就会保持在20%~30%之间。

我国股权分置改革前，由于股权割裂，极少的公司回购股票，全流通的实现将为股票回购的推出提供可能，优质公司的股东权益收益率将会因此大幅提升。

5. 小心人为抬高股东权益收益率。公司通过重组、资产出售或一次性所得，可以抬高股东权益收益率，但是其好景比周期性公司更为短暂，这种一次性依靠会计手段取得高水平股东权益收益率的公司，并不能使股东真正受益。

总之，在评估一家公司质量是否优良、经营管理是否称职时，股东权益收益率是一个重要的衡量指标，其他财务指标不可替代。

资料来源：经济管理网。

第二节 可持续发展能力分析

一、可持续增长率及其影响因素分析

从资金来源上看，企业发展的实现方式有三种；一是完全依靠内部资金增长，即在不增加外部负债的情况下，依靠内部积累的资金，实现增长。有些小企业无法取得借款，有些大企业不愿意借款，它们主要是靠内部积累实现增长。内部的财务资源是有限的，往往会限制企业的发展，无法充分利用扩大企业财富的机会。二是主要依靠外部资金增长，即主要依靠增加企业债务和股东投资，实现企业的增长。这种方式也有一些缺陷：主要依靠外部资金实现增长是不能持久的；增加负债会使企业的财务风险增加，筹资能力下降，最终会使借款能力完全丧失；增加股东投入资本，不仅会分散控制权，而且会稀释每股收益，除非追加投资有更高的回报率，否则不能增加股东财富。三是均衡增长，即在保持目前的财务结构的情况下，根据股东权益的增长比例，增加借款数额，从而获得企业发展所需的资金。这种增长一般不会消耗企业的财务资源，是一种可持续的增长。可持续增长率的假设条件如下：

1. 公司目前的资本结构是一个目标结构，并且打算继续维持下去；
2. 公司目前的股利政策是一个目标股利政策，并且打算继续维持下去；
3. 不愿意或者不打算发售新股，增加债务是其唯一的外部筹资来源；
4. 公司的销售净利率将维持当前水平，并且可以涵盖负债的利息；
5. 公司的资产周转率将维持当前的水平。

可持续增长率的计算公式为

$$\begin{aligned}\text{可持续增长率} &= \text{股东权益增长率}\\ &= \text{净资产收益率} \times (1 - \text{股利支付率})\\ &= \text{销售净利率} \times \text{资产周转率} \times \text{权益乘数} \times (1 - \text{股利支付率})\end{aligned}$$

可见，影响企业可持续增长率的因素包括：销售净利率、资产周转率、权益乘数和股利支付率。其中，销售净利率反映了企业生产经营的盈利能力；资产周转率则反映了企业的资产运营能力，说明企业资产的运营效率。在财务杠杆水平和股利支付率保持不变的条件下，销售净利率与资产周转率越高，可持续增长率就越高。销售净利率和资产周转率两个指标是企业经营绩效的综合体现。反映企业经营战略的成效，是企业综合实力的体现。而权益乘数和股利支付率则分别体现企业的融资政策和股利政策，反映企业的财务战略的成效。因此，如果企业要改变增长速度，就必须通过改变企业的经营战略或财务战略，或两者的组合。

可持续增长的思想，不是说企业的增长不可以高于或低于可持续增长率。问题在于管理人员必须事先预计并且加以解决在公司超过可持续增长率之上的增长所导致的财务问题。超过部分的资金只有两个解决办法：提高资产收益率，或者改变财务政策。提高经营效率并非总是可行的，改变财务政策是有风险和有极限的，因此超常增长只能是短期的。尽管企业的增长时快时慢，但从长期来看总是受到可持续增长率的制约。

二、提高可持续发展能力的主要途径

1. 制定企业财务战略，努力改善财务指标。财务战略目标规定了企业财务活动的基本特征和基本方向，是企业各项财务活动的行动指南和努力方向。它明确了在未来相当长的时期内，企业准备实现的财务战略使命。企业应根据其内外环境和财务战略目标，拟订相关实现目标的备选方案，通过分析论证，在权衡利弊得失的基础上选择实现财务战略的最优方案。为了提高可持续发展能力，企业在制定财务战略目标时，应以企业现金收益和风险的平衡为重点，根据企业发展的不同时期选择不同的财务战略，将财务指标控制在一定的幅度内，并在企业发展过程中，始终执行既定的财务战略，使企业可持续发展能力不断得到提高。

2. 建立财务危机预警系统，改善财务指标。一般来讲，理性的投资者绝不会单纯以收益为导向，而是期望收益的实现能够建立在良好的投资安全保障基础之上。作为企业，首先必须为投资者提供一种财务安全保障机制，然后在此基础上不断拓展核心竞争能力，实现资源配置的高效率与高效益性。只有这样，才能在企业价值增长与吸引投资者之间形成一种持续的良性互动机制。所谓财务预警系统，就是旨在监测预报企业可能或将要面临的财务危机，通过设置财务指标体系，并观察一些敏感性财务指标的变化，而建立的财务分析系统。市场的瞬变性与不可准确预见性，加之决策者素质水平的影响，使得风险成为客观存在。如果企业不能卓有成效地规避与防范各种风险因素，势必使企业的未来发展陷入严重的危机境地。当各种不测风险发生后，最易遭受侵害的显然是企业的财务管理：由财务状况的渐进恶化而引发财务危机。因此，建立财务危机预警系统，及早诊断出危机信号，并采取相应措施，改善财务指标，将危机消灭于萌芽阶段，成为确保企业财务安全和提高企业可持续发展能力的一项重要内容。

3. 实施全面预算管理，改善财务指标。全面预算管理就是通过价值驱动因素来进行资源配置管理，保证预算制定的过程能够适应不断变化的经营环境，从而采用高水平的财务模型来拓展年度预算的框架，建立以价值增值和可持续发展为目标的预算程序，进而监督企业的价值创造活动的全过程。

4. 优序融资政策，改善财务指标。筹资策略应根据内外财务管理环境的状况和走势，对资金筹措的目标、结构、渠道和方式等进行长期和系统的谋划，旨在为经营战略的实施和提高核心竞争力提供可靠的资金保证，并力求不断降低融资成本，提高筹资效益。企业应维持一个保守的财务比率，以保持企业持续进入资本市场的充足的借贷能力；制定能够以留存收益支持公司持续增长的股利支付率。这对处于成长期或成熟期的企业来说非常重要，这一融资政策既能够利用留存收益增强企业财务的灵活度，又能够利用债务融资维持或提高股票市场价值。企业应致力于优序融资政策，改善财务指标，使企业可持续发展能力不断得到提高。

三、可持续增长策略分析

可持续增长率与实际增长率是两个概念。可持续增长率是企业当前经营效率和财务政策决定的内在增长能力，而实际增长率是本年销售额比上年销售额的增长百分比。在实践中，经常出现企业的可持续增长率与实际增长率不一致的情形。当实际增长率高于可持续增长率时，企业由于发展过快将面临资金短缺问题，有些企业因为增长过快可能陷入资金危机甚至破产；当实际增长率低于可持续增长率时，企业将面临资金多余问题，增长速度慢，发展困难甚至被其他企业收购。前者多发生在处于初创期和成长期的企业，后者多发生在处于成熟期和衰退期的企业。因此，管理人员必须事先预料到企业超过或低于可持续增长率时所导致的财务问题，并及时地采取各种方法、策略，以保证企业的可持续发展。

（一）实际增长率大于可持续增长率

实际增长率大于可持续增长率意味着企业资金短缺。处于初创期和成长期的企业最容易发生现金短缺。如果管理者认为，企业的增长速度超过可持续增长率只是短期状况，不久随着企业逐步进入成熟阶段，企业的增长率将会降下来，那么从财务角度看，这种短缺问题最简单的解决办法是增加负债。当企业在不久的将来增长率下降时，用多余现金还掉借款，就会自动平衡。如果管理者认为，企业将长期保持高速增长，那么从财务角度看，可将下面的几种办法综合起来运用，以谋求平衡。

1. 注入新的权益资本。当一个企业愿意并且能够在资本市场增发股票，它的可持续增长问题可得以消除。新增加的权益资本和利用财务杠杆增加的借款能力将为企业提供充足的发展资金。不过，对很多企业来讲，采用增加权益资本的办法有时会出现一些问题：首先，在没有资本市场或资本市场不发达的地方，增加权益资本的方法行不通。即使存在销售股票的可能性，也可能由于复杂的文件准备工作和申请程序使此项工作的确定性和及时性大打折扣。其次，即使存在较发达的资本市场，对一些小型企业来讲，由于发行股票往往因较为苛刻的条件难以满足而无法实施，或者因为没有很好的产品得到市场认同而无法大量销售股票。最后，即使有些企业能够通过增加权益资本来解决现金短缺问题，但由于种种原因，它们也可能不愿意使用这种方法。但由于权益资本的成本较高，并且权益筹资会导致流通在外股票数量增加，从而稀释每股收益和企业控制权，因此，也往往使得原股东不愿意采取这种战略。

2. 提高财务杠杆。提高财务杠杆就是扩大负债比例，增加负债额。但是财务杠杆的提高是有上限的。每个企业对外来讲都有一个借贷上限，超过了上限以后，借款可能难以获得，也可能因为风险加大、成本太高而变得不经济了。公司的债务越多，偿债的压力就越大，陷入债务危机或破产的可能性就越大。同时债权人为了避免或弥补可能出现的损失，也会使借贷条件更加苛刻（如提高借贷利率），从而增加债权融资的成本。另外，增加负债额会增加财务风险。因为债务资本不仅要支付固定的利息，而且还要按约定条件偿还本金，是企业一项固定的财务负担，无财务弹性可言。如果企业未来的现金流量不稳定和债务调度不合理，一旦出现经营风险而无法偿还到期债务时，企业将面临较大的财务危机，甚至破产倒闭。

3. 降低股利支付率。降低股利支付率与财务杠杆相反，股利支付率的降低有一个下限，即为零。股东对股利的态度与对企业投资机会前景的看法有很大关系。当股东们认为收益留在企业能产生较高的回报时，降低股利支付率则会使股东感到可以接受。当股东们认为企业的投资回报不能够令人满意时，股利支付率的降低则会引起他们的不满，最直接的表现是股票价格下跌。因此，仅仅依靠降低股利支付率可能不能满足企业的大规模资金需求。

4. 非核心业务剥离。非核心业务剥离可以从两方面解决可持续增长问题：一是从卖掉的非核心业务中可以直接获取现金以支持保留业务的增长；二是通过剥离非核心业务，将因非核心业务引起的增长压力消除，从而降低企业的增长速度。非核心业务剥离不仅适用于多元化经营的企业，其指导思想对单一行业的企业也同样适用。单一行业经营的企业可以通过处理一些周转缓慢的存货项目和取消与一些经常延期付款客户的交易来实现剥离的目的。这样做至少可以从三个方面解决增长问题：（1）产生多余现金支持增长；（2）降低一些低质量销售收入以控制增长；（3）提高资产周转率。

5. 寻求外购。企业可以通过将一些活动交给外单位实施来增加企业的可持续增长。如将一些零部件由自制改为外购，将销售工作交由外部的专业销售公司来进行。当企业采用外购业务时，原来从事这些活动所占用的资产被释放了出来，而且还可以提高资产周转率，这些措施可以帮助解决可持续增长问题。企业能否有效地进行外购，主要取决于企业的核心竞争能力是什么。如果一种活动的外购不会损害企业的核心竞争能力，则这部分活动适于外购。

6. 兼并。寻求一些有多余现金流量的企业或可提高活动效率和业务量的企业进行兼并，也是一种较为有效的解决可持续增长问题的办法。这种兼并往往指吸收合并。有两类企业可以为收购方提供现金支持：一类是处于成熟阶段的企业，这些企业也在为自己多余的现金寻求适当的投资机会；另一类是财务政策非常保守的企业，兼并后可以提高企业的流动性和借贷能力。

（二）实际增长率小于可持续增长率

当企业实际增长率低于可持续增长率时，说明企业现金充足、闲置。企业管理者要综合分析企业内部和外部的原因，找出影响销售增长的症结所在，确认企业的增长速度是否可以合理提高，并充分利用闲置资金。可采取的策略有：

1. 寻找投资机会。一般来说，企业的实际增长率低于可持续增长率可能是企业没找到合适的投资机会。企业应寻求新的利润增长点，加大投资力度、选择新的投资项目或收购相关企业，从而避免资源闲置。

2. 提高股利支付率。企业实际增长率低于可持续增长率时，管理层的注意力应该集中在如何有效支配多余的现金流量上。此时现金过剩，企业可适当加大分红比例。这样既有利于企业树立良好的社会形象，也有利于稳定企业股票价格，从而增强投资者对企业持股的信心。

3. 股份回购。当企业进入衰退期，又找不到新的利润增长点或进行有效转型，剩余资金也无适当用途（如将其作为银行存款或购买短期证券会影响企业的净资产收益率），这时企业可通过股份回购减少企业股本。这样不仅可充分利用企业现金顺差改善企业资本结构，还可以提高每股收益，从而缩小可持续增长率与实际增长率的差距，推动企业的可持续增长。

总之，可持续增长率对企业发展的指导作用是明显的。企业的发展速度会受到社会政治、经济及企业自身等因素的影响，实际增长率有时会高于或低于可持续增长率。但从长期看，企业的实际增长率会受到可持续增长率的制约。企业也只有重视实际增长率与可持续增长率的差距，根据可持续增长率适当控制实际增长率，才能够实现稳定发展。

知识链接：可持续发展能力与企业的财务目标的关系

传统的企业财务目标是股东财富最大化，它是建立在英美理论基础上的一个理论体系。由于它只注重对硬资源的开发和利用，忽视了对软资源的开发，同时它只强调保护股东的权益，而忽视其他相关者的利益，挫伤了员工、经营者的积极性，特别是没有将社会责任纳入企业财务目标体系，影响了企业的可持续发展。因而要对企业的财务目标重新定位，以在保护股东利益的同时，兼顾其他相关者的利益，并将社会责任纳入财务目标体系。企业的财务目标应该是可持续发展能力最大化，主要包括以下两个方面的内容。

1. 企业获利能力和增值能力最大化。现实中不同的利益相关者对企业有着不同的财务利益要求，投资者期望资本增值最大化，债权人期望债权资金收益最大化，员工期望薪资收入最大化，政府期望公共收益最大化或财政收入最大化，经营者期望人力资本收益最大化，等等。利益相关者的这些财务利益的实现，必然要求企业不断地创造价值。无论是利润最大化，还是股东财富最大化的财务目标，都把获利作为第一目标。但是，它们在追求获利的时候，偏重于企业的短期利润，在收益分配上倾向于物质资本所有者。而企业获利能力和增值能力最大化的财务目标要求企业最大限度地获取合法利润，在培育和配置资源时应充分考虑所有相关者的利益要求，注重企业的可持续发展。与股东财富最大化的财务目标相比，企业获利能力和增值能力最大化的财务目标同样考虑了不确定性和时间价值，强调风险与报酬的均衡，并将风险限制在企业可以承受的范围内。

2. 社会成本最小化。企业作为一个“社会人”，营利不是其唯一的目的，作为社会的一员，它不可能脱离社会的发展而发展。社会与企业的相互依存关系决定了企业财务行为的社会性及履行社会责任的必要性。企业社会责任的履行使得财务管理具有了社会责任，即企业管理当局在进行财务决策时，应充分考虑这些社会责任。为此，企业应充分有效地利用资源和加强对环境的保护，积极参与社区活动，资助社会福利事业，解决公民就业的问题；同时，要进行软资源的开发利用，力求社会成本最小化，反对以牺牲社会利益来获取企业的经济效益。只有这样，才能使企业的运作有个良好的外部环境，实现企业健康稳定的发展。

可持续发展的财务目标与传统的股东财富最大化的财务目标相比，它是在扬弃股东财富最大化的财务目标的基础上，在可持续发展经济学和知识经济学理论的指导下，更加完善了企业的财务目标。此目标在积极运用企业硬资源的同时，更加注重对软资源的开发和利用；在保护股东权益的同时兼顾其他相关者的利益，并积极承担企业的社会责任。它拓宽了资源配置的概念，增加了资源配置的主体，从而有利于减少企业内部各利益主体的矛盾和冲突，企业与外部环境之间的矛盾和冲突，使企业能够健康、稳定地发展。

财务目标的定位，是与不同时期的政治体制、不同时期的企业组织形式、企业性质以及企业经营目标相联结的。随着经济的发展、环境的变化、制度的变迁，财务目标还会发生变化，但可持续发展能力最大化的财务目标所体现的基本精神却是永恒的。

资料来源：http：//www. cnki. com. cn。

【复习思考题】

1. 企业发展能力分析的内容有哪些？
2. 企业要想提高股东权益增长率可以采取哪些措施？
3. 如何正确分析企业资产增长的来源？
4. 如何利用某种产品的销售增长率指标来分析企业的成长性？
5. 影响可持续增长率的因素有哪些？
7. 当实际增长率高于可持续增长率时，会带来哪些问题，可采取哪些措施？
8. 当实施增长率低于可持续增长率时，企业可采取哪些策略？

【案例选读】

“以人为本的管理战略”——苏宁集团的可持续发展

闻名全国的苏宁电器连锁集团始创于1990年，历经二十年的艰辛、奋力拼搏，截至2010年，苏宁已发展成为年销售规模近1 500亿元、员工15万名、连锁企业遍及全国300多个城市的大型零售连锁企业集团，先后获得中国最具影响力十大企业之一、全国民营企业10强、全国连锁企业10强、中国商业企业名牌企业、江苏省著名服务商标等殊荣。

更可喜的是自1995年起，是苏宁率先在中国家电流通领域尝试连锁经营的模式。在江苏省内及北京、上海、广州、重庆、天津、成都、合肥、杭州、西安、深圳等地以直营和特许形式建立了数百家连锁店。自2000年起，苏宁进入了以综合电器升级、连锁扩张提速为战略的二次创业阶段。2003年，苏宁在南京山西路开设的18 000平方米的专业自营旗舰店，堪称亚洲电器单体店之首，这意味着苏宁电器从空调专营到综合家电经营，再到信息家电拓展的第三次腾飞。在经营品类上，苏宁在做大做强传统家电的同时，大力培育信息家电；在连锁网络建设上，苏宁坚持以时间换空间、数量决定质量，快速建设苏宁在全国的连锁网络。如此种种，我们作为消费者的同时，也见证了苏宁从无到有、从小到大的成长历程。苏宁集团从当初的“小个体”铸就成今日的辉煌，它成功地昭示了我国私营经济的可持续发展。

促使苏宁做大做强的核心是以人为本的管理战略。

（一）以人为本，尊重员工主体意识

尊重员工的主体意识，就是充分肯定员工在企业生产经营活动中的主体作用。私营企业要努力创造条件，使员工们自我意识到其工作的结果对自身有意义，值得为之奋斗，同时又能意识到其奋斗对社会或企业有一定的意义，应该为之效力。自成立以来，苏宁就本着“至真至诚”的为人之道、做事之本，与天下人合作、成天下之大事。

（二）以人为本，增强凝聚力

随着苏宁连锁事业的发展，一批又一批社会人才加盟全国各地的苏宁，成为苏宁大家庭的一员。企业社会化、人才本地化已成为今天苏宁的发展现实。苏宁在企业发展规模成倍增长的过程中，能保持稳健的扩张态势，归根结底是因为苏宁有一支过硬的员工队伍和领导团队。苏宁员工对企业的热爱，并不是来自企业的灌输，也不是来自制度的约束，而是一批又一批苏宁老员工身体力行的榜样作用。苏宁的老员工在跟随企业多年的发展中，随着企业的壮大而获得个人利益和事业的发展，苏宁员工的社会地位和家庭生活质量随着企业的发展而提升。成就与发展、尊重与荣誉、利益与保障，是维系苏宁员工对企业热爱的纽带，正是这种热爱之情维系着苏宁由小到大、由大到强。

（三）以人为本，唯贤是用

苏宁集团认为：只有能够为企业创造价值的人员才是人才，判断人才的标准是其为企业所作贡献的大小，即便拥有学历、资历或文凭，也要考察它的真正价值。苏宁电器选拔人员强调能力适度。所有人员的引进与配置都要符合岗位要求，合理搭配。同时倡导分工合作，不鼓励脱离集体的个人主义。敬业与团队合作精神是苏宁员工的基本要求。大学生是苏宁电器人才引进的重点途径。苏宁电器与全国各地几十所重点高等学府建立了人才输出的长期合作关系，每年都将从高校引进大批优秀的应届毕业生。2003 年初，苏宁电器着眼于未来 2～3 年需要，启动了应届大学生“1200 工程”，计划从全国各地的高校招聘 1 200 名应届本科以上毕业生，经过 1～2 年精心地培训与培养锻炼，最终充实到公司各个中层管理岗位中去。为了更好地培养人才，苏宁电器在总部专门成立培训管理部，组建了一支由经验丰富的管理人员和专业技能熟练的技术人员组成的教师队伍，根据“专业化、个性化”原则，汇编了《经营管理》、《营销管理》、《连锁筹建》、《售后服务》、《物流配送》等一套培训教材，为新进员工和在岗员工提供岗前适应性培训和在岗提高性培训。各管理部门也将培训工作作为本部门的重要工作内容之一，制订了各自的年度培训计划，指定专人负责本部门的专业培训，并且在月度的工作考评和年终的部门评优中都将人员的培养输出作为重要的考评指标之一。

（四）以人为本，构筑施展舞台

创业 20 多年的苏宁实际上正处于企业发展的青年期，要想全面形成苏宁的企业文化也许还不太成熟。但是，面对全国 10 多万名苏宁员工的向往，面对社会舆论、行业公众的关注，苏宁提出一些苏宁企业文化的精髓和核心内涵，昭示于员工，公诸于社会。集团统一企业和全体员工的共同价值观，价值观是利益取向和利益分配的基础。苏宁在创业之初，企业的利益也就是创业者个人的利益，当苏宁企业规模逐渐扩大，企业利益的实现与员工利益和社会效益满足之间的关系越来越密切。所以，今天的苏宁早已把企业利益与员工个人利益融为一体。苏宁强调个人利益，但对个人利益、个人价值的理解和实现手段有企业的原则。苏宁要生存，苏宁的生存离不开与社会的协调、与环境的共融，因此相对于企业利益而言，国家利益、社会利益高于一切。苏宁要发展，要长远的可持续的发展，因此相对于个人利益而言，企业的利益大于一切。苏宁的发展，离不开员工的努力，苏宁员工的辛勤劳动是实现企业利益的现实力量，因此苏宁员工是企业最宝贵的创造财富的财富。每一个苏宁人，不管职位高低、不管能力大小，都是在苏宁品牌下、在苏宁团队中发挥个人聪明才智的，每一个苏宁员工都要理所应当地在优先满足企业根本利益前提下追求个人利益。

（五）以人为本，采用科学激励机制

苏宁电器建立有系统的评估考核制度体系。各岗位采取月度考核与年度考核相结合的方式，从工作职责、计划、精神风貌三方面对员工每月工作进行全面考评。量化考核、个性化考核是苏宁电器考核体系的一大特点，各项考核制度与评估指标都采取评分方式。由于连锁体系岗位设置比较繁多复杂，苏宁电器还着力突出个性化考核，针对不同岗位设置不同考核方案，制定了品牌营销岗位、职能部门岗位、连锁店营业员、配送中心、售后服务中心、客户服务中心、工程业务岗位等系列化的制度。

可以预见，在未来的几年里，私营企业的经营规模和经济实力将会进一步扩大和增强，私营企业主的综合素质将会进一步提高，我国的私营企业将借鉴国际先进管理理念、经验，稳步地发展，苏宁集团就是一个很好的佐证。

资料来源：http：//www.51lunwen.com。

第九章　企业经营与财务综合分析

【本章概要】

本章主要阐述财务综合分析的四种方法。通过本章的学习，理解财务综合分析的目的和意义；了解财务综合分析的方法体系，重点掌握财务比率综合评分法和杜邦分析法的基本原理和应用方法；掌握经济增加值法中 EVA 的计算和评价方法，熟悉平衡计分卡的指标设计和应用程序；理解各种财务综合分析方法的优势和不足，并能够运用财务综合分析法，以全局的观点对企业财务状况作出综合分析和评价。

【要点提示】

财务比率综合评分法，杜邦分析法，经济增加值评价法，平衡计分卡法。

【内容架构图】

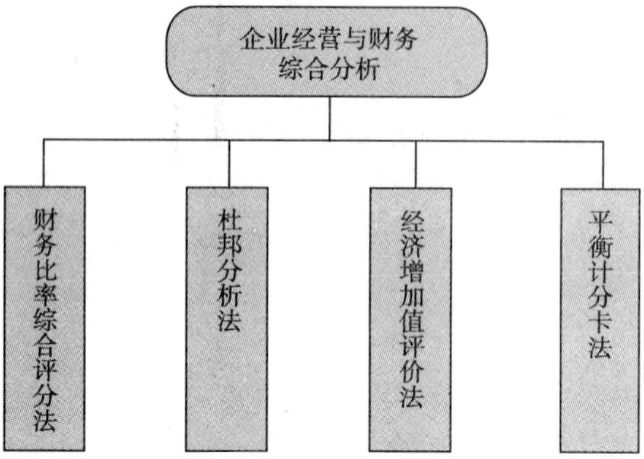

第一节　财务综合分析概述

一、财务综合分析的意义

（一）财务综合分析的概念

在前面各章中，我们已经介绍了企业偿债能力、营运能力、盈利能力和发展能力以及现金流量等各种财务分析指标。但单独分析任何一项财务指标，就跟盲人摸象一样，都难以全面评价企业的经营与财务状况。要作全面的分析，必须采取适当的方法，对企业财务进行综合分析与评价。所谓财务综合分析，就是将企业偿债能力、盈利能力和营运能力等方面的分析纳入一个有机的分析系统之中，全面地对企业财务状况、经营状况进行解剖和分析，从而对企业经济效益作出较为准确的评价与判断。

（二）财务综合分析信息需求者

财务综合分析信息需求者主要包括权益投资者、债权人、经理人员、政府机构和其他与企业有利益关系的人士。他们出于不同的利益考虑使用财务报表，对财务信息有着不同的要求。

1. 债权人。债权人是指借款给企业并得到企业还款承诺的人。债权人关心企业是否具有偿还债务的能力。债权人可以分为短期债权人和长期债权人。

债权人的主要决策是决定是否给企业提供信用，以及是否需要提前收回债权。他们进行财务综合分析是为了回答以下几方面的问题：（1）公司为什么需要额外筹集资金；（2）公司还本付息所需资金的可能来源是什么；（3）公司对于以前的短期和长期借款是否按期偿还；（4）公司将来在哪些方面还需要借款。

2. 投资者。投资者是指公司的权益投资者，即普通股股东。普通股股东投资公司的目的是扩大自己的财富。他们所关心的是资本的保值增值状况、获利能力及风险等。

权益投资者进行财务综合分析，是为了回答以下几方面的问题：（1）公司当前和长期的收益水平高低，以及公司收益是否容易受重大变动的影响；（2）目前的财务状况如何，公司资本结构决定的风险和报酬如何；（3）与其他竞争者相比，公司处于何种地位。

3. 经理人员。经理人员是指由被所有者聘用的、对公司资产和负债进行管理的个人所组成的团体，有时称为管理当局。

经理人员关心的是公司的财务状况、盈利能力和持续发展的能力。经理人员可以获取外部使用人无法得到的内部信息。他们分析报表的主要目的是改善报表。

4. 政府机构有关人士。政府机构有关人士也是公司财务报表的使用人，包括税务部门、国有企业的管理部门、证券管理机构、会计监管机构和社会保障部门的有关人士。他们使用财务报表是为了履行自己的监督管理职责。

5. 其他人士。

（三）财务综合分析的目的和意义

财务综合分析正是要满足以上所述报表使用人的需求。一般来说，财务报表分析从偿债能力、营运能力、盈利能力和发展能力等角度对企业各项经济活动进行了深入的分析，对各个报表使用者了解企业的财务状况与财务成效，判断企业在某一方面的状况与业绩是十分有用的，但又很难对企业财务总体状况作出总体结论，因此有必要在会计报表分析的基础之上进行财务综合分析。财务综合分析不仅可以明确企业盈利能力、营运能力、偿债能力及发展能力之间的相互联系，找出制约企业发展的瓶颈所在，而且财务报表综合分析是财务综合评价的基础，通过财务综合分析有利于综合评价企业经营业绩，明确企业的经营水平与位置。

二、财务综合分析的特点

财务综合分析的特点体现在其财务指标体系的要求上。一个健全有效的综合财务指标体系必须具备三个基本素质：

1. 指标要素齐全适当。这是指所设置的评价指标必须能够满足对企业营运能力、偿债能力和盈利能力等诸方面总体考核的要求。

2. 主辅指标功能匹配。这里要强调两个方面：（1）在确立营运能力、偿债能力和盈利能力诸方面评价的主要指标与辅助指标的同时，进一步明晰总体结构中各项指标的主辅地位；（2）不同范畴的主要考核指标所反映的企业经营状况、财务状况的不同侧面与不同层次的信息有机统一，应当能够全面而翔实地揭示出企业经营理财的实绩。

3. 满足多方面信息需要。这要求评价指标体系必须能够提供多层次、多角度的信息资料，既能满足企业内部管理当局实施决策的需要，又能满足外部投资者和政府经济管理机构凭以决策和实施宏观调控的要求。

三、财务综合分析的方法体系

（一）传统财务分析评价体系

运用较广泛的传统财务分析评价方法主要包括杜邦财务评价体系和沃尔比重评分法。杜邦财务评价体系是利用各财务指标间的内在关系，对企业综合经营理财及经济效益进行评价的方法。其中，净资产收益率是一个综合性最强的财务指标，是杜邦指标系统的核心。沃尔比重评分法将流动比率、产权比率、固定资产比率、存货周转率、应收账款周转率、固定资产周转率与自有资金周转率等七项财务比率用线性关系结合起来，并分别给定各自的分数比重，然后通过与标准比率进行比较，确定各项指标的得分及总体指标的累计分数，从而对企业的信用水平作出评价。

（二）现代财务分析评价方法

自亚历山大·沃尔创建沃尔比重评分法以来，财务评价问题一直是国外财务学界研究的热点，并出现了诸多财务评价方法，如平衡计分卡、经济增加值及供应链绩效衡量等，虽然中国的很多企业已将它们运用于实践，但仍存在问题。

四、财务综合分析方法的应用原则

1. 信息资料充分原则。信息资料充分原则是进行综合分析评价的前提，只有拥有充分的资料，才能使分析结果具有可靠性，充分说明分析结果。

2. 定性分析与定量分析相结合原则。定性分析就是对研究对象进行质的方面的分析。具体地说，是运用归纳和演绎、分析与综合以及抽象与概括等方法，对获得的各种材料进行思维加工，从而能去粗取精、去伪存真、由此及彼、由表及里，达到认识事物本质、揭示内在规律的目的。而在财务分析中，定量分析可以使人们对研究对象的认识进一步精确化，更加科学地揭示规律，把握本质，理清关系，预测事物的发展趋势。进行财务综合分析时，定量分析同样是必不可少的。定性分析是对事物质的判断，而定量分析是通过一定的量去反映质的状态和变化。两者充分结合，从而全面系统地作出分析结论，提高分析结果的全面性和可使用性。

3. 静态分析与动态分析相结合原则。静态分析就是分析经济现象的均衡状态以及有关的经济变量达到均衡状态所具备的条件，它完全抽象掉了时间因素和具体的变化过程，是一种静止地、孤立地考察某种经济事物的方法。静态分析法只分析经济现象达到均衡时的状态和均衡条件，而不考虑经济现象达到均衡状态的过程。而动态分析是对经济变动的实际过程进行的分析，其中包括分析有关变量在一定时间过程中的变动，这些经济变量在变动过程中的相互影响和彼此制约的关系，以及它们在每一个时点上变动的速率等。动态分析法的一个重要特点是考虑时间因素的影响，并把经济现象的变化当做一个连续的过程看待。静态分析能说明某一时点上的状态，动态分析能反映某一时间段上相关数据的变动方向及发展趋势，两者结合运用，为进行预测、决策等多方面分析提供了很好的依据。

第二节 财务综合分析方法

一、财务比率综合评分法

（一）财务比率综合评分法的原理

财务比率综合评分法是由美国银行家亚历山大·沃尔在20世纪初提出并使用的方法，又叫沃尔比重评分法。

在进行财务分析时，人们遇到的一个主要困难就是计算出财务比率之后，无法判断它是偏高还是偏低。与本企业的历史比较，也只能看出自身的变化，却难以评价其在市场竞争中的优劣地位。为了弥补这些缺陷，亚历山大·沃尔在其于20世纪初出版的《信用晴雨表研究》和《财务报表比率分析》中提出了信用能力指数概念，将流动比率、产权比率、固定资产比率、存货周转率、应收账款周转率、固定资产周转率、自有资金周转率等七项财务比率用线性关系结合起来，并分别给定各自的分数比重，然后通过与标准比率进行比较，确定各项指标的得分及总体指标的累计分数，从而对企业的信用水平作出评价。

原始意义上的沃尔比重评分法存在两个缺陷：一是所选定的七项指标缺乏证明力；二是当某项指标严重异常时，会对总评分产生不合逻辑的重大影响。现代社会与沃尔时代已经发生很大的变化。沃尔最初提出的七项指标已难以完全适应当前企业评价的需要。其实，不同的行业有不同的特点，可能需要不同的指标来评价才能全面反映其真实的状况。在运用沃尔比重评分法时，应根据不同情况，确定不同的评价标准。后来的财务比率综合评分法在沃尔比重评分法的基础上又有所改进，使之更加合理。

（二）财务比率综合评分法的基本程序

第一，选定评价企业财务状况的财务指标。财务指标的选择首先要符合现行财务制度的规定，所选择的指标要能反映财务特征，数量既要充分，又要适当。所选各项指标应尽量保持方向上的一致性，尽量选择正指标，不要选择负指标。评价企业的财务状况，不外乎从盈利能力、偿债能力、营运能力和发展能力等各方面考虑，所以指标的选择也是要囊括这几个方面。例如，1995 年财政部颁布了一套企业经济效益评价指标体系，主要包括：

（1）销售利润率 = 利润总额 ÷ 产品销售收入净额

（2）总资产报酬率 = 息税前利润总额 ÷ 平均资产总额

（3）资本收益率 = 净利润 ÷ 实收资本

（4）资本保值增值率 = 期末所有者权益总额 ÷ 期初所有者权益总额

（5）资产负债率 = 负债总额 ÷ 资产总额

（6）流动比率（速动比率） = 流动资产（速动资产） ÷ 流动负债

（7）应收账款周转率 = 赊销净额 ÷ 平均应收账款余额

（8）存货周转率 = 产品销售成本 ÷ 平均存货成本

（9）社会贡献率 = 企业社会贡献总额 ÷ 平均资产总额

（10）社会积累率 = 上交国家财政总额 ÷ 企业社会贡献总额

上述指标可以分成四类：（1） ~ （4）为获利能力指标，（5） ~ （6）为偿债能力指标，（7） ~ （8）为营运能力指标，（9） ~ （10）为社会贡献指标。

第二，确定重要性系数。重要性系数是指某项指标达到其标准值（行业平均水平或理想值）时可以得到的分数，或称标准评分值，也就是各项财务指标得分的权数比重。各项财务指标的标准评分值之和应等于 100 分。

重要性系数的确定是财务比率综合评分法的一个重要问题，它直接影响到对企业财务状况的评分多少。重要性系数应根据各项财务指标的重要程度加以确定。某项指标的重要性程度应根据企业的经营活动性质、生产经营规模、市场形象和分析者的分析目的等因素来确定。例如，上述财政部颁布的企业经济效益评价指标体系标准值的重要性权数总计为 100 分，其中销售利润率为 15 分，总资产报酬率为 15 分，资本收益率为 15 分，资本保值增值率为 10 分，资产负债率为 5 分，流动比率（速动比率）为 5 分，应收账款周转率为 5 分，存货周转率为 5 分，社会贡献率为 10 分，社会积累率为 15 分。

第三，确定各项财务指标的标准值。财务指标的标准值是指各指标在本行业现实条件下的理想的数值。标准的财务指标是指特定的国家、行业、时期的财务指标，通常是行业平均指标。行业平均指标一般是根据行业中部分企业抽样调查得来的，因为行业中不同公司所采用的会计方法不一定相同，每个企业的经营状况也可能存在较大差异，这些都会影响指标限值的代表性。因此，要根据实际情况对行业平均财务指标进行必要的修正，尽量保证财务指标限值的科学性、代表性。

第四，计算企业在一定时期各项财务指标的实际值。

第五，计算出各项财务指标实际值与标准值的比率，即关系比率。关系比率总的说来等于财务指标的实际值与标准值的比值，具体计算方法要区分三种情况：

（1）凡实际值大于标准值为理想的，其计算公式为

$$关系比率 = 1 + \frac{实际值 - 标准值}{标准值}$$

$$或\quad 关系比率 = \frac{实际值}{标准值}$$

（2）凡实际值小于标准值为理想的，其计算公式为

$$关系比率 = 1 + \frac{标准值 - 实际值}{实际值}$$

（3）凡实际值脱离标准值均为不理想的，其计算公式为

$$关系比率 = 1 - \frac{|实际值 - 标准值|}{标准值}$$

第六，计算出各项财务指标的实际得分。各项财务指标的实际得分是关系比率和标准评分值（权数）的乘积，每项财务指标的得分都不得超过上限或下限，所有各项财务指标实际得分的合计数就是企业财务状况的综合得分。如果综合得分接近或大于100分，说明企业财务状况良好，符合或高于行业平均水平。如果综合得分低于100分，说明企业财务状况存在问题，各项财务能力较差。综合实际得分的计算公式如下：

$$综合实际得分 = \sum（权数 \times 关系比率）$$

财务比率综合评分法是评价企业总体财务状况的一种比较可取的方法，但这一方法的正确性取决于指标的选定、标准值的合理程度、标准值重要性权数的确定等。

（三）财务比率综合评分法应用举例

【例9-1】现仍以高乐公司的资料为例，说明高乐公司财务比率综合评分法的具体应用。高乐公司2008年和2009年资产负债表和利润表资料见附录。

根据高乐公司资产负债表和利润表资料，高乐公司2009年相关指标的计算如表9-1所示。

表9-1　　**财务比率综合评分法**

项数	指　　标	评分值	标准值	实际值	关系比率	得分值
		（1）	（2）	（3）	（4）＝（3）÷（2）	（5）＝（1）×（4）
1	流动比率	15	2	2.96	1.48	22.20
2	速动比率	10	1	2.42	2.42	24.20
3	资产负债率	10	50%	21.88%	0.44	4.40
4	应收账款周转率	5	6	3.52	0.59	2.95
5	存货周转率	10	5	6.90	1.38	13.80
6	资产周转率	15	1	1.07	1.07	16.05
7	销售利润率	10	20%	23.63%	1.18	11.80
8	资产收益率	10	15%	25.37%	1.69	16.90
9	净资产收益率	15	28%	33.24%	1.19	17.85
	合计	100				130.15

上述指标中，1～3项为评价企业偿债能力的指标，4～6项是评价企业营运能力的指标，7～9项是评价企业盈利能力的指标。这9项指标为沃尔比重评分法的主要指标，但在实际操作时还可以根据实际情况进行适当增减。另外，在这些指标中，还缺少反映企业贡献能力和成长能力的指标，也应该加以考虑。

在最终评价时，如果综合得分大于100，则说明企业的财务状况比较好；反之，则说明企业的财务状况比同行业水平或者本企业历史先进水平低。从表9－1可以看出，该公司得分为130.15分，说明其财务状况良好。除了资产负债率和应收账款周转率以外，其他指标都高于行业平均水平。这说明该公司盈利能力很强，盈利水平较高。资产负债率反映企业偿还债务的综合能力。一般情况下，资产负债率越小表明企业长期偿债能力越强，如果该指标过小则表明企业对财务杠杆利用不够。高乐公司21.88%的资产负债率是很低的，不及标准值的一半。这一方面说明该公司资产安全性较高，权益资本较多，资产对负债的保障程度较高，长期偿债能力较强，降低了公司的财务风险；另一方面说明构成利用较多的自有资本投资形成生产经营用资产，财务杠杆利用不充分。高乐公司流动比率和速动比率都高于标准值，说明企业短期偿债能力较强，符合短期债权人的利益。但从企业经营角度看，过高的流动比率通常意味着企业闲置现金的持有量过多，必然造成企业机会成本的增加和获利能力的降低。一般情况下，应收账款周转率越高越好。应收账款周转率高，表明收账迅速，账龄较短；资产流动性强，短期偿债能力强；可以减少收账费用和坏账损失，从而相对增加企业流动资产的投资收益。高乐公司3.52次较低的应收账款周转率应引起公司足够的重视，这是否会影响公司的短期偿债能力需要公司加以关注。较低的应收账款周转率，将增加公司的收账费用和坏账损失，降低公司资产的营运能力和流动资产的投资收益。

这里，实际上也显出沃尔比重评分法的弱点。在企业的盈利能力相当好时，利用财务杠杆会给企业带来额外收益，资产负债率高一些并不是坏事。但是在企业的盈利状况不是很理想时，负债的增加的确是个不利因素。而沃尔比重评分法在分析过程中，不论企业的盈利状况如何，只要资产负债率高，就会增加企业最后得分，这是不合理的。如果所选指标数值越大对企业来说越有利是非常肯定的，就不会出现这种状况。但这样的话所选指标就不一定具有代表性，这是沃尔比重评分法难以克服的缺陷。另外，在技术上，沃尔比重评分法还有一个问题：当某一个指标严重异常时，会对总评分产生不合逻辑的影响，这是由于关系比率与评分值相乘引起的。关系比率提高一倍，其评分增加100%；而缩小一半，其评分减少50%。

尽管沃尔比重评分法在理论上还有待证明，在技术上也不完善，但因为沃尔比重评分法操作简单，并能够在一定程度上说明问题，所以实际应用还是比较广泛的。不过在应用沃尔比重评分法进行分析时，还要注意定量分析和定性分析相结合，努力克服其弱点和不足。耐人寻味的是，很多理论上相当完善的经济计量模型在实践中往往很难应用，而企业实际使用并行之有效的模型却又在理论上无法证明。这可能是由人类对经济变量之间数量关系的认识相当肤浅所造成的。

（四）我国竞争性工商企业评价指标体系简介

不同行业的企业，财务综合分析的指标体系虽不尽相同，但对竞争性工商企业评价指标体系却大体一致。1999 年财政部、国家经贸委、人事部和国家计委在评价国有资本金绩效时，对竞争性工商企业评价指标体系作了规定，这对于其他相关的非国有企业具有很大的参考价值（见表 9－2）。

表 9－2　　竞争性工商企业评价指标体系

定量指标（权重 80%）			定性指标（权重 20%）
指标类别（100 分）	基本指标（100 分）	修正指标（100 分）	评议指标（100 分）
一、财务效益状况（38 分）	净资产收益率（25 分） 总资产报酬率（13 分）	资本保值增值率（12 分） 主营业务利润率（8 分） 盈余现金保障倍数（8 分） 成本费用利润率（10 分）	1. 经营者基本素质（18 分） 2. 产品市场占有率（16 分） 3. 基础管理水平（12 分） 4. 在岗员工素质（10 分） 5. 技术装备更新水平——服务硬环境（10 分） 6. 经营发展战略（12 分） 7. 发展创新能力（14 分） 8. 综合社会贡献（8 分）
二、资产营运状况（18 分）	总资产周转率（9 分） 流动资产周转率（9 分）	存货周转率（5 分） 应收账款周转率（5 分） 不良资产比率（8 分）	
三、偿债能力状况（20 分）	资产负债率（12 分） 已获利息倍数（8 分）	速动比率（10 分） 现金流动负债比率（10 分）	
四、发展能力状况（24 分）	销售增长率（12 分） 资本积累率（12 分）	三年销售平均增长率（8 分） 三年资本平均增长率（9 分） 技术投资比率（7 分）	

其评价的过程可以分为 5 个步骤：

1. 基本指标的评价。基本指标反映企业的基本情况，是对企业业绩的初步评价。基本指标评价的参照水平及标准值由财政部定期颁布，分为五档，分别为优秀（标准系数为 1）、良好（0.8）、平均值（0.6）、较低值（0.4）、较差值（0.2）。不同行业、不同规模企业有不同的标准值。例如，大型普通机械制造业的净资产收益率标准为：优秀——16.5；良好——9.5；平均值——1.7；较低值——－3.6；较差值——－20.0。

$$\text{单项基本指标得分} = \text{本档基本分} + \text{本档调整分}$$

式中：

$$\text{本档基本分} = \text{指标权数} \times \text{本档标准系数}$$

$$\text{调整分} = \frac{\text{实际值} - \text{本档标准值}}{\text{上档标准值} - \text{本档标准值}} \times (\text{上档基本分} - \text{本档基本分})$$

$$\text{上档基本分} = \text{该指数权数} \times \text{上档标准系数}$$

$$\text{基本指标总分} = \sum \text{各类基本指标得分}$$

$$= \sum (\sum \text{类内各项指标得分})$$

如A公司为一大型普通机械制造企业，净资产收益率为8%，则计算过程为

$$本档基本分 = 25 \times 0.6 = 15$$

$$上档标准分 = 25 \times 0.8 = 20$$

$$调整分 = \frac{8\% - 1.7\%}{9.5\% - 1.7\%} \times (20 - 15) = 4.04$$

净资产收益率指标得分 = 15 + 4.04 = 19.04

2. 修正系数的计算。基本指标具有较强的概括性，但是不够全面。为了更全面地评价企业绩效，需要根据修正指标的高低计算修正系数，修正基本指标得分。修正指标分为五个区段，每个区段对应一个基本指标的得分区间，即5——100～80分，4——80～60分，3——60～40分，2——40～20分，1——20～10分。对于每一个修正指标，在五个区段中分别的得分标准也由财政部定期颁布。对基本指标得分的修正，按照四类指标的类得分分别进行。

$$基本修正系数 = 1 + (实际值所处区段 - 修正指标应处区段) \times 0.1$$

"实际值所处区段"为该修正指标的实际值所在区间对应的区段，"修正指标应处区段"为某一类别基本指标的得分值所在的区间对应的区段。

例如，财务效益状况的修正指标之一资本保值增值率每区段的标准值为：5——118%，4——106%，3——100%，2——90%，1——65%。若某一企业资本增值率为110%，则"实际值所在区段"为4；该企业财务效益状况指标的基本得分为85分，则"修正指标应处区段"为5，此时：

$$基本修正系数 = 1 + (4 - 5) \times 0.1 = 0.9$$

由于实际值高于第4段的标准值，需要进行调整。

$$调整修正系数 = \frac{指标实际值 - 本档标准值}{上档标准值 - 本档标准值} \times 0.1$$

在该例中，

$$调整修正系数 = \frac{110\% - 106\%}{118\% - 106\%} \times 0.1 = 0.033$$

$$调整后的修正系数 = 基本修正系数 + 调整修正系数 = 0.9 + 0.033 = 0.933$$

$$单项修正指标的综合修正系数 = 单项指标调整后的修正系数 \times 该指标在本类指标中的权数$$

以资本增值率指标为例，资本增值率的综合修正系数 = 0.933 × 12/38 = 29.46%。

对每一类别的各项修正指标的综合修正系数分别求和，得到某一类基本指标的综合修正系数。

3. 修正后总得分的计算。

$$修正后的总得分 = \sum (分类综合修正系数 \times 分类指标得分)$$

4. 定性指标的计分方法。定性指标以评议的方式取得分值，每个指标都被分为五个等级，每个等级对应一个分数，即优——1，良—— 0.8，中—— 0.6，低—— 0.4，差—— 0.2。

$$单项评议指标分数 = \frac{\sum（单项评议指标权数 \times 各评议员给定的等级参数）}{评议员数}$$

以经营者基本素质评议指标为例，5 人参加评议，2 人选择优，3 人选择良。

$$则经营者基本素质评议指标得分 = （18 \times 1 \times 2 + 16 \times 0.8 \times 3）/5 = 14.88$$

$$评议指标总分 = \sum 单项评议指标得分$$

5. 综合评价的计分和最终评价结果的分级。

$$综合评价得分 = 定量指标修正后得分 \times 80\% + 定性指标得分 \times 20\%$$

综合评价的结果用 4 等 10 级制表达，具体分级标准如表 9－3 所示。

表 9－3　　综合评价得分的等级划分表

等级	级别	分数
A	A＋＋	100～95 分
	A＋	94～90 分
	A	89～85 分
B	B＋＋	84～80 分
	B＋	79～75 分
	B	74～70 分
C	C	69～60 分
	C－	59～50 分
D	D	49～40 分
	D－	39 分以下

知识链接：财务指标分析的局限性

1. 财务指标分析的主观局限性。财务指标体系是为了帮助财务报表的使用者更好地了解、掌握一个企业的生产经营情况。但由于财务报表是由企业的财务人员根据有关的法规、制度及准则等编制，不可避免地会出现一些人为的差错和失误，甚至恶意隐瞒，直接影响分析的结果。

2. 分析者分析能力的局限性。对企业财务报表进行分析与评价通常是由报表分析者来完成的。然而，不同的财务分析人员在财务报表的认识度、解读力与判断力以及掌握财务分析理论和方法的深度和广度等各方面都存在着差异，由此，理解财务分析计算指标的结果就有所不同。如果缺乏实践经验，就很可能出现理解偏差，这样必定会影响财务指标的分析结果。

3. 分析者有意操纵财务指标的行为。财务报表数据的信息质量受制于企业管理当局的职业道德。众所周知，企业的目的就是营利。然而，营利的方法和途径却是多种多样的。有的人通过正当的经营来谋取利润，也有人通过其他非法操作来谋取利益。

二、杜邦分析法

财务比率综合评分法主要用于综合财务评价，在综合评价上是一种科学有效的方法。但它只能说明企业综合财务状况是否达到标准财务比率的水平及其程度，不能很好地说明企业财务状况好与不好的原因，所以财务比率综合评分法是外部综合评价的一种方法。作为企业内部对自身财务状况的综合评价，其目的除了了解企业综合财务状况好与不好外，更重要的是了解企业综合财务状况好与不好的原因是什么，以便发现问题，采取措施，改善企业的财务状况，提高企业的盈利能力。为此，企业内部综合财务状况的评价一般采用杜邦分析法。

（一）杜邦分析法的概念和特点

1. 杜邦分析法的概念。杜邦分析法亦称杜邦分析体系，是利用各财务指标之间的内在联系，建立财务指标间的综合分析模型，对企业的财务状况进行分析和评价的方法。这一方法是由美国杜邦公司首先设计和使用的，所以叫做杜邦分析法。杜邦分析模型反映了各财务指标间的相互关系，并通过一定的方式将其联结在一起，使各财务指标形成一个有机的指标体系。其分解公式如下：

$$\text{股东权益（净资产）收益率}=\left(\frac{\text{净利润}}{\text{总资产平均余额}}\right)\times\left(\frac{\text{总资产平均余额}}{\text{所有者权益平均余额}}\right)$$

$$=\text{总资产收益率}\times\text{权益乘数}$$

式中，总资产收益率 = 销售净利率 × 总资产周转率。

$$\text{销售净利率}=\frac{\text{净利润}}{\text{营业收入}}$$

$$\text{总资产周转率}=\frac{\text{营业收入}}{\text{总资产平均余额}}$$

所以

$$\text{净资产收益率}=\frac{\text{净利润}}{\text{营业收入}}\times\frac{\text{营业收入}}{\text{总资产平均余额}}\times\frac{\text{总资产平均余额}}{\text{股东权益平均余额}}$$

即

$$\text{股东权益报酬率}=\text{销售净利率}\times\text{总资产周转率}\times\text{权益乘数}$$

杜邦分析体系改善了原有分析方法的不足，使单方面分析变为整体分析。如果只对企业的偿债能力、盈利能力以及资产的营运能力等进行单方面的分析，得出的结论往往是片面的，而且有可能三个不同方面的结论相互矛盾，使企业难以作出科学的决策。例如，通过资产负债率、流动比率等指标发现企业负债过高，隐藏着极大的财务风险，在这样的情况下，应该作出缩小负债规模的决策。通过资产利润率、销售利润率等指标的分析，又发现企业的盈利能力很强，盈利率很高，在这样的情况下，又会使管理者作出加大投资力度的决策。所以，如果只进行企业单方面状况的分析，将一些孤立的财务分析指标堆积在一起，彼此毫无联系地去观察、分析，违背了事物普遍联系的观点，很难得到企业真实、正确、全面的信息，会影响企业的经营决策。杜邦分析体系恰恰是弥补了这种分析方法的不足。

2. 杜邦分析法的特点。杜邦分析法最显著的特点是将若干个用以评价企业经营效率和财务状况的比率按其内在联系有机地结合起来，形成一个完整的指标体系，并最终通过权益收益率来综合反映。采用这一方法，可使财务比率分析的层次更清晰、条理更突出，为报表分析者全面仔细地了解企业的经营和盈利状况提供方便。

杜邦分析法有助于企业管理层更加清晰地看到权益资本收益率的决定因素，以及销售净利率与总资产周转率、债务比率之间的相互关联关系，给管理层提供了一张明晰的考察公司资产管理效率和是否最大化股东投资回报的路线图。

（二）杜邦分析法的步骤

1. 从净资产收益率开始，根据会计资料（主要是资产负债表和利润表）逐步分解计算各指标。由于杜邦分析法已经找出各个主要指标的内在关系，因此我们首先要把这些指标分解，直接从资产负债表或者利润表上取得数据并计算得出结果。

2. 将计算出的指标填入杜邦分析图。杜邦分析图清楚地列示了各个指标之间的关系，把计算出的结果填入图中更有利于进行综合分析。

3. 逐步进行前后期对比分析，也可以进一步进行企业间的横向对比分析。取得各指标数据后，就可以采用各种方法来评价企业各个期间以及不同企业间的财务差异。

（三）杜邦分析法的图解

图9－1是杜邦分析法的图解，从中可以看到指标的分解过程及各指标间的联系。它给出了一个相对完整的指标体系。

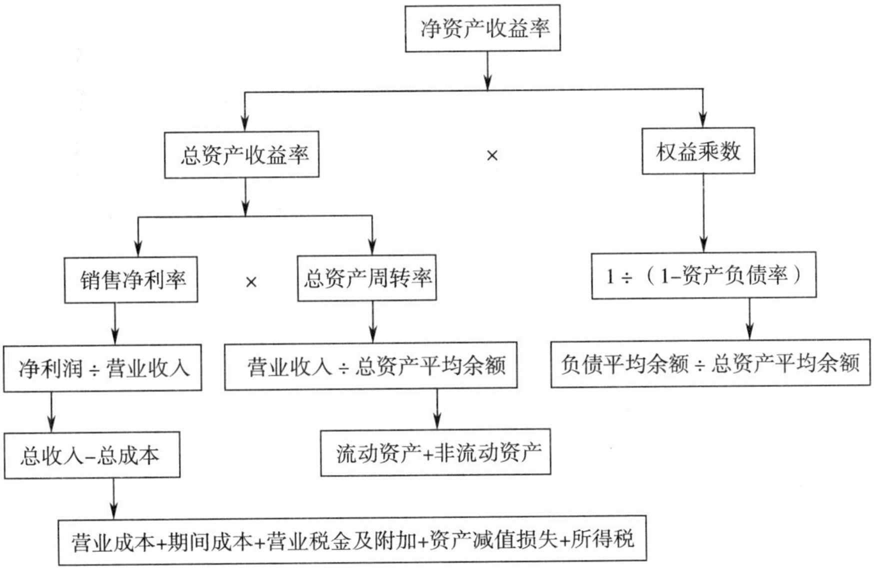

图9－1　杜邦分析法的图解

1. 净资产收益率的分解。净资产收益率是杜邦分析体系中一个最具综合性的指标，也是杜邦分析指标金字塔中处于塔尖的指标。杜邦分析图中第一层次的分解，是把净资产收益率分解为总资产收益率和权益乘数的乘积。那么，总资产收益率和权益乘数与净资产收益率成正比例关系。无论是提高总资产收益率还是提高企业的权益乘数，都能达到提高企业的净资产收益率的目的。进而把总资产收益率分解为净利润和资产总额两个因素，把权益乘数分解为资产总额和所有者权益两个因素，揭示出净利润的提高和所有者权益的相对减少会提高净资产收益率；反之亦然。其中，权益乘数的提高则意味着企业负债的增加，反映出财务杠杆的正效应对企业的有利影响。

2. 总资产收益率的分解。总资产收益率在杜邦分析体系中属于第二层次的指标，综合性也很强。对它的分解如下：

$$总资产收益率 = 销售净利率 \times 总资产周转率$$

把总资产收益率分解为销售净利率和总资产周转率两个指标，并且两个指标和总资产收益率也是正比例关系。销售净利率提高，总资产收益率提高；总资产周转速度加快，总资产收益率提高。而资产周转速度加快的原因是营业收入增加或资产总额减少。在资产总额不变的情况下销售净利润提高，或者在销售净利润不变的情况下资产规模降低，同样会使总资产收益率提高。在实际管理决策过程中，一般采用增加企业利润和加快资产周转的方法来提高总资产收益率，降低资产规模的方式只有在特殊情况下才会采用。

3. 净资产收益率的进一步分解。通过上述指标的初步分解后，得出下面分解式：

$$\begin{aligned}净资产收益率 &= 总资产收益率 \times 权益乘数\\ &= 销售净利率 \times 总资产周转率 \times 权益乘数\end{aligned}$$

即决定净资产收益率的主要因素有三个：销售净利率、总资产周转率、权益乘数。这样进一步分解以后，可以把净资产收益率这一综合指标发生变化的原因进行更具体、更细化的分析。

4. 销售净利率的分解。为了更加清晰、深入地分析净资产收益率变化的原因，可以对销售净利率作更细致的分解，分解式如下：

$$销售净利率 = \frac{净利润}{营业收入}$$

$$净利润 = 营业收入 - 营业成本 + 投资收益 + 营业外收入净额 - 所得税$$

式中的营业收入为扣除销售折扣、售后退回和销售折让后的营业收入净额；除了通常意义的营业成本外，式中的营业成本还包含期间成本、营业税金及附加和资产减值损失。

对销售净利率的分解实际上也就是间接地对净资产收益率的分解，这样，就对净资产收益率进行了部分的层层分解。当然，这种分解还可以继续进行下去。之所以进行这样的分解实际上是要找出引起净资产收益率变动的真正原因，然后发扬优势、改进劣势，使企业向着更健康的方向发展。

5. 权益乘数的分解。权益乘数表示企业的负债程度，反映了公司利用财务杠杆进行经营活动的程度。资产负债率高，权益乘数就大，则公司负债程度高，公司会有较多的杠杆利益，但风险也高；反之，资产负债率低，权益乘数就小，则公司负债程度低，公司会有较少的杠杆利益，但相应所承担的风险也低。权益乘数的分解式如下：

$$\begin{aligned}权益乘数 &= \frac{资产总额}{股东权益总额}\\ &= \frac{1}{1 - 资产负债率}\end{aligned}$$

从计算公式可以看出，负债比重越高，资产负债率越大，权益乘数越高，即权益乘数与负债比重同方向变动。

（四）杜邦分析法信息解读

从杜邦分析体系可以了解到下面的财务信息：

1. 净资产收益率又称股东权益报酬率，是一个综合性最强的财务比率，是杜邦分析体系的核心指标。其他各项指标都是围绕这一核心，通过研究彼此间的依存制约关系，揭示企业的获利能力及其前因后果。财务管理的目标是使所有者财富最大化。净资产收益率反映所有者投入资金的获利能力，反映筹资、投资、资产运营等活动的效率，提高净资产收益率是实现财务管理目标的基本保证。净资产收益率取决于企业总资产收益率和权益乘数。总资产收益率主要反映企业在运用资产进行生产经营活动的效率如何，而权益乘数则主要反映了企业的资金来源结构如何。

2. 总资产收益率又称总资产净利率，是反映企业获利能力的一个重要财务比率，它揭示了企业生产经营活动的效率，综合性也极强。企业的营业收入、成本费用、资产结构、资产周转速度以及资金占用量等各种因素，都直接影响到总资产净利率的高低。总资产净利率是销售净利率与总资产周转率的乘积。因此，可以从企业的销售活动与资产管理两个方面来进行分析。

3. 反映企业盈利能力、生产能力、成本管理水平等信息的指标是销售净利率（也称销售利润率）。销售净利率反映了企业净利润与营业收入的关系，是提高净资产收益率的关键指标，也是企业生存的关键因素之一。在企业的销售净利率为正数时，企业营业收入和净利润增加。但是，要提高企业的销售净利率，单单靠提高营业收入是不行的。销售净利率是一个相对指标，它的提高主要靠改变成本总额与营业收入的比例，也就是降低成本费用。杜邦分析体系分析列示了各项成本费用。通过分析成本费用的结构是否合理，可以发现企业在成本费用方面存在的问题，为加强成本费用管理提供依据。同时，通过对成本费用的分析，找出降低成本费用的关键所在，降低耗费，增加利润。提高企业的销售收入是一个复杂的问题。要提高销售收入，必然要占领市场。而要占领市场，一定要有较强的生产能力、产品创新能力、产品质量保证能力和产品营运能力。

4. 在企业资产方面，主要应该分析以下两个方面：

（1）分析企业的资产结构是否合理，即流动资产与非流动资产的比例是否合理。资产结构实际上反映了企业资产的流动性，它不仅关系到企业的偿债能力，也会影响企业的获利能力。一般说来，如果企业流动资产中货币资金占的比重过大，就应当分析企业现金持有量是否合理，有无现金闲置现象，因为过量的现金会影响企业的获利能力；如果流动资产中的存货与应收账款过多，就会占用大量的资金，影响企业的资金周转。

（2）结合营业收入，分析企业的资产周转情况。资产周转速度直接影响到企业的获利能力。如果企业资产周转较慢，就会占用大量资金，增加资金成本，减少企业的利润。资产周转情况的分析，不仅要分析企业总资产周转率，更要分析企业的存货周转率与应收账款周转率，并将其周转情况与资金占用情况结合分析。

从上述两方面分析，可以发现企业资产管理方面存在的问题，以便加强管理，提高资产的利用效率。

总之，从杜邦分析体系可以看出，企业的获利能力涉及生产经营活动的方方面面。净资产收益率与企业的筹资结构、销售规模、成本水平、资产管理等因素密切相关，这些因素构成一个完整的系统，系统内部各因素之间相互作用。只有协调好系统内部各个因素之间的关系，才能使净资产收益率得到提高，从而实现企业价值最大化的理财目标。

（五）杜邦分析法的应用

杜邦分析体系可以从企业规模、成本水平、资产营运与资本结构方面分析净资产收益率变动原因。我们可以利用分析的结论协调企业资本经营、资产运营和商品经营关系，促使净资产收益率达到最大化，实现财务管理目标。

在运用杜邦体系进行分析时，还可以采用因素分析法，即首先确定销售净利率、总资产收益率和权益乘数的基准值，然后顺次代入这三个指标的实际值，分别计算这三个指标变动对净资产收益率的影响方向和程度；还可以使用因素分析法进一步分解各个指标分析深层次原因，从而找出解决办法。

【例 9－2】 以附录中高乐公司 2009 年的资产负债表与利润表为例，说明杜邦分析法的应用。利用高乐公司 2009 年的资产负债表与利润表可以计算得到该公司 2009 年的各项财务指标，建立杜邦分析体系如图 9－2 所示。

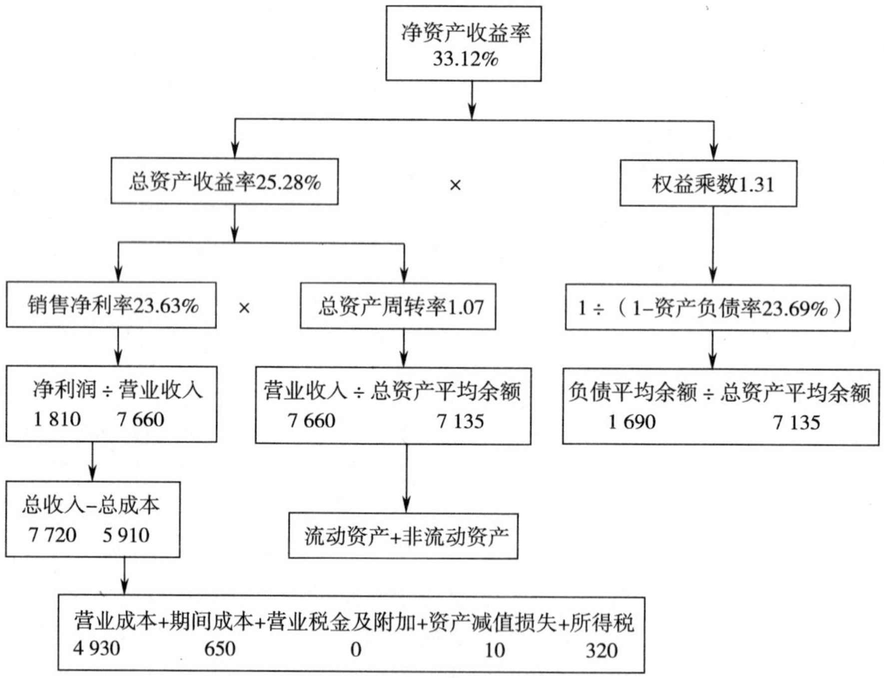

图 9－2 杜邦分析体系

计算结果表明，高乐公司 2009 年净资产收益率为

$$净资产收益率 = 销售净利率 \times 总资产周转率 \times 权益乘数$$

$$33.12\% = 23.63\% \times 1.07 \times 1.31$$

同理，高乐公司2008年净资产收益率为

$$净资产收益率 = 销售净利率 \times 总资产周转率 \times 权益乘数$$

$$27.20\% = 16.22\% \times 1.28 \times 1.31$$

$$33.12\% - 27.20\% = 5.92\%$$

高乐公司2009年净资产收益率比2008年增长了5.92个百分点。

现在运用连环替代法对高乐公司2009年的净资产收益率进行分析。

$$净资产收益率 = 销售净利率 \times 总资产周转率 \times 权益乘数$$

2008年指标为A：16.22% ×1.28× 1.31 =27.20%

第一次替代结果为B：（23.63% −16.22%） ×1.28× 1.31 =12.43%

第二次替代结果为C：23.63% ×（1.07 −1.28） × 1.31 = −6.50%

第三次替代结果为D：23.63% ×1.07×（1.31 −1.31） =0

经过分析，销售净利率的上升和总资产周转率的下降都对净资产收益率的变化起到了作用，每个指标的影响程度如以上计算结果所示。销售净利率的上升所起作用最大，使净资产收益率上升了12.43个百分点；总资产周转率的下降使净资产收益率减少了6.50个百分点；权益乘数的变化基本平稳，对净资产收益率的影响较小。

因为杜邦分析体系的作用是揭示指标变动的原因和变动的趋势，为采取措施指明方向，所以，在进行企业内部财务状况分析时应该采用至少两年的资料进行分析，计算出相同的比率以便进行比较，分析差异形成的原因。另外，通过对同行业或同类企业的平均指标进行比较，杜邦分析体系有助于解释同行业或同类企业财务状况的变动趋势，以便对行业前景进行判断。

企业可使用杜邦分析体系来分析提高经营业绩的方法。市场营销人员可关注杜邦分析图的左方，即销售净利率，可以研究提高销售价格（或降低销售价格以扩大销售量）、转产利润更高的产品和市场等的效果。公司的成本会计人员可研究各项支出，并与工程师、采购人员和其他经营人员共同探讨降低成本的方法。在“周转”一方，财务分析师和生产、营销人员可共同研究降低各类资产投资的方法。同时，财务人员可分析不同融资战略的效果，寻找降低利息开支和负债风险，同时仍能使用杠杆作用提高净资产收益率的方法。

杜邦分析体系还可以用于企业生产经营目标的分解。企业在经营活动中要规划企业的生产经营目标，当然，企业年度的生产经营目标的确定是根据企业目前的资源（包括财务资源的约束及企业发展战略）来确定的。由于净资产收益率反映了中小企业股东财富的增值状况，符合股东财富最大化的理财理念，同时又能够反映企业经营管理的绩效和财务政策的影响，可以作为企业生产经营的目标并分解落实到企业生产经营的每一个基层单位。确定落实经营目标的步骤是：

（1）根据企业发展的战略规划、公司目前的资源所能够支持的公司增长情况、市场情况、企业过去的业绩等因素确定企业下一个生产经营年度的生产经营目标——净资产收益率及构成净资产收益率的税后净利润和净资产的规模。

（2）将净资产收益率分解为销售净利率、总资产周转率、权益乘数等指标，确定营销部门应完成的营业收入及支持销售增长所需要的资金、销售费用控制指标，确定保证营业收入生产部门应完成的产量、采购部门应完成的采购量及采购的质量和采购成本的控制指标，确定企业各管理部门为完成目标所应进行的年度工作计划及费用控制水平，确定企业存货、应收账款、固定资产等利用水平及保证设备等资产正常运营的技术管理部门的责任指标，将年度经营目标落实分解到各责任部门，形成考核各责任部门的具体指标。

（3）将各责任指标汇总，形成企业经营目标的考核体系。

利用杜邦分析体系分解企业的生产经营目标，如表9－4所示。

表9－4　　生产经营目标分解表

总目标	分解指标	责任指标	责任部门
净资产收益率	总资产周转率	处置无用设备	设备技术部
		保证设备全年正常运转	设备技术部
		存货周转率	供产销部门
		应收账款周转率	销售部
		货币回笼率	销售部
		退货率	销售部
		废品率	生产部
	销售净利率	营业收入	营销市场部
		支持销售增长措施：	
		新产品开发	研发部
		广告及促销	营销市场部
		人员培训及招聘	人力资源部
		制造成本控制在销售的百分率	生产部
		销售费用率	销售部
		管理费用率	管理部门
		财务费用率	财务部
		税费率	财务部
	权益乘数	资产负债率	财务部
		负债规模	财务部

需要指出的是，在对企业生产经营目标分解落实后，结合目标的完成情况，制定相应的奖励与惩罚措施，是企业特别是人力资源部门的一项重要工作。同时，目标分解后，各部门应制定完成规定目标的各项具体措施、计划。

【例9－3】 企业A和企业B杜邦分析法的案例分析①

企业A和企业B的炼油能力分别为630万吨/年和550万吨/年，乙烯生产能力分别为73万吨/年和79万吨/年。两家企业规模大体相当，现以两企业2009年财务报表数据为例进行分析。

① 资料来源：百度文库/专业文献，http://wenku.baidu.com/view/e17cea2de2bd960590c67794.html。

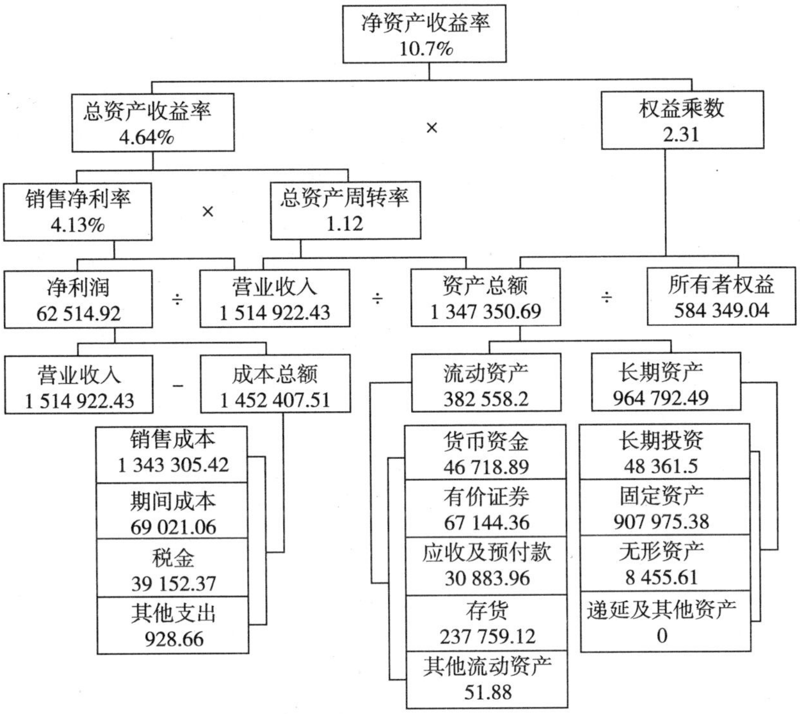

图 9－3　企业 A 的杜邦分析体系（单位：万元）

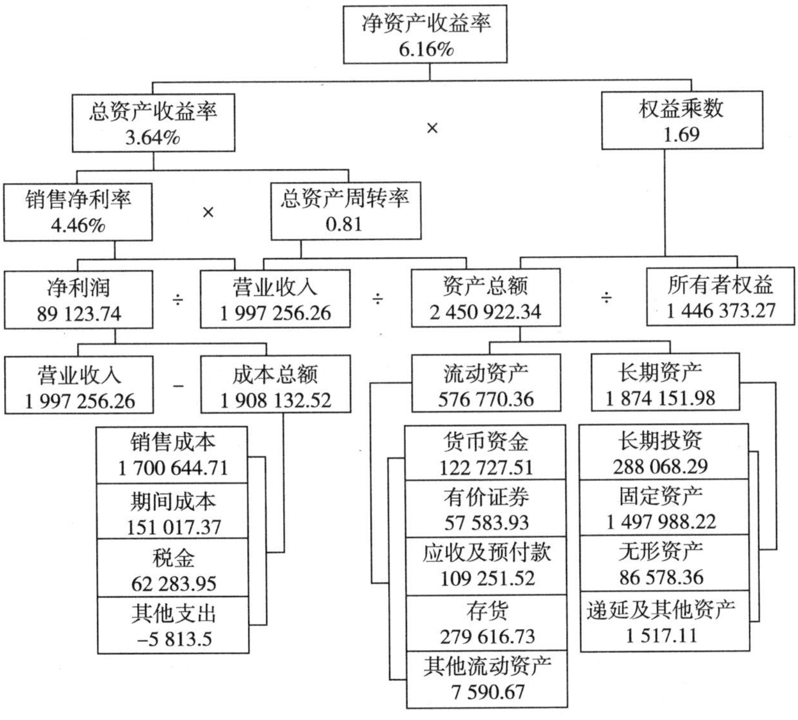

图 9－4　企业 B 的杜邦分析体系（单位：万元）

从上述数据可以看出：

第一，由于企业 B 的资产总额过高，该企业虽然营业收入和净利润优于企业 A，但由于总资产周转率过低，造成总资产收益率和净资产收益率低下。企业 B 资产总额比企业 A 高 1 103 571. 65 万元，其中流动资产部分比企业 A 要高出 194 212. 16 万元，长期资产部分比企业 A 要高出 909 359. 49 万元，长期资产部分中固定资产又高出企业 A 590 012. 84万元。由此可见，占用资产过大、资产在生产经营中的利用效率过低是导致企业 B 净资产收益率低于企业 A 的主要原因。因此该企业在今后的生产经营中必须将重点放在提高资产运作效率上。

第二，企业 B 的权益乘数也低于企业 A，说明企业 B 的负债程度要低于企业 A，企业 A 在获得较大的杠杆收益的同时也承担了较高的财务风险。

（六）杜邦分析法的局限性

虽然杜邦分析体系具有综合性、全面性等特点，但其本身也存在着一定的问题，这些问题在某种程度上限制了杜邦分析体系的使用效率。

从企业绩效评价的角度来看，杜邦分析法只包括财务方面的信息，不能全面反映企业的实力，有很大的局限性，在实际运用中需要加以注意，必须结合企业的其他信息加以分析。主要表现在以下几方面：

1. 对短期财务结果过分重视，有可能助长公司管理层的短期行为，忽略企业长期的价值创造。

2. 财务指标反映的是企业过去的经营业绩，衡量工业时代的企业能够满足要求。但在目前的信息时代，顾客、供应商、雇员及技术创新等因素对企业经营业绩的影响越来越大，而杜邦分析法在这些方面是无能为力的。

3. 在目前的市场环境中，企业的无形知识资产对提高企业长期竞争力至关重要，杜邦分析法却不能解决无形资产的估值问题。

4. 现行杜邦体系所采用的数据都来自资产负债表、利润表和利润分配表，完全没有反映企业的现金流量。利润指标在财务分析体系中起到了承上启下的连接作用，但是利润指标提供的财务信息远弱于现金流量。在实际中，现金流量对于一个企业经营活动是否顺畅至关重要，现金流量信息是财务分析者对企业的财务状况作出准确判断的重要依据。财务分析者通过现金流量分析，可以得到企业现金流量来源、结构与数量等重要信息，从而可以对企业经营资产的真实效率和创造现金的能力作出正确判断，也可以由此认识企业的偿债能力及推断企业未来财务发展趋势。而现行杜邦财务分析体系缺少现金流量数据，因而不能对上市公司进行更为准确、全面的财务分析。

5. 现行杜邦财务分析体系主要是面向外部，以提供综合信息为主。

从管理角度看，这种分析方法有三方面局限性，即：基本局限于事后财务分析，事前预测、事中控制的作用较弱，不利于计划、控制和决策；资料仅来源于财务报表，没有充分利用管理会计提供的数据资料展开分析，如管理会计的成本分析资料和风险分析资料等，不利于加强内部控制；没有按照成本形态反映成本信息，不利于成本控制。

（七）杜邦分析法广泛应用的原因

1. 符合公司的理财目标。关于公司的理财目标，欧美国家的主流观点是股东财富最大化，日本等亚洲国家的主流观点是公司各个利益群体的利益有效兼顾。在我国，公司的理财目标经历了几个发展时期，每一个时期都有它的主流观点：计划经济时期，产值最大化是公司的理财目标；改革开放初期，利润最大化是公司的理财目标；由计划经济向市场经济转轨时期，有人坚持认为利润最大化仍然是公司的理财目标，有人则提出所有者权益最大化是公司的理财目标，但也有人提出公司价值最大化才是公司的理财目标，至今还没有形成主流观点。笔者认为我国公司的理财目标应该是投资者、债权人、经营者、政府和社会公众这五个利益群体的利益互相兼顾，在法律和道德的框架内使各方利益共同达到最大化，任何一方的利益遭到损害都不利于公司的可持续发展，也不利于最终实现股东财富的最大化。只有各方利益都能够得到有效兼顾公司才能够持续稳定协调地发展，最终才能实现包括股东财富在内的各方利益最大化。这是一种很严密的逻辑关系，它反映了各方利益与公司发展之间相互促进、相互制约、相辅相成的内在联系。

从股东财富最大化这个理财目标我们不难看出，杜邦公司把净资产收益率作为杜邦分析法核心指标的原因所在。在美国，股东财富最大化是公司的理财目标，而净资产收益率又是反映股东财富增值水平最为敏感的内部财务指标，所以杜邦公司在设计和运用这种分析方法时就把净资产收益率作为分析的核心指标。

2. 有利于委托代理关系。广义的委托代理关系是指财产拥有人包括投资人和债权人等将自己合法拥有的财产委托给经营者，依法经营而形成的，包含双方权、责、利关系在内的一种法律关系。狭义的委托代理关系仅指投资者与经营者之间的权、责、利关系。若从狭义的委托代理关系来解释经营者为什么也青睐杜邦分析法，首先，由于存在委托代理关系，无论是在法律上还是在道义上，经营者都应该优先考虑股东的利益，这一点与股东的立场是一致的。其次，由于存在委托代理关系，委托人（投资者、股东）和代理人（经营者）之间就必然会发生一定程度的委托代理冲突。为了尽量缓解这种委托代理冲突，委托人和代理人之间就会建立起一种有效的激励与约束机制，将经营者的收入与股东利益挂起钩来，在股东利益最大化的同时也能实现经营者的利益最大化。在这种机制的影响下，经营者必然会主动地去关心净资产收益率及其相关的财务指标。

投资者使用杜邦分析法，其侧重点主要在于净资产收益率的多少和净资产收益率的升降，影响净资产收益率升降的原因，相关财务指标的变动对净资产收益率将会造成什么影响，应该怎么样去激励和约束经营者的经营行为才能确保净资产收益率达到要求，当确信无论怎样激励和约束都无法使经营者的经营结果达到所要求的净资产收益率时将如何控制等。而经营者使用杜邦分析法，其侧重点主要在于经营结果是否达到了投资者对净资产收益率的要求，如果经营结果达到了投资者对净资产收益率的要求经营者的薪金将会达到多少以及职位是否会稳中有升，如果经营结果达不到投资者对净资产收益率的要求薪金将会降为多少以及职位是否会被调整，应该重点关注哪些财务指标采取哪些有力措施才能使经营结果达到投资者对净资产收益率的要求，才能使经营者薪金和职位都能够做到稳中有升等。

知识链接：运用杜邦分析法的建议

首先，深刻理解杜邦分析法与公司理财目标、公司代理关系以及公司金字塔风险之间的内在联系，充分认识杜邦分析法对实现公司理财目标、缓解公司代理冲突、化解公司金字塔风险所具有的重要作用。只有深刻理解这种内在联系并充分认识这种重要作用，公司才有可能会想方设法去用足用好杜邦分析法。

其次，完善财务与会计的各项基础工作，建立健全财务与会计的各种规章制度，保证财务与会计信息的真实性、完整性、可靠性和及时性，提高财务与会计信息的质量。

再次，加强杜邦分析法与公司长期战略目标以及近期目标责任之间的沟通和联系，把杜邦分析法的功能从事后财务分析延伸到事前战略规划和事前目标责任管理，最大限度地用足用好杜邦分析法。

最后，注意杜邦分析系统中各项财务指标的递进影响关系和动态发展趋势，根据这种递进影响关系来平衡影响某一财务指标变动的各个要素之间的关系，使之协调发展。同时根据这种动态发展趋势来观测公司近期目标责任的落实情况和长期战略目标的实施情况，并适时对之进行合理的调整，使近期目标责任和长期战略目标之间形成一个和谐统一、相互支持、相互促进、共同实现的经营管理目标体系。

三、经济增加值评价法

（一）经济增加值的基本概念

1991 年，美国思腾思特咨询公司（Stern&Stewart Co.）提出并实施了经济增加值（Economic Value Added，EVA）指标。从算术角度说，EVA 等于税后经营利润减去债务和股本成本，是所有成本被扣除后的剩余收入。其公式如下：

经济增加值(EVA) = 调整后的公司税后净营业利润 - 企业的加权平均资本成本 - 调整后的公司期初资本(包括负债和所有者权益）的经济价值

应用 EVA 评价公司经营业绩的基本思路是：企业的投资者可以通过股票市场自由地将其投资企业的资本加以变现，进而转做其他投资。因此，投资者至少应从企业获得投资的机会成本，亦即企业加权平均资本成本。这就意味着，如果 EVA 为正值，即调整后的净营业利润大于产生此利润的全部资本成本，公司才产生经济利润，并为股东创造财富；反之，若 EVA 为负值，则表示公司虽然有会计利润，但却没有产生经济利润，公司在消耗股东的财富。因此，EVA 是对真正“经济”利润的评价，或者说是表示净营运利润与投资者用同样资本投资其他风险相近的有价证券的最低回报相比，超出或低于后者的量值。相对于人们重视的企业会计利润而言，EVA 理念认为，企业所占用股东资本也是有成本的，所以在衡量企业业绩时，必须考虑到股东资本的成本。EVA 实质是股东考核企业经营水平，进行投资决策时的最好工具，同时也是企业经营者加强公司战略、财务管理、衡量员工业绩、设定奖罚机制的最佳手段。

（二）EVA 的计算

EVA 的计算是应用经济增加值指标的第一步。公司每年创造的经济增加值等于税后净营业利润与全部资本成本之间的差额。其中，资本成本既包括债务资本的成本，也包括股本资本的成本。

在实务中 EVA 的计算要相对复杂一些，这主要是由两方面因素决定的：一是在计算税后净营业利润和投入资本总额时需要对某些会计报表科目的处理方法进行调整，以消除根据会计准则编制的财务报表对企业真实情况的扭曲；二是资本成本的确定需要参考资本市场的历史数据。

1. EVA 的三个基本要素计算。由上可知，EVA 的计算结果取决于三个基本变量，即税后净营业利润、资本总额和加权平均资本成本。

（1）税后净营业利润。税后净营业利润等于税后净利润加利息支出部分（如果税后净利润的计算中已扣除少数股东损益，则应加回），亦即公司的营业收入减去利息支出以外的全部经营成本和费用（包括所得税费用）后的净值。因此，它实际上是在不涉及资本结构的情况下，公司经营所获得的税后利润，也即全部资本的税后投资收益，反映了公司资产的盈利能力。除此之外，还需要对部分会计报表科目的处理方法进行调整，主要目的是为了消除会计的稳健主义，消除或减少管理当局进行盈余管理的机会，使业绩计量免受过去会计计量误差的影响。调整的主要内容包括：递延所得税、先进先出利得（存货利润）调整，研发费用及广告支出的会计调整，商誉摊销、资产租赁、物价变化调整，折旧调整，等等。思腾思特咨询公司列出了多达 164 个调整项目，以指导公司准确得出真正的经济收益。但是，即便是调整项目如此之多也不能保证 EVA 调整的完全性，所以思腾思特咨询公司也不得不承认，即使经过调整，各种偏差仍可能存在。

（2）资本总额。资本总额是指所有投资者投入公司经营的全部资金的账面价值，包括债务资本和股本资本。其中，债务资本是指债权人提供的短期和长期贷款，不包括应付账款、应付单据、其他应付款及其他商业信用负债；股本资本不仅包括普通股，还包括少数股东权益。因此，资本总额还可以理解为公司的全部资产减去商业信用债务后的净值。同样，计算资本总额时也需要对部分会计报表科目的处理方法进行调整，以纠正对公司真实投入资本的扭曲。在实务中既可以采用年初的资本总额，也可以采用年初与年末资本总额的平均值。

（3）加权平均资本成本。加权平均资本成本是指债务资本的单位成本和股本资本的单位成本，是根据债务和股本在资本结构中各自所占的权重计算的平均单位成本。

企业的加权平均资本成本可通过以下公式得出：

加权平均资本成本 = 股本资本 / 全部资本占用 × 股本资本成本率
　　+ 债务资本 / 全部资本占用 × 债务资本成本率（税后）

2. 报表项目调整原则。如前所述，由于根据会计准则编制的财务报表对公司真实情况的反映存在部分失真，在计算 EVA 时需要对其会计报表科目的处理方法进行调整。实践中选择调整项目时应该遵循的原则有：

（1）重要性原则，即拟调整的项目涉及金额应该较大，如果不调整会严重扭曲公司的真实情况。

（2）可影响性原则，即经理层能够影响被调整项目。

（3）可获得性原则，即进行调整所需的有关数据可以获得。

（4）易理解性原则，即非财务人员能够理解。

（5）现金收支原则，即尽量反映公司现金收支的实际情况，避免管理人员通过会计方法的选取操纵利润。

（三）EVA 的评价

EVA 是一个流量指标，因为它是利润的度量标准，而所有的利润指标都是流量指标。EVA 是把超额回报这样的存量指标转变为流量指标的一种手段。EVA 类似于传统的利润计算方法，但又与其有着重要区别：一是 EVA 考虑所有资本的成本，而公司的损益表仅考虑多数可见的资本成本和利润成本，忽视了权益资本成本。尽管估算权益资本成本是一个主观概念，但忽视了这种成本的公司，其业绩考核就不能揭示该公司在为其股东创造价值上所取得的成就。二是 EVA 不受通用会计原则的限制。由于 EVA 明确扣除了所有资本的机会成本，而且事先将会计数字转换为经济数字，所以它对任何时段的企业业绩都能作出较为准确的评价。

1. 经济增加值评价法的优点。经济增加值评价法强调了权益资本成本在企业经营业绩评价中的作用，从而克服了传统会计利润忽略权益资本成本的缺陷。EVA 体系在企业的评价指标、管理体系、激励制度和观念体系方面比起传统的基于会计利润的业绩评价指标有很多优越性。这些优越性主要体现在：

（1）无论处于何种时间段的企业业绩，EVA 体系都可以作出较为准确、恰当的评价。它明确了扣除所有资本的机会成本，明确了股东权益的回报要求。同时，在计算 EVA 的过程中，先要对传统的会计数字进行一系列调整，这样就消除了会计扭曲，使业绩评价结果能够尽量地与经济现状吻合。例如，EVA 将研发支出进行了资本化处理，不再一次性计入费用，而是作为可摊销的无形资产，在适当的时间内分期摊销。这种处理鼓励了研发、培训等能为公司带来长期效益的行为，克服了传统会计的缺陷。

（2）建立在 EVA 基础之上的评价体系密切关注股东财富的创造，并以此指导企业决策的制定和营运管理，使战略企划、资本分配、并购或出售等行为更加符合股东利益，使资本运作计划更加有效。

（3）EVA 考虑了有关公司价值创造的所有因素和利益关系平衡，其不仅仅是一种公司业绩核定方法，还有一个财务管理的全面架构，是一种经理人薪酬的激励机制。经理人为自身谋取更多利益的唯一途径就是为股东创造更大的财富，从而在企业的经营管理和决策方面，不再是只注意短期效果，而是从企业发展的长远利益出发。

（4）EVA 还为企业带来了一种全新的经营管理观念。在 EVA 制度下，企业经营的唯一目标即是提升 EVA，各部门之间会自动建立联系，加强合作，引导和鼓励管理人员和普通员工为股东的利益思考和工作。

2. 经济增加值评价法的缺陷。对于我国的上市企业，使用 EVA 体系评价其经营业绩并不是一件简单的事情，因为 EVA 体系仍有诸多缺陷和不足之处。

（1）权益资本成本无法准确计算。无论是上市公司还是非上市公司，权益资本成本的计算还没有一个能反映实际情况的计算方法。尤其是上市公司，我国还缺乏有效完善的资本市场，上市公司也存在着流通股和非流通股之分，股票的一级市场和二级市场价格存在着数倍的差额等。在这种情况下，准确计算上市公司的资本成本和价值是非常困难的。权益资本成本通常使用资本成本定价模型（CAPM）来计算。但由于我国的股票市场投机气氛浓厚，股票价格的高低在很大程度上是庄家炒作的结果，并不是公司经营业绩的真实反映，从而影响权益资本成本和加权平均资本成本的准确性。

（2）企业的有关财务数据无法确定，或其真实性受到质疑。在计算 EVA 时，要对税后净营业利润和资本进行一系列的调整，包括调整坏账准备、调整存货、摊销商誉、将研发费用和培训费用资本化等。这其中许多数据无法从企业公开的会计报表中获得，即使可以获得也具有很强的内部控制性，数据的真实性难以确定。在会计信息披露不规范和透明度较低的情况下，EVA 具有较大的弹性，从而影响到 EVA 指标的可信度。

（3）经济增加值忽视了股东应占的利润。在计算税后净营业利润时，没有剔除少数股东权益。在大股东控制的情况下，可将集团利润通过关联交易转移到非全资拥有的控股子公司，这样，这家获利的子公司的一部分利润就可以归于与大股东相关联的少数股东占有。作为常识，投资者不是获得所有税后的净利润，而是获得剔除少数股东权益后的净利润，即股东应占利润。

（4）经济增加值忽视了非国民待遇问题。中国有近 90% 的上市公司没有按法定税率缴纳所得税，然而经济增加值评估指标并没有这方面的揭示。经济增加值在对税后净营业利润进行税收调整时，采用了“利润表上的所得税”这一数据。按照经济增加值计算公式，这个利润表上的所得税与经济增加值的关系是相逆的，即前者多则后者少，或者前者少则后者多。它意味着按利润表上的所得税计算的所得税实际负担率，如果低于法定税率，该上市公司的经济增加值就高，同等公司如果交足所得税，其经济增加值就低。这显然违反了国民待遇原则的评估方法，不能说明经营者真实的盈利运作能力。

（5）EVA 是绝对指标，不适合不同行业、不同企业之间的比较。

因此，对我国企业经营业绩进行评价，单独采用某一个指标是无法完成的。需要建立一套多元的评价指标体系，将财务指标和非财务指标结合起来，将量化指标和非量化指标结合起来，才能对企业的经营业绩进行全面、科学的评价。

四、平衡计分卡法

（一）平衡计分卡法的内涵

平衡计分卡（Balance Score Card，BSC）法最先是由美国著名的管理大师卡普兰（Ro－ber S. Kaplan）和复兴方案国际咨询企业总裁诺顿（David D. Norton）在总结了 12 家大型企业业绩评价体系的成功经验基础上提出的，它是利用平衡计分卡来综合评价企业经营情况的一种分析方法。平衡计分卡是一个综合评价企业长期战略目标的指标评价系统，它把企业及其内部各部门的任务和决策转换为多样的、相互联系的目标，然后再把目标分解成多项指标的多元业绩评价系统。相对于传统的以财务指标为主的业绩评价系统，平衡计分卡法更强调非财务指标的重要性，通过对财务、客户、内部业务流程、学习与成长四个各有侧重又相互影响的业绩进行评价来沟通目标、战略和企业经营活动的关系，可以综合反映企业战略与短期目标、财务与非财务指标、滞后和先行指标以及外部与内部指标等方面的综合绩效评价情况。

（二）平衡计分卡的指标设计

平衡计分卡在实际应用过程中，需要结合企业自身的经营特点，并综合考虑企业的各种影响因素，制定适合其发展需要的指标体系。为了使企业战略有效实施，我们可逐步把组织战略转化为财务、客户、内部业务流程、学习与成长四个方面的衡量指标。

1. 为重要的财务绩效变量设置衡量指标。其目标是解决“我们怎样满足股东”这一类问题。财务衡量指标告诉企业管理者，他们的努力是否对企业的经济收益产生了积极的作用，因此财务方面是其他三个方面的出发点和归宿。

从财务的角度看，公司包括“成长”、“保持”及“收益”三大战略方向。与此相配合，就会形成三个财务性主题：“收入增长组合”、“成本降低，生产力改进”、“资产利用——投资战略”。企业所重视的战略方向及战略主题不同时，其财务指标的衡量内容及重点就会发生变化。企业应根据所确定的不同的战略方向、战略主题采用不同的业绩衡量指标。企业也可以根据具体要求，设置更加具体的指标，如营业利润、资本报酬率、经济增加值、现金流量、销售增长率、投资报酬率等。

2. 为重要的客户绩效变量设置衡量指标。其目标是解决“客户如何看待我们”这一类问题。企业竞争能力和未来发展能力取决于能否为客户提供所需要的创新产品和优质服务。

客户方面的业绩指标可分为核心指标和其他指标。核心指标包括市场占有率、客户保持率、客户获得率、客户满意程度和客户盈利率。市场占有率指标反映企业在出售商品的市场上所占的业务比例，显示一个企业在目标市场上的占有情况；客户保持率指标反映客户的保持和忠诚程度，可以通过考察经营单位与客户关系程度的方法来进行计量；客户获得率指标反映新客户的获得能力，可以用经营单位赢得新客户及业务的比率来计量；客户满意程度指标反映了客户的需要，可较好地预测企业前景；客户盈利率，即企业为客户提供产品或劳务后所取得的利润水平。其他指标指的是满足客户期望，有代表性的满足客户期望的指标是时间（交货周期）、质量和价格。通过客户的眼睛来看一个企业，从时间、质量和价格几个方面关注市场份额以及客户的需求和满意程度。

3. 为重要的内部业务流程绩效变量设置衡量指标。其目标是解决“我们必须擅长什么”这一类问题。这类指标报告企业的内部效率，关注影响企业整体绩效的过程、决策和行动，特别是对客户满意度有重要影响的企业过程。

内部过程是企业改善其经营业绩的重点，内部过程的好坏是企业目标能否实现的基础，同时也是一个企业未来业绩的主要影响因素。企业的内部经营过程包括研发、经营和售后服务三方面。众多企业从不断地研发新的产品和服务中获得竞争优势，因此，研制和开发过程成为价值链上的重要一环。创新可用研发费用增长、成果转化能力、新产品开发时间、损益平衡时间和新产品销售收入占总收入的比例等指标衡量。经营是把现有的产品生产出来并出售给客户的过程。在商品竞争中，质量是保证企业持续发展的一项必不可少的要素，厂商应尽量提供高质量的产品或服务。与此同时，厂商还应注意过程成本，包括订单执行、购买材料、编制生产计划、使用资源等。质量和成本这两个指标可用于检验经营过程。评价企业售后服务业绩的指标有企业对产品故障的反应时间和处理时间、售后服务的一次成功率、客户付款的时间等。

4. 为重要的学习与成长变量设置衡量指标。其目标是解决“我们能否持续提升并创造价值”这一类问题。基本上，达成财务、客户和内部业务流程目标的能力取决于组织的学习与成长能力。

企业如果想将注意力引向企业未来成功的基础，就会涉及人员、信息系统和市场创新等一系列问题。在人员方面，只有充分发挥职工的积极性和创新能力才能使企业立于不败之地，其使用的主要指标有职工的满意程度、职工的稳定性和职工的创新性。职工满意是提高企业生产率和产品市场占有率的前提条件，该指标应结合职工的稳定性和创新性考虑。职工的稳定性指标以保持员工长期被雇佣为目标。因为企业在职工身上进行了长期投资，职工辞职则是企业在人力资本投资上的损失，尤其是掌握了企业经营过程的高级雇员。职工的创新性指标反映企业的发展潜力，可用职工每年申请的专利或研制出的非专利技术数计量，也可用职工获得的奖金额计量。信息系统的生产能力可以通过及时准确地把关键客户和内部经营的信息传递给制定决策和工作的一线雇员所用的时间来计量。

平衡计分卡的四个方面并不是相互独立的，而是一条因果链，展示了业绩和业绩动因之间的关系。为提高经营成果，必须使产品或服务赢得客户的信赖；要使客户信赖，必须提供客户满意的产品，为此要改进内部生产过程；改进内部生产过程，必须对员工进行培训，开发新的信息系统。这四部分内容共同构筑了一个完整的平衡计分卡评价体系，具体结构关系如图 9－5 所示。

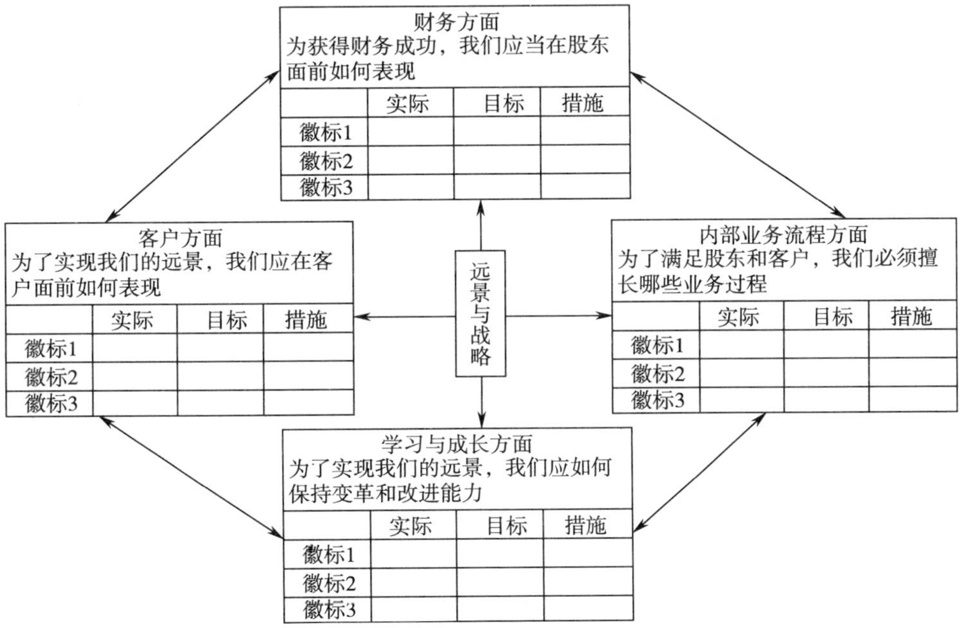

图 9－5　平衡计分卡的四个方面

（三）平衡计分卡法的实施程序

通常企业应用平衡计分卡法来建立业绩评价体系时，需经过以下三个阶段：

1. 设计阶段。本阶段的主要任务是依据企业的战略目标，结合企业长短期发展的需要，设计出平衡计分卡的各方面指标。对所设计的指标要自上而下、从内部到外部进行交流，征询各方面的意见，吸收各方面、各层次的建议。这种沟通与协调完成之后，使所设计的指标体系达到平衡，从而能全面地反映和代表企业的战略目标。

2. 应用贯彻阶段。这个阶段是应用平衡计分卡的最关键阶段。根据企业具体情况选择合适的信息系统，应注意确定年、季、月企业业绩衡量指标的具体数字，并与企业的计划和预算相结合，建立数据库。注意各类指标间的因果关系、驱动关系与连接关系，在评价指标与数据库和信息系统之间建立联系。这一过程的最终结果是通过执行信息系统，把反映财务、客户、内部业务流程、学习与成长方面的评价指标向下贯彻，与各部门及现场的评价指标联系起来。还应注意的是，应将每年的报酬奖励制度与平衡计分卡挂钩，促使员工尽一切努力去实现指标，进而实现企业的战略目标。

3. 完善与提高阶段。这一阶段应重点考查指标体系的设计是否科学，是否能真正反映本企业的实际。注意经常采用员工的意见修正平衡计分卡衡量指标并改进企业战略。还要关注采用平衡计分卡后，对于业绩评价中的不全面之处，补充新的测评指标，从而使平衡计分卡不断完善。必要时，可根据实际情况变动评价指标，完善平衡计分卡指标体系，使其更好地为企业战略管理服务。

（四）平衡计分卡法的优点

1. 实现了财务指标与非财务指标、定量指标与定性指标的结合。财务指标与非财务指标（客户方面、内部业务流程方面和学习与成长方面）的结合，有利于从影响企业战略经营成功的主要方面，全面、正确地评价企业的经营绩效，克服传统的单一财务指标体系重财务方面、轻非财务方面，重内部因素、轻外部因素，重短期、轻长期，重事后、轻过程等缺陷。

定量指标与定性指标的结合，有利于克服定量分析方法的不足。在绩效评价中，单有定量指标，很难做到对企业经营绩效的全面评价。因为有许多经营绩效很难在量上反映出来，因而必须借助一定的定性指标（如员工的知识水平、管理水平等）来对企业的战略经营绩效进行综合评价。

2. 实现了指标体系四个方面的紧密因果链联系。平衡计分卡是由一系列因果链条贯穿起来的有机整体。例如，一个企业希望通过提高资本回报率来实现较好的财务绩效，这就需要有客户对企业提供的产品重复购买并增加每次的购买量，这有赖于客户对企业产品青睐度的提高。对客户偏好分析的结果可能会显示：客户重视产品交付的及时性。为保证产品按时交付，企业有必要缩短经营过程和提高内部生产过程的质量，而这又有赖于企业高质量、高素质的职员的努力奋斗。而这又需要职员进行不断的学习和接受培训。就这样，一条因果关系链贯穿着平衡计分卡的各个方面。

3. 实现了战略目标的战术转换。平衡计分卡将企业的战略目标转化为分阶段的战术目标，即将战略目标分解为分阶段的、具体的、可操作的指标体系，使各个层次的经营者和各个职员能较好地理解企业的目标和战略，以便实施。它体现了短期目标与长期目标相结合，短期目标为长期目标服务的特征。

财务方面的指标使管理者和执行者明确企业所要达到的具体财务目标；客户方面的指标使执行者懂得保护原有客户和吸引新客户的重要性；内部业务流程方面的指标使管理者明白如何通过开发新产品、提高服务质量来满足客户的要求，从而扩大企业的市场份额，实现企业的财务目标；学习与成长方面的指标使企业的管理者、职员明白，只有不断学习新知识、新技能，才能提高自身素质，以适应不断变化的经营环境，提高自身胜任工作的能力，使客户和股东满意，最终实现企业的战略目标。

把经营绩效同企业的战略联系在一起是平衡计分卡的灵魂。正如卡普兰所说："平衡计分卡制度不仅来源于企业的战略，它也应反映出企业的战略。实行平衡计分卡制度的企业不仅应看到平衡计分卡的表面现象，也应看到它的本质，看到平衡计分卡的目标和衡量手段背后的企业战略。如果平衡计分卡制度表现出足够的透明度，则足以把企业战略转换为一整套绩效评估手段。"

4. 实现了对企业战略目标的管理。制定战略与实施战略之间往往存在着差距，这种差距多半是由传统的管理体制造成的。传统的管理体制的管理目的在于确立和向下传达战略与经营目标，分配人力与物力，确定各部门、小组和各位职员的目标和方向，提供反馈。平衡计分卡是对企业战略目标的一种自上而下的沟通、分解与管理过程，它使企业具体执行人员懂得他们的决策和行动的财务结果，使高级管理人员清楚达到长期战略目标的关键要素。

（五）平衡计分卡法的局限

除了上述优势外，平衡计分卡也存在着四大障碍：第一，思想和战略无法操作。其主要原因是企业无法使职员理解并参照执行企业的想法和战略，而造成各部门各行其是，缺乏整体的协调性。第二，经营战略与各部门、小组和各位员工的目标之间没有建立很好的联系。第三，经营战略同长期或短期的人力和物力分配没有联系。第四，反馈是战术性的而非战略性的。

第三节 杜邦财务分析案例[①]

一、公司概况

光明玻璃股份有限公司是一个拥有 30 多年历史的大型玻璃生产基地。该公司管理层颇有战略头脑，十分重视新产品和新工艺的开发，重视对老设备进行技术改造，引进国外先进技术，拥有国内一流的浮法玻璃生产线。该公司生产的浮法玻璃、汽车安全玻璃以及高档铅质玻璃器皿在国内具有较高的市场占有率。该公司还十分重视战略重组，大力推行前项一体化和后项一体化，使公司形成了一条由原材料供应到产品制造再到产

① 资料来源：百度文库/专业文献，http：//wenku. baidu. com/view/4e4ea322482fb4daa58d4b10. html。

品销售一条龙的稳定的价值生产链。由于该公司战略经营意识超前，管理得法，公司规模迅速扩展，销量和利润逐年递增，跃居国内排头兵位置。但由于近两年企业扩展太快，经营效率有所下降。

该公司为了把握未来，对公司未来几年面临的市场和风险进行了预测。预测结果表明，在未来的几年里，伴随国民经济的快速发展、安居工程的启动以及汽车工业的迅猛崛起，市场对各种玻璃的需求剧增，这种市场发展势头给公司带来了千载难逢的发展机会。预测结果还表明，公司未来面临的风险也在逐步加大。国内介入浮法生产线的企业逐渐增多，国外玻璃生产公司意欲打入中国市场，石油和能源的涨价等，这些都会给公司的未来市场、生产经营和经济效益提出严峻的挑战。

二、案例问题及资料

公司为了确保在未来市场逐渐扩展的同时，使经济效益稳步上升，维持行业排头兵的位置，拟对公司近两年的财务状况和经济效益情况，运用杜邦财务分析方法进行全面分析，以便找出公司在这方面取得的成绩和存在的问题，并针对问题提出改进措施，扬长避短，以利再战，实现公司的自我完善。公司近三年的资产负债表和利润表资料如表 9－5 和表 9－6 所示。

表 9－5　　资产负债表　　单位：千元

资产				负债及所有者权益			
项目	金额			项目	金额		
	前年	上年	本年		前年	上年	本年
流动资产合计	398 400	1 529 200	1 745 300	流动负债合计	395 000	493 900	560 000
长期投资	14 200	68 600	20 900	长期负债合计	31 400	86 200	128 300
固定资产净值	313 200	332 300	473 400	负债总计	426 400	580 100	688 300
在建工程	21 510	31 600	129 500				
递延资产			6 900				
无形及其他资产		147 500	155 500	所有者权益合计	320 910	1 629 100	1 843 200
资产总计	747 310	2 209 200	2 531 500	负债及所有者权益合计	747 310	2 209 200	2 531 500

表 9－6　　利润表　　单位：千元

项目	金额		
	前年	上年	本年
一、产品销售收入	881 000	948 800	989 700
减：产品销售成本	316 400	391 000	420 500

续表

项目	金额		
	前年	上年	本年
产品销售费用	9 900	52 700	43 500
产品销售税金	95 300	99 600	89 000
二、产品销售利润	459 400	405 500	436 700
加：其他业务利润			
减：管理费用	164 900	107 000	97 200
财务费用	13 400	3 600	18 500
三、营业利润	281 100	294 900	321 000
加：投资收益			
营业外收入			
减：营业外支出			
四、利润总额	281 100	294 900	321 000
减：所得税	84 330	88 470	96 300
五、净利润	196 770	206 430	224 700

三、案例分析要求

1. 计算该公司上年和本年的净资产收益率，并确定本年较上年的总差异。

2. 对净资产收益率的总差异进行总资产收益率和权益乘数的两因素分析，并确定各因素变动对总差异影响的份额。

3. 对总资产收益率的总差异进行销售净利率和总资产周转率的两因素分析，确定各因素变动对总资产收益率的总差异影响的份额。

4. 对两年销售净利率的总差异进行构成比率因素分析，找出各构成比率变动对总差异的影响份额。

5. 运用上述分析的结果，归纳影响该公司净资产收益率变动的有利因素和不利因素，找出产生不利因素的主要问题和原因，并针对问题提出相应的改进意见，将这些改进建议付诸实施，促使该公司的生产经营管理更加完善，竞争力更加提高。

四、案例分析结论

（一）计算该公司上年和本年的净资产收益率并确定本年较上年的总差异

1. 上年净资产收益率 = 206 430/［（320 910 + 1 629 100）/2］
= 21.17%

2. 本年净资产收益率 = 224 700/［（1 629 100 + 1 843 200）/2］
= 12.94%

3. 净资产收益率本年较上年总差异 = 12.94% − 21.17% = −8.23%

计算结果表明本年较上年净资产收益率下降了 8.23%。

（二）对净资产收益率的总差异进行总资产收益率和权益乘数两因素分析，并确定各因素变动对总差异影响的份额

1. 上年净资产收益率 = 上年总资产收益率 × 上年权益乘数

$$=\frac{206\ 430}{(747\ 310+2\ 209\ 200)/2}\times\frac{(747\ 310+2\ 209\ 200)/2}{975\ 000}$$

$=21.17\%$

2. 本年净资产收益率 = 本年总资产收益率 × 本年权益乘数

$$=\frac{224\ 700}{(2\ 209\ 200+2\ 531\ 500)/2}\times\frac{(2\ 209\ 200+2\ 531\ 500)/2}{1\ 736\ 150}$$

$=12.94\%$

3. 总资产收益率变动对净资产收益率的影响 =（9.48% −13.96%）×1.5162

= −6.79%

4. 权益乘数变动对净资产收益率的影响 = 9.48% ×（1.3653 −1.5162）

= −1.43%

（三）对总资产收益率的总差异进行销售净利率和总资产周转率的两因素分析，确定各因素变动对总资产收益率的总差异的影响份额

1. 上年总资产收益率 = 上年销售净利率 × 上年总资产周转率

=（206 430/948 800）×（948 800/1 478 255）

= 13.96%

2. 本年总资产收益率 = 本年销售净利率 × 本年总资产周转率

=（224 700/989 700）×（989 700/2 370 350）

= 9.84%

3. 总资产收益率本年较上年总差异 = 9.48% −13.96% = −4.48%

4. 销售净利率变动对总差异的影响 =（22.70% −21.76%）× 0.6418 = 0.60%

5. 总资产周转率变动对总差异的影响 = 22.70% ×（0.4175 −0.6418）= −5.09%

（四）对两年销售净利率的变动总差异进行构成比率分析，找出各构成比率变动的对总差异的影响份额

1. 本年较上年销售净利率总差异 = 22.70% −21.76%

= 0.94%

2. 由于销售成本率变动率影响 =（391 000/948 800）−（420 500/989 700）

= −1.28%

3. 由于销售费用率变动率影响 =（52 700/948 800）−（43 500/989 700）

= 1.15%

4. 由于产品销售税金率变动率影响 =（99 600/948 800）−（89 000/989 700）

= 1.51%

5. 由于销售管理费用率变动率影响 =（107 000/948 800）−（97 200/989 700）

= 1.46%

6. 由于销售财务费用率变动率影响 =（3 600/948 800）−（18 500/989 700）

= −1.49%

7. 由于销售所得税金率变动率影响 = （88 470/948 800） − （96 300/989 700）

= −0.41%

8. 汇总差异 =（ −1.28%）+1.15% +1.51% +1.46% +（ −1.49%）+（ −0.41%）

=0.94%

通过上述分析可知，该公司的净资产收益率本年较上年减少了 8.23%。影响此总差异的直接原因主要有总资产收益率和权益乘数。计算结果表明，此两种因素从总体看均为不利因素，其中总资产收益率下降影响份额为 6.79%，权益乘数下降影响份额为 1.43%。对于权益乘数下降对净资产收益率的影响，今后可考虑适当增加负债，利用财务杠杆来改善权益乘数，以提高净资产收益率。引起总资产收益率下降的主要原因是总资产周转率的延缓，对于这个不利因素，今后要通过强化企业管理，优化资源管理，缩短生产经营周期，以加强资金周转来解决。在总资产收益率下降这个不利因素中也有积极的一面，即销售净利率提高，但其积极影响被总资产周转率下降所产生的消极影响所掩盖。销售净利率总体来看是积极因素，起主导作用，引起其上升的有利因素主要有三个：销售费用率下降、销售税金率下降和销售管理费用率下降。但是也应该注意，在销售净上升的积极因素中，也包含了三个不利因素，即销售成本率、销售财务费用率和销售所得税金率的升高，只是这三个因素的升高对销售净利率的负影响被前三个有利因素的正影响抵消。由于税金因素是客观因素，企业主要是适应，所以提高销售净利率，企业主要应从其他四个方面挖掘潜力。具体建议是：继续巩固和扩展销售费用率和销售管理费用率降低的成果，今后的工作重点应放在狠抓销售成本率的降低上。至于销售财务费用率的上升问题，应把它与利用财务杠杆引起的销售净利率的提高加以对比才能作出正确的判断。

【复习思考题】

1. 综合分析评价的方法有哪些？综合分析的作用及其局限性是什么？
2. 沃尔比重评分法的难点是什么？
3. 杜邦分析法的特点和优势是什么？
4. 杜邦分析法的目标是什么？程序有哪些？
5. 平衡计分卡法的优势和缺陷有哪些？
6. 经济增加值的三个变量分别怎样计算？

【案例选读】

从财务分析视角看格林柯尔案[①]

一、格林柯尔引发科龙危机

格林柯尔从 2005 年 8 月 1 日起停牌，于 2007 年 5 月 18 日退市，顾雏军资产从此灰

① 资料来源：百度文库/高等教育/经济学，http：//wenku. baidu. com/view/a2684b1cfad6195f312ba69b. html。

飞烟灭。顾维军从注册成立顺德格林柯尔的那一刻开始，就已经瞄准了科龙。他先是利用从科龙电器划拨的1.87亿元资金，采取反复对倒、反复划账的方式注册顺德格林柯尔，并使其从表面上符合《公司法》的相关出资规定。打造好了顺德格林柯尔这一并购平台后，科龙电器的梦魇从此开始。2001年10月31日，科龙电器在香港发布公告：公司大股东容声集团与顺德格林柯尔（顾维军的私人公司）订立买卖协议，后者将以5.6亿元的总代价获得科龙电器20.64%的股权。一个月后的临时股东大会上，顾维军等8人被正式委任成为董事。新一届的董事会中共9名董事，其中5名执行董事全部来自于格林柯尔。中国最优秀的家电生产巨头科龙电器已经在顾维军的掌控之中了，而此时顾维军仅支付了1.5亿元，20%的股权也只是质押还没有过户。2002年4月，科龙电器公告：原单一大股东容声集团向格林柯尔出售2.05亿股科龙电器股票（占已发行股本的20.64%）的总代价减至3.48亿元人民币。在顾维军率管理团队进驻科龙电器几个月后，出台巨亏15亿元的2001年年报，使掌控科龙的代价顺势降了2.12亿元。2005年4月26日科龙电器公告预亏4 000万元（按国际会计师准则），并给出了两点原因：一是华意压缩机连年亏损，需将相关7 100万元商誉撇除；二是4 700万元存货拨备。2004年前三个季度科龙电器的盈利已达2亿元，投资机构纷纷作出乐观的预计。后来突然曝出亏损令国内外舆论哗然，连科龙的大股东格林柯尔及顾维军本人都被置于难堪的焦点。2005年4月29日，科龙电器公布2004年年报：亏损6 000多万元，这与上一年盈利2亿多元的业绩形成巨大反差。5月，中国证监会就此问题立案调查，科龙危机爆发，国内投资者眼看着科龙股票从25元掉到了1元多。据有关资料指出，科龙电器与格林柯尔系公司或怀疑与格林柯尔系公司有关的公司之间进行的不正常现金流出总额约为40.71亿元，不正常现金流入总额约为34.79亿元，至少给科龙带来5.92亿元的损失。顾维军本人遭遇四面楚歌，于2005年7月底被捕。

二、从财务分析视角看格林柯尔案

（一）财务舞弊发生前的“征兆”

1. 运用基本财务指标进行分析发现端倪。格林柯尔报表的确有些蹊跷。资产结构：账上现金非常巨大，占总资产的64%，占净资产比例更是高达74%。从关联公司购入制冷剂形成的存货也相当可观，至2004年底存货价值高达1.18亿元。另外，账上虽然有超过10亿元现金及银行存款，格林柯尔却把一部分存款抵押在银行以取得年息约5%的短期贷款。我们都知道把存单抵押在银行可以得到的贷款比率是相当高的（接近100%），格林柯尔贷到的金额却不到抵押存款金额的60%，银行如此小心不免让人产生怀疑。

2. 比较合并财务报表及母子公司报表找出猫腻。仅从科龙的合并报表以及母公司报表可以看出，科龙有大额的资金被母公司（格林柯尔）侵占。2003年，科龙母公司报表中其他应收款达16亿元之巨，而合并报表中该项目仅为1.3亿元；2004年科龙母公司报表中其他应收款为17亿元，而合并报表中该项目仅为1.2亿元。如果投资者认真地分析一下这些奇怪的现象，就可以推断出格林柯尔严重侵占科龙资金问题。根据毕马威的报告，科龙部分所属公司的资金与格林柯尔系公司的资金均是在无任何业务支持的情况下从账内或账外银行账户被直接划拨的，现金流入流出总金额达75亿元之多。

3. 纵向比较近年年报不难发现数字游戏。从格林柯尔公开的财务报表看出，1998年公司收入仅11万元，利润为-800万元，而2000年年报显示的收入则达到3.64亿元，3年里增长了3 300多倍。自2000年上市以后，格林柯尔的业绩一路高歌猛进，2001年度达到了巅峰。2000年、2001年的营业额分别达到3.64亿元和5.16亿元；纯利润分别为2.69亿元和3.39亿元，毛利润率竟达到了80%，让行业内外都很吃惊！格林柯尔于1999—2001年连续3年盈利，纯利累计超过6亿元，外界看来完全符合香港主板上市的硬性条件（连续3年盈利且3年的盈利累计超过5 000万港元）。事后，科龙电器原财务部副部长在佛山市中级人民法院的庭审供词：2002—2004年间，顾雏军都会下达财务指标，商业承兑汇票的交易量就是根据指标套算出来的。科龙电器在收到客户的商业承兑汇票后，就相应地封存了大量库存产品。但是这些商业票据到期都会原样退还给原客户，根本没有现金收入。销售发生在年底，虚增收入的目的是显然奏效的。这或许可以解释这一系列有趣数字的产生。

4. 会计师事务所屡玩“谦让”须提高警惕。格林柯尔上市时聘请的会计师事务所是安达信。2001年安达信因丑闻“告退”，其在香港的业务转给了普华永道。科龙与格林柯尔的审计机构都应当是普华永道，但是普华永道却将二者拱手相让与德勤。在格林柯尔入主美菱之后，普华永道也辞去了美菱的审计工作。直到2005年，德勤为科龙出具2004年的“保留意见”后，德勤也推掉了科龙的审计业务。从会计师事务所的行为来看，其中必有问题。事务所了解比投资者多得多的信息，它们的行为正好解释了格林柯尔可能存在问题。我国审计市场一直存在着僧多粥少的局面，经济上严重依赖于少数客户。同时，我们也能从中看出国际所审计质量与其实力也名不副实。联合国在有关报告中指出，国际“五大”（安达信当时未退出）在对亚洲公司进行审计时，采用较低的审计标准，而同时又以其令人尊敬的会计师事务所签署审计报告，实际并未提供与其收费相符的服务品质。长此以往，这将是整个审计行业的悲哀。

（二）格林柯尔财务舞弊的特征

1. 现金舞弊的“高端运作”。通常上市公司会选择不易被发现的资金运作，运用高技术的舞弊手段。它们通过集团内部的债权债务互转，通过中间公司使关联交易非关联化，通过银行或集团内部财务公司配合资本运作等，而技术含量最高且难以识别证明的就是现金舞弊。被曝光者往往是资金链断裂被逼现形，或者被监管机构调查后才得以曝光。这类公司虽然手段高明、造假过程复杂，但都有一个共同的特征：上市公司处于一个关系复杂的集团当中，而且频繁担保与被担保；集团的实际控制人资金链断裂，十分迫切需要现金；上市公司有莫名其妙的资金往来，特别是现金往来非常复杂，尤其是与关联方的资金流入流出量非常大；现金流量表中“收到（支付）其他与经营活动有关现金”金额巨大。这类公司往往处于关系复杂的集团当中，尤其是多家公司组成的一个“系”。如果该集团的实际控制方资金匮乏陷入困境，那么，马上应该引起警惕，它们随时会想尽各种办法挖走上市公司的现金。格林柯尔是一个“系”，而科龙危机的爆发正是其不小心掉的“链子”。两者之间不正常的现金流入流出总额高达70多亿元，这实在是格林柯尔的“货币转换中心”。

2. 审计机构的串通舞弊。现行的财务舞弊不光是单纯的企业管理层或员工的舞弊，而与银行、证券管理机构、会计师事务所等单位或部门串通舞弊的情况时有发生。格林柯尔是典型代表。虽说审计不可能发现所有的财务舞弊，但德勤在格林柯尔审计中显然没有尽职。格林柯尔存在太多违背常识的现象，其造假手法非常低劣。德勤没有发现“水面上的造假”，不但有未勤勉尽责之嫌，还有审计合谋之嫌。事务所起码一定要把审计程序做足，以便东窗事发能够及时免责。专业人士认为，“四大”审计技术及程序也要顺应中国上市公司财务舞弊特点而作实质性调整，不要追求形式上的完善及程序上的完美，而要根据常规舞弊手法设计有效的审计程序。发现重大舞弊才是审计的终极目标，而不是完善工作底稿。企图以审计工作底稿对抗审计失败的指控，那是一种形式主义。可是这种情况在证券审计市场比比皆是，绝不是德勤独家所有。

3. 隐蔽的财务造假行为。近年来，随着监管机构打击力度的加大，某些公司的财务造假行为也更加隐蔽多样。而格林柯尔的造假手段就更是丰富多彩，涉及伪造身份证、虚假注资、造假账、诈骗国家土地等多种手段。在对顾雏军及其格林柯尔系的一系列财务调查与分析中，我们可以看到，在“国退民进”以及“产业国际化”这两大背景下，格林柯尔代表着这样一种全球化资本运作的典范：它以香港资本市场为融资终端，以开曼等海外银行中心为资本运作平台，以退出中的国有企业为并购对象。通过一系列堪称精巧的报表操纵与资本运作手法，充分利用不同地区的制度差异与监管空隙，将全球化的资本链搭建在正企盼国际化的国内产业体系上。同时操作者准确地把握住了国企改革过程中国有产权退出的时机，并在深刻理解政府“非卖价目标”内涵的基础上，利用自身大股东的有利地位，在与政府讨价还价的过程中获得充分的资本转让溢价。格林柯尔系正是利用这一资本杠杆，在短短5年内建立起了规模庞大的产业体系，同时也为顾雏军自己带来了惊人的财富。这与我们所理解的种种“黑幕”最大的不同之处在于，它充分利用了不同制度的合法性——内地不合法的不表示香港不能做，而香港要谴责的也不表示在开曼群岛不允许做。

第十章　财务会计报告粉饰行为分析

【本章概要】

通过本章的学习，了解财务会计报告粉饰行为的动机；掌握财务会计报告粉饰行为的常用方法及财务会计报告粉饰的识别技术与防范要求。

【要点提示】

财务分析的程序，财务分析的基本方法。

【内容架构图】

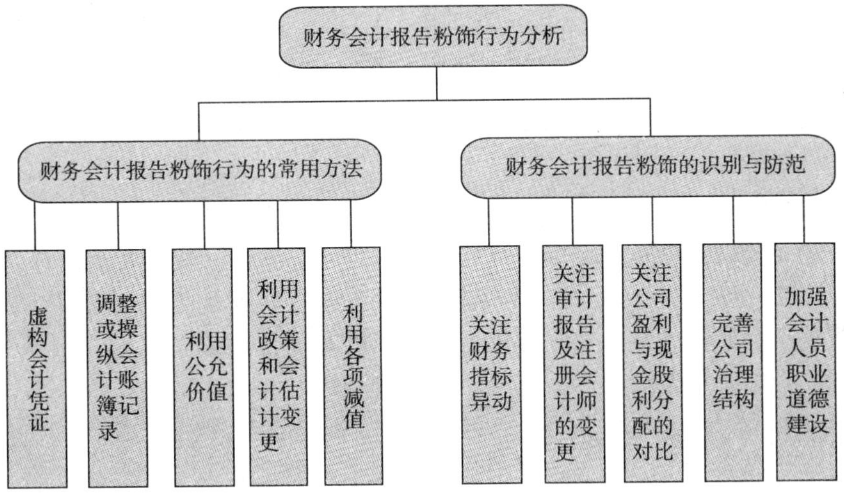

第一节　财务会计报告粉饰行为的动机分析

贷款是各大商业银行的重要经营业务，信贷资产的优劣直接影响银行业的生存与发展。而近些年来，财务会计报告粉饰情况非常普遍。比如国内的原野公司案、长城机电案、琼民源案、东方电子案、银广夏案、郑百文案、红光实业案、蓝田股份案、科龙电器案等，国外的安然事件、世通事件、施乐事件、帕玛拉特事件等都属于财务会计报告粉饰行为，直接给相关商业银行带来了巨大的损失。所以各商业银行均应从中吸取教训，具备识别财务会计报告粉饰的一双慧眼，从源头上减少不良贷款，降低信贷工作的风险。那么，什么是财务会计报告粉饰呢？

财务会计报告粉饰是指企业管理当局为了自身利益，采用编造、变更、伪造等手段编制财务会计报告，有目的、有意图地向报表使用者传递虚假财务会计报告信息，以掩盖企业真实财务状况、经营成果与现金流量情况。它是一种人为的会计操纵，是一种有目的的欺骗或故意谎报重大财务事实的不诚实行为。

一、财务会计报告粉饰行为的特征

财务会计报告粉饰行为通常具有以下特征：

1. 粉饰动机是有意识的，即粉饰者往往是为了获得其自身的某种利益而策划、制造粉饰行为，实现相应粉饰的结果，其动机是有意识的。

2. 粉饰的目的是为了获取一定利益。粉饰通常是为了获取一定的经济利益，如业绩考核、获得银行贷款、股票上市、偷漏税款等。

3. 粉饰的性质是违法或违规的。财务会计报告粉饰通常是违反国家相应的操作规范，如《企业会计准则》的规定的，甚至还会触犯国家的《会计法》、《公司法》等法律。

二、财务会计报告粉饰的动机分析

通过对我国一些上市公司和非上市公司的报表粉饰案例的分析发现，二者的财务会计报告粉饰动机存在一定的差异。

（一）上市公司财务会计报告粉饰的动机分析

上市公司主要围绕资本市场展开财务会计报告粉饰活动，其主要动机有以下三个：

1. IPO 动机。股市是一个公认的圈钱的好渠道，而且股票可以按模拟计算的改制前各年度每股税后利润作为定价依据。但是由于我国对于公司成立股份公司并上市有一定限制，公司的业绩必须达到一定的标准才能上市，所以公司为了满足发行条件和抬高发行价格，可能粉饰财务会计报告，提高经营业绩。如根据我国《公司法》和有关证券法规的规定，申请股票上市的公司必须经营三年以上，最重要的是："公司必须在最近三年内连续盈利"。这样，当企业为取得上市资格而本身又达不到要求时，往往就会通过财务会计报告粉饰对财务报表进行包装。

2. 配股动机。在我国，"壳"资源非常稀缺，配股资格对上市公司来讲有着十分重要的意义，而且我国的上市公司具有强烈的再融资需求。然而，证监会对上市公司再融资有最低条件的规定。如：申请配股的上市公司最近 3 年每年的净资产收益率不得低于 10%；1996 年改为净资产收益率 3 年平均不低于 10%，能源、原材料、基础设施类公司不低于 9%；1999 年又改为净资产收益率 3 年平均不低于 10%，并且每年不低于 6%；2001 年又规定了新的配股条件，要求公司最近 3 个会计年度加权平均净资产收益率平均不低于 6%。大量的研究和实证表明，为达到再融资的标准，上市公司会利用准备项目、应计项目、关联方交易、债务重组等手段实施财务会计报告粉饰行为。

3. 防亏、扭亏和保牌动机。根据《中华人民共和国公司法》和中国证监会发布的《亏损上市公司暂停上市和终止上市实施办法》的规定，如果上市公司连续 3 年出现亏损，公司将被处以暂停股票上市并允许其申请一年的宽限期；若在宽限期内仍无法扭亏为盈，将被终止上市。在我国，由于“壳”资源的极度稀缺且上市相当不易，若上市公司因亏损而被特别处理、暂停上市乃至终止上市，对上市公司而言则意味着一种稀缺资源的浪费，公司及其管理者、投资者、债权人和其他利害关系人的利益都将遭受损失。因此，管理者就会通过财务报告粉饰行为以尽可能避免亏损或连续 3 年亏损，来避免被退市或停牌。

4. 操纵股票价格。在目前对内部交易的监管还有很多漏洞的情况下，许多上市公司直接或伙同他人炒自己公司的股票。此时，上市公司的实际控股股东利用其信息优势，通过对企业财务会计报告粉饰向投资者传达企业未来利好消息提高股价，然后从股票上涨中获得巨大利益。

（二）非上市公司财务会计报告粉饰的动机分析

一些非上市公司粉饰财务会计报告的动机则主要有以下几方面：

1. 为了业绩考核的需要。这种手法在国有企业中比较常见。由于管理者的业绩评定是用许多经济指标作为考核标准的，管理者是否可以晋升职务或者获得奖金的多少直接与企业的经营业绩有关，所以当企业的经营业绩无法达到考核指标的要求时，企业管理当局就会千方百计地通过粉饰财务会计报告来改变现有的业绩考核指标，使其达到考核指标的要求。

2. 为了获得银行及商业信用。经营状况不佳又急需资金的企业，要想获得银行及商业信用，必然要通过粉饰财务会计报告的方法来达到目的。这种情况在资金短缺且财务状况差的企业非常普遍。

3. 为了减少应纳税额。应纳税额对于企业来说是一项税收负担，将成为企业一项现金流出，因而一些企业为了达到少交税的目的，采取了做假账、粉饰财务会计报告的行为。有的企业甚至可能准备几套报表，以满足多方面的“需要”。

4. 为了隐瞒违法行为。在企业监督机制不健全的情况下，有些公司领导利欲熏心，采取贪污、挪用公款、转移公司财产等手段以谋求个人私利；或者公司非法拆借资金、擅自改变募集资金的用途等。这些行为公司均不敢对外如实披露，为了隐瞒此类违法行为，企业就要粉饰财务会计报告。

以上是我国企业粉饰财务会计报告的主要动机，非上市公司财务会计报表粉饰的动机也会在上市公司出现。由于各类企业追求的目标不同，粉饰财务会计报告的做法也不尽相同，但是这些行为都会对社会利益造成危害，影响信贷资金的安全性。

第二节 财务会计报告粉饰行为的常用方法

一、财务会计报告粉饰的传统方法

虚构经济事项的方法是最古老，也是最常用的一种手段，即所谓的“真实地反映虚假的经济业务”。这种方法可以最直接地粉饰财务状况和业绩。从会计循环的角度分析，这类粉饰行为基本上是沿着虚构会计凭证、会计账簿、会计报告来进行的。具体方法如下：

（一）虚构会计凭证

具体手法有：开具或索取不符合正规凭证要求的原始凭证；伪造、篡改或者不如实填制原始凭证；使用虚假发票或记载虚假交易内容；自制假单据、虚开发票；虚构经济业务，编造虚假记账凭证。

（二）调整或操纵会计账簿记录

调整或操纵会计账簿记录，使得账账不符、账证不符、账实不符、账表不符。如：隐匿收入，不入账，来达到建立小金库甚至侵吞公司财产的目的；提前或推迟结账，或者虚假调账。在伪造或编造了一系列虚假原始凭证后，假账真算。这种方式尽管古老，却是长盛不衰的手法之一。因为企业提供给银行的仅仅是会计报表，信贷人员很少能接触到原始凭证、记账凭证或账簿，更不用说逐一核对检查了。尤其是“一条龙造假”的手法更是厉害，因为“一条龙造假”一般能做到“证证相符、账务处理正确”。审计中对交易的实质性测试主要是测试“原始凭证与记账凭证是否相符、账务处理是否正确”，这种情况下，交易测试可能会失灵，而且如果虚增收入同时没有虚增资产，那针对余额的实质性测试也会失灵。深圳中天勤会计师事务所就是被银广夏的虚构业务拖下了水。

（三）隐蔽核算或真账假算

相对假账真算，更让信贷人员无奈的要算是真账假算了。顾名思义，真账假算就是用真实的记账依据或原始凭证，经过后期加工造假的方法，使得最终会计数据严重失真。例如，企业在会计核算过程中人为地把收入和支出列为两套账，一本是对外公开的会计报表账，一本是供企业内部人使用的小金库账。有的企业甚至根据不同目的肆意造假，编造出多本账。对付税务是一套账、对付银行是一套账；贷前是一套盈利的账，贷后却是一套连年亏损的账，使得贷款银行无法及时收回贷款，只能一再延期，一拖再拖，收回的可能性更小，甚至造成了许多的呆账、坏账、不良贷款。商业银行对此深恶痛绝，无奈的银行信贷人员戏称之为“猴皮筋账”。企业之所以可以屡屡得手的原因，在很大程度上是因为企业认为银行不懂会计专业知识，不熟悉企业的会计核算流程而造成的。

（四）调整或编造会计报告

（1）直接采用“自下而上”的编表方式。一些企业为了达到申请贷款或履行贷款合同中有关财务指标要求的目的，随意调整会计报表的金额，虚报资产、调整利润。这些企业在编表时不是根据正常会计程序，自上而下根据利润表的多步式计算企业的利润和净利润，而是在编制利润表时，先确定企业应达到的业绩水平，如净利润、利润总额是多少，再自下而上地确定企业应有的费用和收入水平。在此基础上，再比较企业实际发生的收入和费用，消除与预计之间的差额，作出一份相当漂亮的会计报表来。如果当期发生的费用超过了当期预期业绩的承受能力，则将差额部分费用资本化为资产，一般采用待摊费用或长期待摊费用的方式，留到以后各期继续消化。如果企业的收入水平达不到要求，可以采用上述几种虚增销售的方法，一方面增加收入，另一方面增加应收账款等债权。(2) 根据行业平均比率指标，直接在报表中进行数据调整。企业知道，一般分析者都会将企业的财务比率与企业所处的行业平均比率进行比较，并据此评价企业业绩。所以企业为了使自己的报表比率不让分析者挑出毛病，自己提前计算各种比率，然后根据结果，比较同行业比率水平，对会计报表中的某些项目进行调整。比如，将长期资产转化为短期资产，将流动负债转化为长期负债，以提高流动比率等偿债能力指标，使其接近或高于同行业指标，以套取银行贷款。(3) 编制合并报表时，任意调整合并范围。一些公司在编制合并报表时，故意将符合合并报表条件的亏损子公司排除在合并范围之外，而将盈利的但是不在控制中的企业纳入合并报表。

二、财务会计报告粉饰的新方法

各类企业财务会计报告粉饰的手法有很多。为确保会计信息质量和资本市场更加有序运行，我国财政部于2006年2月15日颁布了新的《企业会计准则》（以下简称新准则），并要求上市公司从2007年1月起实施。因此，最终除小企业和行政事业单位外均要以新准则指导实务，以提高会计信息的透明度，实现国际接轨。新准则的施行尽管使许多曾经滥用一时的手段渐渐失去了效用，但由于新的会计准则在会计处理上与原有标准的不同，使得实施新准则的企业财务会计报告粉饰手段又有了新的变化，银行信贷人员应密切关注。新准则实施后财务会计报告粉饰行为的常用方法主要有：

（一）利用公允价值粉饰财务会计报告

公允价值计量属性的较大范围运用是新准则中最主要的变化。新准则不仅在《企业会计准则——基本准则》当中明确界定了公允价值计量属性，而且38项具体准则中涉及公允价值计量的就达17项之多。但是公允价值究竟如何确定？新准则使企业会计人员很可能利用这些资产的公允价值很难合理评估的特点来进行报告粉饰。具体如：新会计准则中的债务重组交易允许以公允价值计量，并允许债务人将产生的债务重组收益计入当期损益。对于无力清偿债务的公司，一旦获得全部或部分豁免，其重组收益将会直接反映在利润表中。上市公司的控股股东也很可能会在公司出现亏损的情况下，或者出于维持公司业绩或者配股的需要，通过债务重组确认重组收益，来改变上市公司的当期损益。

再如：新准则规定，符合商业性质且公允价值能够可靠计量的非货币性资产交易可以以公允价值计价，将换出资产公允价值与其账面价值之间的差额计入当期收益，进入利润表。与原准则非货币交易收益只能计入资本公积相比，新会计准则下的非货币性资产交换将直接产生利润，这对公司当期利润产生重大影响。上市公司的控股股东可能会在公司出现亏损的情况下，或者出于维持公司业绩，维护公司稳定发展形象需要，实施以优质资产换劣质资产的非货币性交易达到粉饰报表的目的。

（二）利用各项减值粉饰财务会计报告

尽管新的会计准则规定对于上市公司的长期资产如固定资产、无形资产和商誉等一旦发生减值，就作为永久性的减值，一概不得转回，只有在对资产进行处置时才能转回，这在很大程度上大大降低了上市公司粉饰报表的可能性。但是新的会计准则仍允许流动资产如应收款项、存货计提减值，并允许其在价格回升后转回。众所周知，计提减值资产价值减少，利润降低，减值转回资产价值恢复，利润升高，计提、恢复在实务中有很大的自由度，企业仍可通过流动资产减值粉饰报表。此外，新准则还扩大了资产减值的范围，增加了金融资产，投资性房地产等项目。如果它们的价值经过一段时间后恢复了，这些减值是可以转回的。况且长期资产的减值尽管不能通过市价恢复转回，但出售仍可迅速转回减值，提高利润，真可谓防不胜防。

（三）利用费用资本化粉饰财务会计报告

费用资本化的结果是资产价值上升，利润上升。新准则实施后，突出表现在无形资产和借款费用准则上，利用无形资产研发费用的确认、借款费用用途、借款费用资本化起止时间的确定都会达到粉饰报告的效果。

1. 利用无形资产。新会计准则对无形资产研究开发费用的费用化进行了修订，将企业无形资产的研发划分成两个阶段。并允许将开发支出予以资本化，这将增加企业资产价值，增加开发企业的收益。这一准则操作的关键是正确划分两个阶段。研究是指为获取并理解新的科学或技术知识而进行的独创性的有计划调查。开发是指在进行商业性生产或使用前，将研究成果或其他知识应用于某项计划或设计，以生产出新的或具有实质性改进的材料、装置、产品等。企业内部研究开发项目研究阶段的支出，应当于发生时计入当期损益；开发阶段的支出，只有在满足了一定的条件时，才能够确认为无形资产。将开发支出计入无形资产，与以前全部计入管理费用的处理相比，虽然新准则对公司研究阶段和开发阶段的定义进行了明确区分，但是，在实际操作中，由于无形资产研发业务复杂，将很难明确划分研究和开发两个阶段。有的上市公司可能通过划分研究阶段和开发阶段，决定研发支出费用化还是资本化，从而操纵企业业绩。另外，新准则中，对无形资产的摊销不再仅仅局限于直线法，提出了按照反映与该无形资产有关的经济利益的方式摊销其价值的方法，并且摊销年限也不再固定。因此，企业可能会通过调节无形资产的摊销年限或方法来粉饰财务会计报告。

2. 利用借款费用。新会计准则规定，借款费用资本化范围由原来仅限于“为购建固定资产的专门借款所发生的借款费用”扩大到“为需要经过相当长的时间的购建或者生产活动才能达到预定可使用或可销售状态的固定资产、存货、投资性房地产等的专门借款和一般借款的借款费用”。由于企业的借入资金借入后是混合使用的，企业上述符合资本化条件的资产到底占用了多少一般借款，为符合资本化条件的资产而借入的专门借款到底有多少被用于短期投资性运作、产生了多少投资收益，企业外部人很难准确了解。其中一种更隐秘的做法是，利用自有资金和借入资金难以界定的事实，直接通过人为划定资金来源和资金用途，将用于非资本性支出的利息资本化。因此借款费用是费用化还是资本化，数量上如何分配，企业管理层选择的空间有所增大。

（四）利用会计政策和会计估计变更粉饰财务会计报告

计算企业的财务状况和经营成果时，需要大量的假设和估计。会计政策和会计估计在宏观上构成了会计的框架，在微观上构成了企业核算财务状况和财务成果的依据，因此会计计算的结果只能是近似精确。新准则规定，当会计政策的变更能够提供有关企业财务状况、经营成果和现金流量等更可靠、更相关的会计信息时是被允许的。由于在同一交易或事项的会计处理中，人们通常很难判断哪一种更能公允地反映企业的财务状况、经营成果和现金流量，于是一些企业就利用会计政策变更的这一特征，粉饰财务会计报告。从实务中看，主要包括固定资产折旧政策变更、存货计价方法变更、坏账损失核算方法改变、无形资产摊销方法的确定等，会计政策和会计估计变更具有良好的财务报告粉饰信号传递功能。如新准则规定：企业至少应当于每年年度终了，对固定资产的使用寿命、预计净残值和折旧方法进行复核。使用寿命预计数与原先估计数有差异的，应当调整固定资产使用寿命；预计净残值预计数与原先估计数有差异的，应当调整预计净残值；与固定资产有关的经济利益预期实现方式有重大改变的，应当改变固定资产折旧方法。这就是说，只要每年注册会计师审计时找到证据证明公司固定资产使用寿命等与原估计有差异，就可以通过会计估计变更，改变其各期折旧费用，对利润进行调整，从而达到粉饰财务会计报告的目的。

（五）利用企业合并粉饰企业财务会计报告

新准则将企业合并分为同一控制下的企业合并和非同一控制下的企业合并。同一控制下的企业合并是指参与合并的企业在合并前后均受同一方或相同的多方最终控制且该控制并非暂时性的。同一控制下的企业合并，会计准则采用的是权益结合法，合并方在企业合并中取得的资产和负债，按照合并日在被合并方的账面价值入账，没有商誉形成。合并资产负债表中被合并方的各项资产、负债按其账面价值计量。合并利润表和合并现金流量表不仅要包括合并后的利润和现金流量，而且要包括被合并企业合并前所实现的利润和现金流量。这样，上市公司有可能在年底突击合并当年经营业绩较好的企业，通过将其利润合并入公司财务报表，拉升公司业绩。此外，在权益结合法下，由于不需要重估购入资产的价值，上市公司可以通过合并资产价值被低估的企业，在合并后处置价值被低估的资产，从而获取收益。

当参与合并的各方在合并前后不受同一方或相同的多方最终控制时，为非同一个控制下的企业合并。对于非同一个控制下的企业合并，会计准则采用的是购买法，购买方对合并成本大于合并中取得的被购买方可辨认净资产公允价值份额的差额，确认为商誉。经复核合并成本仍小于合并中取得的被购买方可辨认净资产公允价值份额的，其差额计入当期损益。在合并报表编制上，因企业合并取得的被购买方可辨认各项资产负债以公允价值列示。由于购买方在购买日对作为企业合并对价付出的资产、发生或承担的负债按照公允价值计量，公允价值与其账面价值的差额，计入当期损益，购买企业可借此增加利润。利用合并利润表不包含被购买企业前期损益的特点，购买方企业可以在合并前在被购买企业那里储备利润。如被购买企业合并前通过计提巨额存货跌价准备、坏账准备等手段报出巨额亏损，合并后再予以转回，从而达到粉饰财务会计报告的目的。

（六）利用关联交易粉饰企业财务会计报告

关联交易是指在关联方之间发生的转移资源或义务的事项，而不论是否收取价款，如关联方之间的购销业务、股权投资及股权转让和资产置换等。根据会计准则规定，关联交易应当遵循等价、公平的原则，按照公允价值进行计价。但是由于历史和体制上的原因，我国上市公司与其母公司、控股股东之间存在千丝万缕的关系，关联交易已经成为上市公司进行报表粉饰或利润转移的常用工具。其实质是通过合法不合理的方式达到粉饰财务会计报告的目的，将关联交易产生的利润向企业转移，而亏损则转出企业。关联交易粉饰企业财务会计报告的方式主要包括以下五种：（1）虚构经济业务，人为抬高公司业绩和效益。如通过将其商品高价出售给关联企业，使其主营业务收入和利润“脱胎换骨”。（2）采用大大高于或低于市场价格的方式，进行购销活动、资产置换和股权置换。（3）以旱涝保收的方式委托经营或受托经营，抬高公司业绩。如证券报刊曾经报道的某股份公司，以800万元的代价向关联企业承包经营一个农场，在不到一年的时间里获利7 200万元。（4）以低息或高息发生资金往来，调节财务费用。如某股份公司将12亿元的资金（占其资产总额的69%）拆借给其关联企业。虽然我们不能肯定其资金拆借利率是否合理，但是有一点是可以肯定的，该股份公司的利润主要来自于关联企业资金往来的利息收入。（5）以收取或支付管理费用或分摊共同费用调节利润。如某集团公司替其控股的上市公司承担了4 500多万元的广告费，理由是上市公司的广告有利于提升整个集团的企业形象。

第三节　财务会计报告粉饰的识别与防范

一、财务会计报告粉饰的识别

可见，无论是传统手段还是新会计准则出台后的新的变化，企业财务会计报告粉饰行为都会产生严重的后果，危及信贷资金的安全。我们应怎样识别企业的财务会计报告粉饰行为，防患于未然呢？

（一）关注财务指标异动

财务会计报告的相关数据存在着对应的关系，如果企业企图粉饰财务会计报告，只能采取拆东墙补西墙的方法，所以可以通过关注财务指标是否异动来识别企业财务会计报告行为。如流动比率上升，但应收账款周转率却明显下降，很可能是企业为了获得短期信用，通过宽松的信用政策，甚至是虚构的收入，来增加赊销收入，提高流动比率的粉饰行为。总之，这种造假手段最有效的方法是银行信贷人员把企业的经济活动事项与企业的财务信息结合起来分析，过分夸大的财务业绩就是粉饰的信号。

（二）关注公允价值计量模式

新准则中涉及公允价值的包括存货、长期股权投资、投资性房地产、固定资产、生物资产、无形资产、非货币性资产交换、资产减值、股份支付、债务重组、收入、建造合同、政府补助、企业合并、金融工具确认和计量、金融资产转移、套期保值等17个具体准则，其中应特别关注的有投资性房地产中的公允价值、非货币性资产交换中的公允价值、债务重组中的公允价值、非同一控制下的企业合并中的公允价值、金融工具中的公允价值等。利用公允价值的财务会计报告粉饰手段的识别就是尽可能地关注、找出与企业商品或资产的市场价格或同行业相类似商品的市场价格，要求市场信息通畅，企业披露的公允价值的信息完整、及时，资产评估机构的职业独立客观等。

（三）关注审计报告及注册会计师的变更

注册会计师作为独立行使经济鉴证功能的经济警察，具有丰富的会计、审计及管理知识、经验，能够对公司的财务状况及其变动和经营成果进行分析和考察，形成自己的专业判断。他们的意见应是投资者判断企业是否进行财务会计报告粉饰的主要线索。不能说其出具了无保留意见的审计报告，就可以断定企业没有进行财务会计报告粉饰。但注册会计师出具了带有解释性的无保留意见、保留意见、拒绝表示意见和否定意见的审计报告，通常表示该公司的财务报告有问题，就有理由怀疑公司可能进行了财务会计报告粉饰。如注册会计师若强调“应收账款金额巨大”时，就很可能意味着这些应收账款很难收回或者指提取的坏账准备金过低。此外，出具审计报告的注册会计师的变动也应当引起人们的警觉，因为二者在审计意见上产生了分歧。如果更换前的会计师出具的不是标准的无保留审计意见报告，而后任会计师出具了标准的无保留审计意见报告，那么很有可能是前任注册会计师与公司没有在审计意见上达成一致，而后任注册会计师为了招揽业务与公司在审计意见上形成妥协。当然，若前后两任注册会计师出具的都不是标准的无保留审计意见报告，那么该公司的财务报告就更值得怀疑了。

（四）关注上市公司会计政策和会计估计的变更

企业会计政策和会计估计的变更及其影响，按照《企业会计准则》的规定，都要在财务报告中予以说明，那么通过对这一部分内容的阅读、分析，可以判断会计政策和估计的变更是否合理、是否虚增了企业的利润。新准则出台后，固定资产折旧、无形资产的确认与摊销、借款费用的范围、债务重组、非货币性资产交换损益都应是关注的重点。

（五）关注关联交易

关联交易也是公司进行财务会计报告粉饰的重要手段之一，因此应关注关联交易的真实合法，并将来自关联交易的营业收入与利润额从该公司的营业收入总额与利润总额中予以剔除，有利于分析公司的盈利能力在多大程度上依赖于关联企业，以及判断公司盈利基础是否扎实，利润来源是否稳定。因为该盈利并不是企业本身的能力，而是借助于关联方的支持。运用该法时可以从两个方面进行：一是阅读报表附注分析上市公司关联交易的金额及其比例、未结算金额及其比例以及定价政策，特别是应关注公司是否以不等价交换的方式与关联方发生交易进行盈余管理。在关联方交易准则出台后的今天，由于对关联方交易产生的收益加强了限制，从而关注的重点应注意利用关联方交易制造损失。二是将上市公司的会计报表与其母公司编制的合并会计报表进行对比分析。如果母公司合并会计报表的利润总额（应剔除上市公司的利润总额）大大低于该上市公司的利润总额，就意味着母公司可能通过关联交易将利润包装注入上市公司。

（六）关注非经常性损益

将投资收益、政策有效期短于 3 年的补贴收入、营业外收入等非经常性损益从企业利润总额中剔除，以分析和评价企业利润来源的稳定性，作为分析公司是否存在财务会计报告粉饰的一个线索。非经常性损益虽然是公司利润总额的一部分，但由于它不具备长期性和稳定性，因而对利润的影响是暂时的。非经常性损益的特殊性质，为财务会计报告粉饰提供了机会。如果公司的主营业务利润比例较小而非经常性损益比例过大，这就要考虑公司是否在利用资产重组、股权转让或政府补贴等方法进行财务会计报告粉饰。

（七）关注公司盈利与现金股利分配的对比

公司在实现利润之后，为了回报股东往往要进行利润分配。企业要进行利润分配必须具备两个前提条件：一是要有足够的分配利润，二是要有足够的现金。通常企业的利润可以通过调节虚构实现，但现金却是实实在在的，无法通过调节产生。企业有足够的利润，但一直未进行利润分配的一种解释就是企业的利润是管理出来的。当然，盈利企业可进行利润分配还有其他的原因，如现金调转、发展机会、股利政策等。但管理出来的利润无法进行利润分配，丰厚的利润与微薄的股利对比为我们寻找企业财务会计报告粉饰证据提供了一条线索。

二、财务会计报告粉饰的防范

为了使企业的财务报告能真实地反映企业财务状况和经营成果，还原企业真正价值，应该加强企业内部、外部制度建设，使企业减少报告粉饰现象。

（一）进一步完善会计准则

新准则对防范财务报告粉饰有一定的作用，但这些准则还不完善。新准则只是提供了一些原则性的意见，而具体的会计政策、会计估计等要依靠企业高层管理人员的专业知识和经验来判断。新准则实际上是把会计政策的选择权留给了企业的高管，在公司利益的驱动下极有可能出现报告粉饰的现象。因此，尽量减少新准则中不明确的或者是含糊不清的定义或者界定，使企业尽量少地拥有选择会计政策权利。同时还要积极参与国际会计准则的发展，逐渐与国际接轨，及时修改新准则存在的问题和缺陷，使企业利用会计政策手段达到粉饰目的的空间减小。

（二）健全法律责任

我国已经建立了一套比较完整的会计法律法规，但是我国对财务报告粉饰的处罚力度还不够。健全财务报告粉饰的法律责任，不但要对财务粉饰的公司进行处罚，而且要对公司的高层管理人员给予重罚。可以建立高管档案制度，及时披露并公布参与财务报告粉饰的高层管理人员的档案；高层管理人员参与舞弊次数达到一定时，永不能聘为企业的高层管理人员，使企业的高层管理人员舞弊成本增加。同时对参与舞弊的注册会计师也要重罚。只要能证明注册会计师参与财务舞弊的都应承担相应的法律责任，并对屡次不改的取消其执业资格，使注册会计师舞弊成本增加，使违规者无利可图。

（三）完善公司治理结构

公司的治理结构是公司制度进行有效运行的核心。一般的公司治理结构的组成目的在于明确划分权力、责任和利益，形成相关的制衡关系，最终保证公司制度的有效运行。因此要防止公司的财务会计报告粉饰的行为，必须完善公司的治理结构。尤其应当明确各职责之间的协调运转和相互制衡，形成抑制公司财务会计报告粉饰的内部约束机制。同时也要完善公司内部的监管体制，形成一个行之有效的监督方法。对于企业内部的人事制度也要形成一种激励和监督机制。特别是在公司中存在一股独大的情况下，更加要做科学和合理的安排，通过对公司内部人事起到监督作用来防范公司的财务会计报告粉饰。

（四）加强会计人员职业道德建设

在公司财务会计报告粉饰的过程中，真正利用会计准则进行财务会计报告粉饰行为的是企业的会计从业人员，因为会计准则仅仅是一种技术规范，本身不会产生虚假行为。在已经实施和执行的新准则中，许多会计业务的处理都依赖于会计人员的职业经验和判断、知识水平等，不同知识背景和工作经验的会计人员对某项会计业务的处理是大相径庭的。同时新准则的变化较大，难度也有了很大的提高，客观上增加了会计人员执行的难度，这样必然影响会计实务操作过程中的稳定性和新准则执行的执行力，给公司财务会计报告粉饰带来了很多潜在的手段。因此应加强会计人员实务操作能力的专业培训，使企业会计从业人员尽快掌握新准则，了解和掌握新准则的规定和运用。与此同时，还必须加强会计人员的职业道德培训，提高其职业道德素质，从源头上使新准则对财务会计报告粉饰起到积极的防范作用。

【复习思考题】

1. 企业财务会计报告粉饰的动机是什么？
2. 利用关联交易来调节利润有哪几种方式？
3. 如何通过会计政策变更实现财务会计报告粉饰？
4. 如何识别利用公允价值粉饰财务会计报告？
5. 简述识别公司财务会计报告粉饰的方法。
6. 应如何防范财务会计报告粉饰？

【案例选读】

琼民源案简介

一、造假退市第一家

琼民源公司全称海南民源现代农业发展股份有限公司，证券简称琼民源A（000508），1993年4月上市，1997年2月28日停牌。1999年7月，琼民源以“发起设立新公司、定向发行新股、等量置换流通股、新增发行配售新股”的重组方案，被置换成北京中关村科技发展（控股）股份有限公司股票重新上市流通，现证券简称ST中科（000931）。琼民源1996年因其优良的业绩预期成为当时中国股市最大的黑马。但除作假而维持一个上市公司的空壳之外，它实际上一无所有。从中国上市公司因造假而真正退市来说，琼民源是第一家。

二、造假手段

中国证监会监查字〔1998〕31号查实，琼民源1996年年报虚构利润5.4亿元；通过进行关联方交易、编造无效的合作建房与权益转让合同，虚构收入5.66亿元。包括：(1) 从香港冠联置业公司取得的合作建房款1.95亿元；(2) 向北京开源机械设备公司转让北京民源大厦开发权益所获收入2.7亿元；(3) 向北京开源机械设备公司转让北京民源大厦未来建成的商场经营权所获收入5 000万元；(4) 从北京民源大厦取得的补偿费5 100万元。另外，虚增资本公积金6.57亿元，由对琼民源四个投资项目的资产评估增值产生，而这些评估项目均未经国有资产管理部门批准立项和确认，不具备法律效力。在上述项目中用于对外投资的土地，至今尚未依法取得土地使用权。

东方电子案简介

一、东方不败神话

东方电子公司全称烟台东方电子信息产业股份有限公司，现证券简称为东方电子(000682)。东方电子一度被誉为经典蓝筹股、中国最优秀的上市公司，是中国配电自动化的龙头企业，当地纳税大户，拥有员工2 000多名。按照东方电子公告的数字，1997年1月上市以来，在股本大幅扩张的同时，每股收益一直保持在0.5元以上，每年利润率保持50%以上的增长速度，2000年主营业务利润率奇迹般地定格在43%左右。主营业务收入也成倍上涨：1996年为1.37亿元，1997年即上升到2.36亿元，1998年为4.5亿元，1999年为8.55亿元，2000年上升到13.75亿元。东方电子1998—2000年三年的主营业务收入就达27亿元，而整个农网电力系统自动化改造市场的份额才50亿元，主营业务收入占到60%。

二、造假手段

从银广夏到东方电子，企业的造假手段越来越呈现一条龙的趋势。下面让我们来看一下东方电子是如何运用会计造假的手段来粉饰业绩的：东方电子上市后，每年年初都制定了一个年增长速度在50%以上的发展计划和利润目标。而按公司的实际生产情况，是不可能完成的。于是在每年年中和年底，根据实际完成情况与计划目标的差异，由抛售股票收入来弥补。为此，公司形成了一个由证券部、财务部和经营销售部门分工合作组成的“造假小组”。证券部负责抛售股票、提供资金。公司从1998年开始抛售持有的内部职工股，一直到2001年8月份。每年抛售的时间大约都集中在中期报告和年度报告披露前，每次抛售的数量由公司业绩的需要而定。公司经营销售部门负责伪造合同与发票，采取修改客户合同、私刻客户印章、向客户索要空白合同、粘贴复印伪造合同等四种手段。从1997年开始，先后伪造销售合同1 242份，合同金额17.2968亿元；虚开销售发票2 079张，金额17.0823亿元。同时为了应付审计，销售部门还伪造客户的函证。公司财务部负责拆分资金和做假账。为掩盖资金的真实来源，财务部门等通过在烟台某银行南大街分理处设立的东方电子户头、账户，在该行工作人员配合下，中转、拆分由证券公司所得的收入，并根据伪造的客户合同、发票，伪造了1 509份银行进账单以及相应的对账单，金额共计17.0475亿元。为了把假象做得更真实，销售部门人员与个别客户串通，通过向客户汇款，再由客户汇回的方式，虚增销售收入。通过上述实例，我们可以看到，企业的经济活动和企业的财务活动是互为条件、相互配合的。但是，一旦被某些不法人员为了达到某些目的而利用的话，企业呈现给报表使用者的财务信息将是金玉其外，败絮其中。若是根据其做投资决策和信贷决策，必将会带来巨大的财务风险。

附　　录

附录1：高乐公司资产负债表

编制单位：高乐公司

资产负债表

单位：万元

报表日期	2006-12-31	2007-12-31	2008-12-31	2009-12-31	报表日期	2006-12-31	2007-12-31	2008-12-31	2009-12-31
流动资产：					流动负债：				
货币资金	923	1 072	1 130	1 380	短期借款	625	873	1 530	1 520
交易性金融资产	0		0		交易性金融负债	0	0	0	0
应收票据	0		0		应付票据	0	0	0	0
应收账款	989	1 442	2 000	2 350	应付账款	22	132	160	60
预付款项	522	189	100	320	预收款项	0	0	0	0
应收利息	0		0		应付职工薪酬	15	17	20	30
应收股利	0		0		应交税费	26	20	-50	60
其他应收款	93	8	90	40	应付利息	0		0	
存货	341	542	510	920	应付股利	0		0	
一年内到期的长期债权投资	0		0		其他应付款	0	7	10	20
其他流动资产	0		0		一年内到期的非流动负债	0		0	
流动资产合计	2 868	3 253	3 830	5 010	其他流动负债	0		0	

续表

报表日期	2006－12－31	2007－12－31	2008－12－31	2009－12－31	报表日期	2006－12－31	2007－12－31	2008－12－31	2009－12－31
非流动资产：					流动负债合计	688	1 049	1 670	1 690
可供出售金融资产			0		非流动负债：				
持有至到期投资			0		长期借款			0	
长期应收款			0		应付债券			0	
长期股权投资			0		长期应付款			0	
投资性房地产			0		专项应付款			0	
固定资产	1 533	1 642	1 560	1 440	预计负债			0	
在建工程	16	23	240	460	递延所得税负债			0	
工程物资	2	0	0	0	其他非流动负债	10	10	10	10
固定资产清理	0	0	0	0	非流动负债合计	10	10	10	10
生产性生物资产	0	0	0	0	负债合计	698	1 059	1 680	1 700
油气资产	0	0	0	0	所有者权益（或股东权益）：				
无形资产	32	31	860	850	实收资本（或股本）	2 750	2 750	2 750	2 750
开发支出	0	0	0	0	资本公积	338	288	290	280
商誉	0	0	0	0	库存股	0	0	0	460
长期待摊费用	0	0	0	0	盈余公积	86	160	280	2 580
					外币报表折算差额	582	－4	0	
递延所得税资产	3	8	10	10	未分配利润		704	1 500	

续表

报表日期	2006-12-31	2007-12-31	2008-12-31	2009-12-31	报表日期	2006-12-31	2007-12-31	2008-12-31	2009-12-31
非流动资产合计	1 586	1 704	2 670	2 760	归属于母公司股东权益合计	3 756	3 898	4 820	6 070
					少数股东权益	0			
					所有者权益（或股东权益）合计	3 756	3 898	4 820	6 070
资产总计	4 454	4 957	6 500	7 770	负债和所有者权益（或股东权益）总计	4 454	4 957	6 500	7 770

附录2：高乐公司利润表

编制单位：高乐公司　　　　利润表　　　　单位：万元

报告日期	2006 – 12 – 31	2007 – 12 – 31	2008 – 12 – 31	2009 – 12 – 31
一、营业收入	4 720	5 969	7 343	7 660
减：营业成本	3 916	4 565	5 259	4 930
营业税金及附加	0	0	0	0
销售费用	41	115	146	160
管理费用	90	255	334	360
财务费用	74	177	239	130
资产减值损失	4	2	–1	10
加：公允价值变动收益	0	0	0	0
投资收益	0	0	0	0
其中：对联营企业和合营企业的投资收益	0	0	0	0
二、营业利润	595	855	1 366	2 070
加：营业外收入	0	0	50	60
减：营业外支出	14	10	8	0
其中：非流动资产处置损失	14	10	0	0
三、利润总额	582	845	1 408	2 130
减：所得税费用	71	98	217	320
四、净利润	510	747	1 191	1 810
归属于母公司所有者的净利润	510	747	1 191	1 810
少数股东损益	0	0	0	0
五、每股收益	0.00	0.00	0.01075	0.02
(一) 基本每股收益	0.00	0.00	0.01075	0.02
(二) 稀释每股收益	0.00	0.00	0.01075	0.02

附录3：高乐公司现金流量表

编制单位：高乐公司　　　　**现金流量表**　　　　单位：万元

报表日期	2009-12-31	2008-12-31	2007-12-31	2006-12-31
一、经营活动产生的现金流量				
销售商品、提供劳务收到的现金	7 321	6 675	5 391	4 552
收到的税费返还	687	220	309	195
收到的其他与经营活动有关的现金	62	52	53	14
经营活动现金流入小计	8 070	6 947	5 753	4 761
购买商品、接受劳务支付的现金	5 509	4 814	4 642	3 489
支付给职工以及为职工支付的现金	486	399	347	264
支付的各项税费	341	298	104	93
支付的其他与经营活动有关的现金	285	293	189	96
经营活动现金流出小计	6 621	5 804	5 282	3 942
经营活动产生的现金流量净额	1 449	1 143	471	819
二、投资活动产生的现金流量	0	0	0	0
收回投资所收到的现金	0	0	0	0
取得投资收益所收到的现金	0	0	0	0
处置固定资产、无形资产和其他长期资产收回现金净额	0	0	49	0
处置子公司及其他营业单位收到的现金净额	0	0	0	0
收到的其他与投资活动有关的现金	0	0	475	397
投资活动现金流入小计	0	0	524	397
购建固定资产、无形资产和其他长期资产所支付的现金	537	1 356	434	662
投资所支付的现金	0	0		
取得子公司及其他营业单位支付的现金净额	0	0	50	

续表

报表日期	2009－12－31	2008－12－31	2007－12－31	2006－12－31
支付的其他与投资活动有关的现金	0	0		
投资活动现金流出小计	537	1 356	484	662
投资活动产生的现金流量净额	－537	－1 356	40	－265
三、筹资活动产生的现金流量	0	0		
吸收投资收到的现金	0	0		51
取得借款收到的现金	2 151	2 029	873	625
收到其他与筹资活动有关的现金		0		0
筹资活动现金流入小计	2 151	2 029	873	676
偿还债务支付的现金	2 160	1 370	625	375
分配股利、利润或偿付利息所支付的现金	653	384	607	38
支付其他与筹资活动有关的现金		0		0
筹资活动现金流出小计	2 813	1 754	1 232	413
筹资活动产生的现金流量净额	－662	275	－359	263
四、汇率变动对现金及现金等价物的影响	0	－4	－3	－1
五、现金及现金等价物净增加额	250	58	149	816
加：期初现金及现金等价物余额	1 130	1 072	923	107
六、期末现金及现金等价物余额	1 380	1 130	1 072	923

补充资料：

1. 将净利润调节为经营活动现金流量	2009－12－31	2008－12－31	2007－12－31	2006－12－31
净利润	1 810	1 191	747	510
加：资产减值准备	0	－1	2	4
固定资产折旧、油气资产折耗、生产性物资折旧	402	351	298	317

续表

报表日期	2009-12-31	2008-12-31	2007-12-31	2006-12-31
无形资产摊销	18	12	1	1
长期待摊费用摊销	0	0		0
处置固定资产、无形资产和其他长期资产的损失	0	0	10	14
固定资产报废损失	0	0		0
公允价值变动损失	0	0		0
财务费用	126	109	57	38
投资损失	0	0		0
递延所得税资产减少	-1	3	-4	-1
递延所得税负债增加	0	0		0
存货的减少	-413	32	-202	255
经营性应收项目的减少	-493	-522	-551	-172
经营性应付项目的增加	0	-32	113	-147
其他	0	0		
经营活动产生现金流量净额	1 449	1 143	471	819
2. 不涉及现金收支的重大投资和筹资活动	0	0		0
债务转为资本	0	0		0
一年内到期的可转换公司债券	0	0		0
融资租入固定资产	0	0		0
3. 现金及现金等价物净变动情况	0	0		0
现金的期末余额	1 380	1 130	1 072	923
减：现金的期初余额	1 130	1 072	923	107
加：现金等价物的期末余额	0	0		0
减：现金等价物的期初余额	0	0		0
现金及现金等价物的净增加额	250	58	149	816

参考文献

[1] 中华人民共和国财政部：《企业会计准则》，北京，经济科学出版社，2006。
[2] 刘泉军、张政伟：《新会计准则引发的思考》，载《会计研究》，2006（3）。
[3] 沈烈、张西萍：《新会计准则与盈余管理》，载《会计研究》，2007（2）。
[4] 王辉：《新准则下上市公司盈余管理手段的变化》，载《财会月刊》，2007（4）。
[5] 魏明海：《盈余管理基本理论及其研究述评》，载《会计研究》，2000（9）。
[6] 鄢志娟：《基于新会计准则的上市公司盈余管理分析》，载《财会通讯》，2008（12）。
[7] 钱爱民：《企业财务会计报告粉饰行为分析》，载《审计理论与实践》，2003（6）。
[8] 周纳：《粉饰与识别：透视企业现金流量》，载《现代商业银行》，2009（1）。
[9] 周纳：《会计报表粉饰的常见手段》，载《现代商业银行》，2006（1）。
[10] 张静琦：《商业银行信贷管理》，成都，西南财经大学出版社，2006。
[11] 施金影：《财务分析》，北京，高等教育出版社，2008。
[12] 贾银肖：《企业财务分析方法与实务》，北京，中国市场出版社，2008。
[13] 夏汉平：《财务报表分析识别与信贷风险防范》，北京，中国社会出版社，2010。
[14] 张先治：《财务分析》，大连，东北财经大学出版社，2010。
[15] 穆西安：《金融企业财务分析》，西安，陕西人民出版社，2005。
[16] 蔡维灿：《基于企业可持续发展能力的财务指标分析》，载《财会通讯》，2010（8）。
[17] Schipper，K.，“Commentary on Earnings Management”，*Accounting Horizons*，1989（4）.

主编简介

姚旭，经济学硕士，教授，现任职于哈尔滨金融学院管理系。多年来一直从事会计、税收方面的教学与研究工作，近五年，主编或参与编写了由清华大学出版社出版的《会计学基础》、《企业纳税实务》、《银行会计》、《财务管理》等6部教材，在专业期刊发表了20余篇论文，主持完成了5项科研课题。